中央高校基本科研业务
Fundamental Research Funds f

国家自然科学基金（71
北京市社会科学基金青

董事网络与公司信息传递：
需求、渠道与后果

陈运森　郑登津　著

Board Network and Corporate Information Transfer:
Causes, Channels and Cosequences

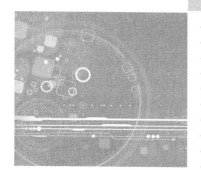

中国财经出版传媒集团

经济科学出版社
Economic Science Press

图书在版编目（CIP）数据

董事网络与公司信息传递：需求、渠道与后果/陈运森，郑登津著.—北京：经济科学出版社，2018.5
ISBN 978 - 7 - 5141 - 9326 - 8

Ⅰ.①董…　Ⅱ.①陈…②郑…　Ⅲ.①董事 - 社会网络 - 影响 - 企业情报 - 信息传递 - 研究 - 中国　Ⅳ.①F272

中国版本图书馆 CIP 数据核字（2018）第 106689 号

责任编辑：王　娟　张立莉
责任校对：隗立娜
责任印制：邱　天

董事网络与公司信息传递：需求、渠道与后果
陈运森　郑登津　著
经济科学出版社出版、发行　新华书店经销
社址：北京市海淀区阜成路甲 28 号　邮编：100142
总编部电话：010 - 88191217　发行部电话：010 - 88191522
网址：www. esp. com. cn
电子邮件：esp@ esp. com. cn
天猫网店：经济科学出版社旗舰店
网址：http：//jjkxcbs. tmall. com
北京财经印刷厂印装
710×1000　16 开　13.75 印张　240000 字
2018 年 6 月第 1 版　2018 年 6 月第 1 次印刷
ISBN 978 - 7 - 5141 - 9326 - 8　定价：49.00 元
（图书出现印装问题，本社负责调换。电话：010 - 88191510）
（版权所有　侵权必究　举报电话：010 - 88191586
电子邮箱：dbts@ esp. com. cn）

序

在中国的资本市场里，一名董事同时在多家上市公司任职的现象相当常见，即存在所谓的连锁董事现象。根据国泰安数据库的统计，2003～2012 年的 10 年间，拥有至少 1 名连锁董事的上市公司的平均比例达83%，且在 2012 年度及后续年度这一平均比例竟高达 90% 左右，远远超过美国等发达国家，我国的连锁董事现象是全球资本市场的典型代表。因此，这也催生了很多关于连锁董事经济后果的实证研究。但是，在现有的研究里，大多将视角集中于连锁董事个人及上市公司个体之上，处于"连锁董事—上市公司"的一种"单向"的思维链条之上，较少考虑连锁董事对公司与公司之间行为趋同的影响，忽视了连锁董事这一现象背后蕴藏的董事网络带来的信息传递特性。如何能够更好地挖掘董事网络对公司间信息传递的影响及其带来的经济后果，则是一个十分值得研究的话题。

特别是在中国的制度背景之下，在法律等正式制度约束相对较弱的资本市场里，"关系""人情"等非正式制度对公司和整个资本市场的行为将产生重要的影响，这为"社会网络和公司行为"的研究提供了极佳"土壤"。但由于目前关于"校友关系""老乡关系"等社会网络的数据缺失较多，较难获得，且较难明确定义，而董事是一个明确的职位，定义和功能清晰，董事网络的范围也十分明确，且上市公司需要公开披露董事的相关数据，这也进一步突出了从董事网络的角度进行实证研究的重要性和可行性。

陈运森博士和郑登津博士的这本书则准确地抓住了董事网络信息传递的特性，整本书基于公司信息传递的视角，全面科学地定义和衡量了董事网络，从为什么、是什么、怎么样三个层次，清晰有序地论述和检验了董事网络带来的公司信息传递需求、渠道以及经济后果。这本书既包含了"董事网络—上市公司"的"单向"视角，也涵盖了"上市公司 A—董事网络—上市公司 B"的这一"双向"的视角，以社会网络为理论支撑，充分分析了董事网络在"公司间的效应"。具体来讲，首先本书研究了上市公司聘任具有网络背景董事的经济因素；其次，检验了董事网络给公司间带来的信息传递对公司间会计政策趋同和财务决策趋同的影响；最后，从股价同步性、商业信用和投资效率等角度检验了董事网络信息传递带来的具体经济后果。毫无疑问，这是一部非常优秀的"社会网络与公司财务"交叉研究的著作。

本书可以看作陈运森博士2013年第一部著作《董事网络与独立董事治理》的续集，两本著作相隔5年，但保持了学术的一脉相承。综而观之，本书具有以下特点：（1）对董事网络的定义和衡量科学全面，弥补了以往研究过分强调某一层面的董事网络导致的一些缺陷，有效地拓展了现有董事网络与公司行为的研究。（2）以"信息传递"为主要切入点，研究了董事网络带来的公司间的趋同效应，从"双向"的角度检验了董事网络的信息传递功能和效果。（3）本书的发现将有助于理论和实务界深入理解非正式的董事网络关系对公司行为的影响，拓展了社会学、公司财务和会计领域的交叉研究，对监管层和上市公司都具有较大的借鉴意义。

陈运森博士和郑登津博士都是我指导毕业的博士生，勤奋、踏实和严谨是他们的共同特点。陈运森博士从博士阶段至今，一直对董事网络这一话题进行钻研，在这一研究话题上具有独到的见解和心得。而郑登津博士能够深入参与到陈博士的项目研究和书稿撰写之中，是其之幸，我相信这对于刚刚博士毕业的他来说，无疑具有巨大的帮助和影响。简而言之，作为导师的我，为他们所取得的点滴进步感到高兴，同时也希望他们不忘学术初心，砥砺前行。

是为序。

谢德仁

清华大学经管学院会计系教授

2018 年 1 月 26 日于清华园

前　　言

　　董事的社会网络关系对公司行为的影响逐渐受到关注，但相关研究尚未深入。本书结合中国资本市场信息环境较差的制度背景，借鉴社会网络理论及其分析方法，从网络关系强度和网络嵌入性两方面系统地衡量董事网络，并以信息传递视角为切入点，系统地研究了董事网络带来的公司信息传递需求、渠道以及经济后果。主要结论如下：首先，从理论上厘清了董事网络的范围和衡量。本书同时把董事连锁网络关系和董事网络嵌入性纳入系统的研究框架，而且对于董事连锁网络关系的度量，同时考虑路径为1的直接连锁关系和路径为2的间接连锁关系；对于董事网络嵌入性的度量则同时使用网络中心度分析方法和结构洞位置分析方法，从而更全面和系统地表征董事网络。其次，从实证上检验了董事网络与公司信息传递的需求、渠道与后果。即：在探讨公司面临的信息环境是否影响其聘任具有网络背景的董事基础上，从会计政策和公司财务决策的趋同行为检验董事网络在公司信息传递的具体渠道；同时检验了董事网络的信息传递带来的公司基本信息趋同是否增加了资本市场中的股价同步性，以及是否提升了公司的实际运营效率。具体实证发现有以下几个方面。

　　第一，董事网络与公司信息传递的需求因素研究发现：公司面临的信息环境越复杂，越可能聘任具有董事连锁网络关系以及董事网络中心度更高的董事。而相比于非国有上市公司，国有上市公司越可能聘任具有董事连锁网络关系以及网络中心度更高的董事；相较第一大股东持股比例低的公司，第一大股东持股比例越大越不可能聘任具有董事连锁网络关系以及网络中心度更高的董事；进一步分析发现，公司上市年龄越短、公司规模越大、多元化经营程度越高时，公司面临着更强的信息需求，越可能聘任具有董事连锁网络关系以及董事网络嵌入性更高的董事。

　　第二，通过检验会计政策和公司财务决策的趋同行为来进行董事网络与公司信息传递的渠道分析，具体为：（1）利用企业开发支出会计政策隐性选择数据，结合董事连锁网络关系和董事网络中心度两个视角，来考察是否由于独立董事之间的连锁网络关系产生会计政策选择的传递学习效应。结果发现：在当年执行过开发支出资本化的上市公司中，如果其聘任的独立董事在其他上市公司兼任内部董事或独立董事，那么目标公司将会有更大的概率也选择同样的会计政策；独立董事在其他选择开发支出资本化会计政策的公司兼任董事的频次越大，连锁董事对开发支出会计政策选择的传递效应越明显；独立董事在董事网络中的网络中心度越大，公司也越可能执行开发支出资本化会计政策；进一步，如果独立董事是审计委员会主任或具有会计背景，这些连锁董事对开发支出会计政策选择的传递效应越明显。（2）在分析董事连锁网络关系带来的有关投资行为的信息传递的基础上，利用对偶模型将每一年的所有公司进行两两配对，检验了董事连锁网络对公司投资趋同的影响。结果发现：如果两个公司之间存在董事连锁网络关系，那么投资水平和投资变化都更加趋同。这一趋同现象拓展到公司的其他重要财务决策（如：成本管理决策、现金管理决策、资本结构决策、研发决策和股利发放决策）依然成立。为控制潜在的内生性，通过董事死亡这一外生事件进行双重差分检验，发现与没有连锁网络关系的配对公司相比，具有董事连锁网络关系的配对公司在其董事死亡前的投资明显更加趋同，但在其董事死亡后，配对公司间的投资差异显著更大。

第三，通过检验资本市场的股价同步性和产品竞争市场的商业信用及经营和投资效率来进行董事网络与公司信息传递的经济后果分析，具体的：（1）结合直接和间接董事连锁网络关系以及董事网络中心度指标，检验了董事网络对股价同步性的影响。结果发现：如果两个公司之间具有董事连锁网络关系，那么两个公司之间的股价同步性也更高；公司的董事网络嵌入性更高，其与整个资本市场的股价同步性也更高。为了控制潜在的内生性，用董事的非正常死亡作为外生冲击的双重差分模型进行检验，结果依然存在；而内部董事连锁网络关系对公司间股价同步性的影响更大，内部董事更能发挥董事连锁网络的信息传递的功能。（2）基于结构洞网络位置指标，构建了企业通过董事之间共同任职关系产生的董事网络，通过网络约束系数计算了不同企业的结构洞丰富程度，进而研究了处于不同结构洞网络位置的上市公司获取商业信用以及使用商业信用成本的差别，结果发现：企业所处的网络结构洞越丰富，能够获取的商业信用就越多，从而增强了其在产品市场的竞争优势，同时结构洞越丰富的企业"商业信用—现金持有"敏感性越低，即企业结构洞位置能够降低商业信用的使用成本,这一结果在控制了各种内生性和同时考虑网络中心程度的影响后依然存在;进一步地,结构洞位置对商业信用获取和使用成本的影响在竞争更为激烈的行业以及市场发展更充分的地区更加显著,说明结构洞作用的发挥依赖于其形成的市场化因素。(3)研究了处于不同结构洞位置的上市公司其经营效率和投资效率的差别,实证结果发现,企业在所处的网络结构洞越丰富,企业的经营效率和投资效率越高,区分行业竞争程度之后的结果发现结构洞位置与企业效率的促进关系更主要发生在竞争激烈的行业中;进一步研究发现,拥有网络中丰富结构洞的企业在未来的业绩要好于结构洞较少的企业。

综上所述,从公司信息传递视角出发,基于社会网络的直接、间接网络关系和网络中心度、结构洞位置两种网络嵌入性指标,本书发现信息环境较差的公司更可能聘任具有网络背景的董事,而且董事网络对公司信息传递有促进效应,使得公司会计政策和财务决策行为更加趋同,最终导致在资本市场股价同步性增加、在产品竞争市场中商业信用和经营投资效率提升。结论不仅为国际上"社会网络和公司行为"的交叉研究提供更全面的衡量指标、更系统地研究分析框架和中国独特制度背景下的经验证据,对国内逐渐展开的相关研究也有很好的借鉴作用;此外,对中国上市公司实践和资本市场监管机构也有一定的启示作用。

目　　录

第 1 章

引　言

1.1　研究动机和研究意义

1.1.1　研究动机

在大数据处理技术及诸多复杂社会网络分析技术的催生下，"社会网络与公司财务"交叉研究近年来成为热点问题。然而遗憾的是，以往相关研究大多基于网络而研究公司的独立个体行为，忽略了其对不同公司之间的信息共享和学习效应的影响，及其带来的政策趋同影响，这就忽略了网络本身的信息传递特性。事实上，公司间效应（intra-firm effects）才是检验公司所拥有社会网络的绝佳视角（Badertscher et al.，2013）。已有研究发现董事的信息可以通过其与高管的社会联系（Cao et al.，2011）以及外部兼任董事（Masulis and Mobbs，2011）等渠道来传播，从而突出了董事的各种网络关系对公司信息渠道的影响。作为经济社会中的一份子，董事处在错综复杂的网络关系中，其行为并非单纯取决于他自己，而是嵌入在网络中，同时受社会网络中所接触的其他人的影响（Granovetter，1985），而其中不可忽视的一种社会网络关系便是董事与董事之间的关系（Cohen et al.，2008；Bizjak et al.，2009；Hwang and Kim，2009；Fracassi and Tate，2012；Larcker et al.，2013）。公司董事在作决策的时候会依据他们所观察到在其他公司的类似情况作为参照系（Barnea and Guedj，2006）。从社会网络视角出发，研究董事的网络关系和网络结构对公司行为的影响是董事研究的一个新思路，这可以解决现有董事会研究中由于治理特征趋同以及仅关注个人属性特征导致的问题。对董事网络的内容研究涉及公司与公司之间通过董事网络进行连接，进而影响其公司行为（Bizjak et al.，2009；Larcker et al.，2013）、公司内部管理层和外部董事之间的各种董事网络关系对外部董事独立性的影响等（Hwang and Kim，2009；Fracassi and Tate，2012）。

实际上，上市公司的董事兼任现象在全球资本市场都十分突出，在美国为代表的成熟资本市场，过去数年间上市公司中有董事兼任的比例都稳定在75%左右（Larcker et al.，2013），而在各种新兴市场国家，董事的兼任行为及其带来的社会网络效应同样突出（Khanna and Thomas，2009）。但是，中国资本市场是检验董事网络作用尤其是信息传递行为的最佳场景。原因在于：首先，我国的董事兼任现象在全球资本市场具有典型代表，数据显示在2003~2012年的10年间中国上市公司拥有的董事兼任现象平均比例为83%，比美国高出8%，更重要的是，2012年度及后续年度这一平均比例超过90%，远远超过美国等主要资本市场，这说明在中国资本市场研究董事的网络关系具有其独特性和迫切性；其次，中国企业过去取得的快速发展主要是因为有替代性的非正式制度（Allen et al.，2005），而人与人之间的社会网络关系这一非正式制度将继续对中国的市场经济产生重大的影响；更为重要的是，中国资本市场的信息环境较差（Fan et al.，2011；Piotroski and Wong，2011），使得公司面临的信息不确定性加大，与成熟的资本市场相比，中国上市公司的董事获取信息的公共渠道更加狭窄，在此情况下则更依赖于基于董事社会网络的非正式渠道，这就更突出了在中国制度背景下研究作为公司间信息传递桥梁的董事网络对公司行为趋同影响的独特性和重要性。

与中国独特的制度背景凸显用中国数据对公司董事网络问题进行研究的意义和迫切性相比，目前已有的研究还远远不够。整体来说，现有董事社会网络关系研究主要集中在各种董事网络关系对公司治理的作用以及进一步地对公司业绩的影响，但总体来说对董事社会网络与公司政策影响的研究尚未深入，还存在以下疑问：一是董事网络的定义较为片面，尚未统一。有文献认为公司通过连锁董事的直接关系形成了网络（Chiu et al.，2013），有文献认为通过连锁董事产生的直接和基于连锁董事产生的第二维间接关系都属于网络关系（Cai and Sevilir，2009），也有文献认为董事面临的所有直接和间接关系都属于网络的一部分，需要通过社会网络分析方法进行度量（Larcker et al.，2013）。但依据社会网络理论，网络包含了央策主体直接互动的关系和决策主体所在的社会网络结构（Granovetter，1992），片面地强调直接互动的关系会人为地把董事所处的网络简单化而忽略各种间接的关系（Burt，1992），而片面地强调网络嵌入性则使网络过于抽象，那么能否同时把董事连锁网络关系和董事网络嵌入性放入同一个分析框架呢？二是董事网络关系作为公司内部以及公司之间的信息传递渠道，给公司带来最直接的影响便是信息的传递以及基于信息的各种政策的学习效应，尽管有理论模型论证了其有效性，但董事网络是否是公司信息传递的需求？其作用机理和作用渠道有哪些？资本市场的投资者对董事网络关系带来的信息传递是否有反应？董事信息获取的成本是否对董事网络作用具有影响？

基于上述研究背景和尚存在的问题，本书将以董事网络为视角，把董事连锁网络关系和董事网络嵌入性两个董事网络的重要组成部分纳入一个研究框架，以董事网络对公司间信息传递的关系为研究视角，全面地从信息传递需求、信息传递渠道和机理、信息传递效果三个专题研究董事网络对公司行为的影响。这一系统性研究框架对国际和国内公司财务/治理和会计领域刚兴起的社会网络关系研究具有较大的理论和实践意义。

1.1.2　研究问题和关键点

本书的总体研究问题是：以社会网络理论为基础，同时从董事连锁网络关系和董事网络嵌入性两方面衡量董事网络，并从公司信息传递视角出发，系统地研究网络背景董事的聘任与公司信息传递需求、董事网络与公司的具体信息传递渠道以及信息传递后果，不仅为国际上"社会网络和公司行为"的交叉研究提供更全面的衡量指标和提供在较差信息环境背景下的独特经验证据，对国内逐渐展开的相关交叉性研究也有很好的借鉴作用，此外对中国资本市场实践（监管机构和上市公司）也有一定启示。具体研究目标主要有以下四点。

（1）界定董事网络这一核心概念，基于社会网络理论，从（直接和间接）董事连锁网络关系和董事网络嵌入性（网络中心度和结构洞位置）两方面同时考虑，从而避免现有研究中单一指标的缺陷。

（2）公司董事网络的经济后果研究必须首先知道何种因素影响了公司对具有网络背景的董事聘任，针对现有对董事社会网络的诸多研究忽略了对其影响因素的探讨，本书首先研究公司面临的客观信息环境是否会影响其聘任具有董事网络关系的董事？而公司治理机制诸如大股东控制和企业产权性质又是否会影响这种关系的发生？什么类型的公司更具有"较差的信息环境增加具有网络背景的董事聘任需求"动机？对这一系列影响因素研究是探讨董事网络与公司行为的关系较为基础性的问题。

（3）探究董事网络与公司间信息传递的作用渠道。首先，从理论上论述公司间通过董事网络而产生的信息传递渠道的可能性，以及董事网络的信息传递导致公司政策趋同的作用机理。其次，从董事发挥重要作用的会计政策趋同（以开发支出资本化政策为代表）和公司财务决策趋同（以投资决策为代表，同时考虑成本管理决策、现金管理决策、资本结构决策、研发决策和股利发放决策）两个大方面进行系统地验证。

（4）检验董事网络与公司间信息传递的经济后果。首先，通过研究具有董事连锁网络关系的两个公司之间以及董事网络嵌入性强的公司与市场的股价同步性程度来检验资本市场投资者是否已经对董事网络的信息传递行为做出了反应。其次，基于网络化的结构位置带来的信息优势和控制优势为视角，进一步检验处于结构洞中心位置的企业是否拥有"供应商—客户"的谈判优势以及是否促进了企业的经营效率和投资效率。

此外，有几个关键点需要强调。

（1）董事网络的界定和度量。首先，本书中的一个关键问题就是对董事网络的定义和边界（陈运森等，2012）。由于董事之间的关系网络可以同时有很多种类型，如老乡关系、校友关系等，但基于以下原因本书只考虑了基于连锁董事的董事网络：第一，很多私人连带关系是无法准确定义的，比如校友，本书很难定义何种关系为校友关系，是否是同一个学校毕业的？是否属于同一届入学或者毕业？是否是同一个学院或同一个专业？而且综合性大学和专业性大学又有所区别。如果是老乡关系，那么两个董事属于同一个省、同一个市还是同一个县才真正属于具有老乡关系？且基于上市公司现有的信息披露，本书难以较完整地收集到此类信息并作出准确判断，容易出现关键指标界定不清晰的问题。第二，董事的有些类型网络关系会使得董事在各种方面都受益，如老乡关系网络使自身在找工作、寻找潜在客户、寻求更便利的办事方式等方面都可以得到好处，而有的网络关系则主要服务于他所扮演的特定角色，就如本书的董事网络，基于连锁董事而产生的董事网络更多的影响体现在董事的公司决策行为当中，与董事个人的其他利益尽管也有关联，但并不是特别明显和突出。综合来说，基于连锁董事类型（即董事在不同公司之间的兼任行为）的董事网络更适合于进行规范的实证研究。

其次，董事网络的具体衡量问题。一是对于董事连锁网络关系，本书同时考虑路径为 1 的直接连锁关系和路径为 2 的间接连锁关系。二是对于董事网络嵌入性的度量则更为复杂。本书将借鉴沃瑟曼和浮士德（Wasserman and Faust，1994）、拉克尔等（Larcker et al.，2013）网络中心度分析方法和伯特（Burt，1992）的结构洞分析方法进行更为全面的衡量。

（2）对信息的界定是本书的另一个关键概念。信息是知识形成或经验形成的前提，也是公司决策制定的基础，公司间的信息传递可能通过信息本身，也可能通过由该信息加工而成的知识或信息累积而形成的经验进行传递，最后形成公司决策，这其中的社会学习效应得到发挥，在此本书把信息、知识和经验以及基于信息产生的公司决策都统称为基于信息传递视角，而不刻意去区分具体的含义差别。如果公司间通过董事网络具有了信息传递渠道，那么本书将能够看到拥有董事网络关系以及董事网络关系较强的公司决策趋同。同时，本书不刻意地去区分董事网络带来的信息传递是导致了好的公司行为还是导致了更差的公司行为，因为这与具体的公司行为和研究视角相关（Bouwman，2011；Larcker et al.，2013）。

（3）董事网络与公司政策趋同的研究设计。由于公司间的信息传递造成了公司政策的趋同，所以对董事网络与公司政策趋同的研究是本书的另一个关键问题。首先，本书选取了董事影响较大的几个重要公司政策（会计政策和公司财务决策），同时考虑到对董事网络的信息传递渠道的最佳检验对象是建立在公司私有信息传递而影响的公司政策变化上，以及立足于中国资本市场的背景，本书选取了开发支出资本化政策趋同以及投资决策趋同（同时关注成本管理决策、现金管理决策、资本结构决策、研发决策和股利发放决策）几个部分进行深入研究。在经济后果的检验中，本书首先使用股价同步性来研究董事网络的信息传递功能是否在资本市场有所反应，如果公司和公司之间由于董事网络关系带来了更多的信息共享，那么公司和公司互相之间的私有信息就相对较少，股票的同步性就增加，这是董事网络与公司间信息传递效果的较好检验方法。其次，立足于社会网络带来的信息优势及其产生的控制优势，对"供应商—客户"谈判地位和企业效率的提升进行了分析。

1.1.3 研究意义

作为公司治理研究一个较新的跨学科交叉领域，本书从信息传递的角度研究了董事网络的需求、渠道和后果，既有较强的理论创新又有很好的实践意义。可能的创新和主要贡献如下几个方面。

（1）有助于为现有董事的社会网络研究提供新的思路和经验证据。首先，本书尝试把网络关系和网络结构都纳入一个研究框架，同时考虑董事连锁网络关系（进一步区分直接网络关系和间接网络关系）和董事网络嵌入性（进一步区分网络中心度和结构洞位置），这种董事网络定义弥补了过分强调某一种网络关系导致的一些缺陷，有效地拓展了现有董事网络与公司行为研究。其次，本书以信息传递视角为切入点，从信息传递需求、信息传递渠道和信息传递后果三个专题系统全面地研究了董事网络对公司政策形成的前因后果，能够很好地补充该领域的经验证据（陈运森和谢德仁，2011，2012；陈运森，2013；谢德仁和陈运森，2012；陈运森等，2018）。再其次，针对中国资本市场独立董事制度的特点以及信息传递过程中"传递源"的重要性，本书着重强调了董事网络类别以及行业背景网络关系的信息传递作用发挥。最后，在中国资本市场检验董事网络的信息传递功能和效果具有其独特性且更具有代表性。与成熟资本市场较公开的信息环境不同，中国上市公司面临着较差的宏观、中观以及微观信息环境（Piotroski and Wong，2011），基于中国制度背景检验董事网络与公司间信息传递的作用不仅提供了发展中国家独特的证据，更是提供了检验该问题的"绝佳土壤"。

（2）有效拓展了董事能力发挥所需信息的渠道。传统研究中常把董事的特征指标过于同质化和绝对化而忽略董事个体差异以及董事作用发挥所需信息环境，随着对此类指责的日益增加（Coles et al.，2008；Nguyen and Nielsen，2010；Chen et al.，2015；Masulis and Mobbs，2011），学者们逐渐关注董事能力发挥的差异性，有研究发现董事会的形成和作用的发挥都会依赖于公司的信息环境以及董事自身获取信息能力的差别（Adams and Ferreira，2007；Armstrong et al.，2010，2011），既然董事的作用与信息获取能力有关，那么何种类型的董事以及通过何种渠道可以获得关于公司策略的信息呢？基于信息环境较好的成熟资本市场的研究发现独立董事可通过与管理层的社会联系获得信息（Cao et al.，2011）、内部董事可以通过在外面担任董事席位来获得信息（Masulis and Mobbs，2011）。本书则同样拓展了这一领域的文献研究，本书的证据系统地验证了董事还可以通过董事连锁网络关系和董事网络嵌入性来获得其作用发挥的信息，而且通过董事网络获取信息而影响公司决策能带来资本市场的信息后果，进一步，独立董事以及行业背景董事的影响更甚。此发现既是现有文献的积极补充，更提供了不同制度背景下董事信息获取的经验证据。由于中国资本市场的信息环境较差（Fan et al.，2011；Piotroski and Wong，2011），使得公司面临的信息不确定性加大，与美国等发达国家相比，中国上市公司的董事获取信息的公共渠道更加狭窄，在此情况下则更依赖于董事社会网络的私人渠道，这也突出了中国的制度背景。

（3）对国内"社会网络和公司行为"研究提供经验证据。与发达资本主义国家相比，中国的传统文化中关系网占有更加重要的位置（费孝通，1948；梁漱溟，1949；Huang，1987），是"社会网络和公司行为"研究的极佳"土壤"，但实际上在国内这类研究却较为缺乏。在正式制度约束较弱的中国，非正式的网络关系往往扮演着重要角色，充当着正式制度的替代物来对公司行为产生影响（罗家德，2010）。作为社会网络关系的一种，本书研究基于董事连锁网络关系和董事网络嵌入性的董事网络是中国资本市场普遍存在的现象并发挥着重要作用，却被实务界和学术界所忽略的网络关系现象。研究发现将有助于学术界和实务界深入理解非正式网络关系对公司行为的影响，这也顺应了拉克尔等（2013）呼吁对发展中国家各种非正式网络关系的关注。

现有通过社会网络分析（social network analysis，SNA）方法来分析公司财务与会计行为的文献也不多，李智超和罗家德（2011）认为中国本土管理思想与社会网观点有契合之处，社会网络分析可以为研究中国本土经济和管理研究提供坚实的理论基础和有利的分析工具。所以本书作为社会学和公司财务和会计领域的交叉研究，期望能够起到抛砖引玉的作用，吸引更多学者关注社会网络分析方法在公司财务和会计领域的拓展运用。

本项目的实践意义体现在以下两个方面：一是对监管机构的启示。陈峰等（Chen et al.，2015）指出由于忽略了董事个人特征的作用，美国 SEC 对董事"一刀切"（one-size-fit-all）的监管要求面临着极大挑战，类似的挑战也困扰着中国证监会等监管机构，本书的研究认为由于董事（尤其是独立董事）难以掌握公司经营和决策信息，在保证独立董事精力的情况下（比如现在的限制每个独立董事最多只能在 5 家上市公司同时任职），监管机构应该引导鼓励董事交叉任职以使公司间信息传递渠道更加畅通，当然在对公司各种违规事件调查和处罚时也不能忽视了公司董事网络关系带来的负面传递后果。二是对上市公司的启示。从公司实践角度，由于不同公司之间各种会计、治理和公司财务决策信息可以通过董事网络进行传播，所以有信息传递需求的公司（如成长性公司）可以通过聘任具有连锁网络关系或者网络嵌入性强的董事来达到公司的需求，从而为本公司带来优势地位。

1.2　研究思路和研究方法

本书的主要研究路线包括：文献与背景分析→核心概念提炼→理论分析与实证研究→实地调研与案例分析→结论分析与政策建议。本书定义的董事网络分为董事连锁网络关系和董事网络嵌入性，如图 1-1 所示，是基于谢德仁和陈运森（2012）、陈运森（2013）对董事网络的定义为基础进行的进一步拓展。在一个社会网络中，成员和他们之间的联系可以形象化为结点和连带的结构（Wasserman and Faust，1994），那么在董事网络中，结点就是网络中的单个董事；连带为董事之间的联结关系。如果两个董事同时在至少一个董事会同时任职（互为连锁董事），那么这两个董事是直接联结的。格兰诺维特（Granovetter，1992）认为决策者受到所处社会网络的模式分为与决策主体直接互动的关系网络情景和决策主体所在的社会网络结构情景，基于此，本书首次从直接互动的关系嵌入和网络结构嵌入全面衡量董事网络，把董事网络区分为董事连锁网络关系和董事网络嵌入性两种模式，并在一个研究框架中同时考虑。

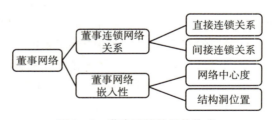

图 1-1　董事网络的具体构成

第一，是董事连锁网络关系，注重的是董事网络的关系嵌入，具体包括直接连锁关系和间接连锁关系①。如图 1-2 所示，首先是直接连锁关

---

①　所谓连锁董事（interlocking director），是指同时在两家或两家以上公司的董事会担任职位的董事会成员（Mizruchi，1996），后续为了研究需要有学者把先后任职两家公司的董事也作为连锁董事（Kang and Tan，2008；Bizjak et al.，2009；Chiu et al.，2013），本书则延续了相对广义的连锁董事定义。

系，董事 E 同时在公司 1 和公司 2 担任董事，那么对于董事 E 来说就获得了一种直接的连锁关系，两个公司之间则能通过共享董事而联结在一起，这是一种直接的互动网络关系（Stuart and Yim，2010；Bouwman，2011）。其次是间接连锁关系，如果站在董事个体角度，公司 1 和公司 3 并没有通过连锁董事直接相连，但公司 1 的董事 E 和公司 3 的董事 I 同时在公司 2 担任董事；但如果站在公司角度，公司 1 和公司 3 的联结通过董事 E 同时担任公司 1 和公司 2 的董事席位，这虽然没有直接的连锁网络关系，但从社会学视角来说，他们联结的路径距离为 2，网络关系依然很强，所以本书依然认为这是一种董事连锁网络关系。无论是直接连锁关系，还是距离为 2 的间接连锁关系，都是董事连锁网络关系，两者都注重网络关系的存在性，这分别对应于格兰诺维特（1973）所描述的"朋友"和"朋友的朋友"。

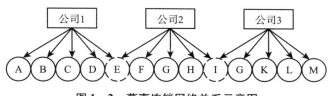

图 1 - 2　董事连锁网络关系示意图

第二，是董事网络嵌入性，注重的是董事网络的结构嵌入，衡量的是某个董事在整个上市公司董事网络中的嵌入性，其网络嵌入性又可进一步细分为网络中心度和结构洞位置。一个在上市公司整体网络中嵌入程度较高的董事有几个显著特点：与许多其他行动者相联结；彼此之间没有直接联结的其他行动者通过该行动者联结起来；能以较短的距离接触到网络中的许多其他行动者；与居于网络中心位置的行动者有紧密的联结关系（Kilduff and Tsai，2003），这四个特点可以通过社会网络分析方法中的网络中心度分析以及结构洞分析两个视角进行刻画。与董事连锁网络关系相比，董事网络嵌入性更加注重董事个体的网络中心度和结构洞位置，是董事个体在局部和整体网络中的关系程度。

具体来说，网络中心度指标借鉴弗里曼（Freeman，1979）和陈运森（2013）的定义，通过四个具体指标（程度中心度、中介中心度、接近中心度和特征向量中心度）计算的综合网络中心度指标来衡量。（详细的衡量方法参见陈运森，2013）。需要指出的是，程度中心度衡量的是某董事直接与其他董事相联结关系的数量，体现了网络中个人的活跃度，但并没有考虑非直接的关系，且对每个结点都同等对待；中介中心度强调了对董事网络中不同联结关系的控制度；接近中心度衡量的是董事个人到董事网络中其他所有人需要多少步；特征向量中心度用递归加权的方法（recursive weighted method）衡量了连结数量的"质量"。本书的董事网络嵌入性的衡量则将四个指标进行综合考虑（Freeman，1979；Wasserman and Faust，1994；Schonlau and Singh，2009；Larcker et al.，2013）。具体数据处理过程为：（1）将 A 股上市公司所有董事的个人资料，分年度整理成矩阵形式，计算每个董事的四个网络中心度指标；（2）以公司为单位来计算董事网络中心度的具体指标（取中位数或最大值）；（3）为了消除每个中心度指标量纲上的差别，降低异常值的影响以及更加突出指标的差异性，对（2）中计算的四个网络中心度具体指标进行分年度排序并分成十组，赋值 0~9，作为网络中心度排序指标；（4）对四个排序指标进行平均，计算得出综合的公司网络中心度指标作为本书的主要分析变量，如果是计算独立董事的综合网络中心度指标，则计算公司层面网络中心度时，单独取独立董事数值的中位数或最大值。

本书需要着重介绍的是另一种网络嵌入性衡量方法：结构洞位置。伯特（1992）认为在社会网络中，某些个体之间存在无直接联系或关系间断的现象，从网络整体来看，好像网络结构中出现了洞穴，这就是结构洞。占据结构洞位置有利于获得更多的信息和资源，因而局部不会形成高的集聚性，此时诸多弱连接关系将扮演"桥"的作用而频繁出现，而将无直接联系的两者联结起来的第三者拥有信息优势和控制优势。在企业中的社会网络也是如此，不同的企业在网络中处于不同的结构位置，由于组织悬浮于由各种关系网络组成的环境中，其资源获取的渠道来自于所嵌入的网络，即企业的网络联结关系需要一种"媒介"，伯特（1983）就指出董事的连带市场（directorate tie market）结构为企业商业交易的规范化提供了一种非市场（non-market）环境，而且杰克逊（Jackson，2008）把这叫作"以行为人为基础的建模"，因此这种对个体层面网络输入（董事），然后组织层面网络输出（企业）的定义是现有社会网络研究的通常做法。

我们通过网络约束指数来衡量结构洞位置：$C_{ij} = \left(p_{ij} + \sum_q p_{iq}p_{jq}\right)^2$。其中 C_{ij} 是企业 i 与企业 j 接触联系所需关系投资的约束程度，受两部分的影响：p_{ij} 等于企业 i 到企业 j 的直接连带关系的强度（如果某董事同时在企业 i 和企业 j 任职，那么就认为这两个公司有直接连带关系），衡量的是企业 i 在企业 j 中的直接关系投资，而 $\sum_q p_{iq}p_{jq}$ 等于从企业 i 到企业 j 的所有通过 q 的路径中，（路径为 2 的）非直接连带关系的强度之和，衡量的是企业 i 在企业 j 身上的间接关系投资。为了理解方便，用 1 与 "约束指数" 的差来衡量结构洞丰富程度（Burt，1992；Zaheer and Bell，2005）：$CI_i = 1 - C_{ij}$，如果 CI_i 越大，就表明网络约束越小，网络结构洞越丰富。

为了更好地理解本书指标的算法，受伯特（2008）启发，我们绘制图 1 - 3 来解释上述指标。

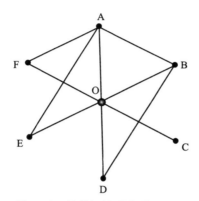

图 1 - 3　结构洞位置衡量示例图

图 1 - 3 的网络中有 7 个参与者：O、A、B、C、D、E、F，2 个参与者之间的线条表明两者之间有直接的联结关系，我们把这幅图的直接联结关系矩阵化，就可以得出表 1 - 1。

表 1 - 1　　　　　　　　　　不同参与者关系的矩阵

参与者	A	B	C	D	E	F	O
A	.	1	0	0	1	1	1
B	1	.	0	1	0	0	1
C	0	0	.	0	0	0	1
D	0	1	0	.	0	0	1
E	1	0	0	0	.	0	1
F	1	0	0	0	0	.	1
O	1	1	1	1	1	1	.

首先，结合图1-3来介绍参与者O的结构洞网络位置计算方法，图中6个点对O的约束程度的计算有两部分：直接联系占用的时间/精力以及（路径为2的）间接联系占用的时间/精力两部分。我们选取具有代表性的COC、COD、COB三个网络约束指数（计算O的整个网络约束指数的其中一部分）来进行说明：

COC的计算步骤：从图1-3可以看出，O总共在网络中有6条直接联系路径，但C跟O仅有一条直接联系，且没有间接联系的路径，那么COC就等于C与O直接联系的路径占用O总的直接联系路径和程度：$(1/6)^2 = 0.028$。

COD的计算步骤：与O-C相同的是，O总共有6条直接联系路径，D跟O仅有一条直接联系，那么差异就在于O-D还有间接联系路径：O-B-D。那么B作为传导人所控制的这一间接联系的程度就等于O-B的控制程度乘于D-B的控制程度。其中OB为1（B和O有一条直接联系路径）除以6（O总共有六条直接联系路径），即1/6，同理BD为1除以（B和D有一条直接联系路径）除以3（B总共有三条直接联系路径），即1/3，那么O和D的间接联系路径程度为（$1/6 \times 1/3$）$= 1/18$，所以COD $= (1/6 + 1/18)^2 = 0.049$。

COB的计算步骤：O-B的直接联系程度跟前两个情况类似，但间接联系有O-A-B和O-D-B两种路径，O-B的间接联系受约束程度为这两个路径约束程度之和，与上述算法类似，为（$1/6 \times 1/4$）+（$1/6 \times 1/2$）$= 1/8$，所以COB $= (1/6 + 1/8)^2 = 0.085$。

COA、COE和COF的计算方法类似，不一一重复，具体结果如表1-2所示。

表1-2　　　　　　　　　　　C_{ij}的计算方法示例

C_{ij}	COA	COB	COC	COD	COE	COF	CO = COA + COB + COC + COD + COE + COF
值	0.151	0.085	0.028	0.049	0.043	0.043	0.399

在计算了O与图中每一个点的约束程度之后，再（根据公式$C_i = \sum_j c_{ij}$）加总则可得O在该网络中的总网络约束指数：CO = COA + COB + COC + COD + COE + COF = 0.399。得出参与者O的网络约束指数之后，根

据公式 $CI_i = 1 - C_{ij}$，我们最后可求出参与者 O 的结构洞丰富程度：CIO = $1 - 0.399 = 0.601$。

董事网络的两个方面是有机统一的，董事网络嵌入性是基于董事连锁网络关系而产生的着重于整体网络的关系强度和战略结构洞位置，两者相辅相成。当然两者也有区别，董事网络嵌入性是基于连锁董事现象，但不一定说如果董事自身没有兼任行为就不具有董事网络嵌入性，因为其自身的网络嵌入程度可以通过其他董事的网络关系间接获得。

1.3 研究内容和结构安排

本书将以董事网络为视角，把董事连锁网络关系和董事网络嵌入性两个董事网络的重要组成部分纳入一个研究框架，以董事网络对公司间信息传递的关系为研究视角，全面地从信息传递需求、信息传递渠道和机理、信息传递效果三个专题研究董事网络对公司行为的影响。全书逻辑结构框架如图1-4所示，基本结构安排和主要研究发现如下。

第1章 引言。

本章主要介绍研究动机、研究问题、研究意义、研究思路和方法以及研究内容和结构安排。

第2章 董事网络与信息传递需求：影响因素研究。

本章以 2000~2012 年 A 股上市公司为样本，以董事是否具有兼任行为和董事网络中心度作为具有网络背景的董事代理变量，研究了上市公司聘任具有网络背景董事的影响因素。结果发现：公司面临的信息环境越复杂，越可能聘任具有董事连锁网络关系以及董事网络中心度更高的董事。相比于非国有上市公司，国有上市公司越可能聘任具有董事连锁网络关系以及网络中心度更高的董事。相比于第一大股东持股比例低的公司，第一大股东持股比例越大越不可能聘任具有董事连锁网络关系以及网络中心度更高的董事。

第3章 董事网络与信息传递渠道：基于会计政策趋同的证据。

本章则利用我国上市公司 2007~2012 年的企业开发支出会计政策隐性选择数据，同时结合董事连锁网络关系和董事网络中心度两个视角，来考察是否由于独立董事之间的连锁网络关系产生会计政策选择的传递学习效应。实证结果发现：在当年执行过开发支出资本化的上市公司中，如果

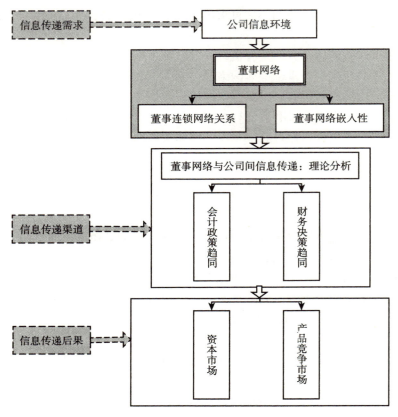

图 1 - 4　本书的逻辑框架结构

其聘任的独立董事在其他上市公司兼任内部董事或独立董事，那么目标公司将会有更大的概率也选择同样的会计政策；独立董事在其他选择开发支出资本化会计政策的公司兼任董事的频次越大，连锁董事对开发支出会计政策选择的传递效应越明显；独立董事在董事网络中的网络中心度越大，公司也越可能执行开发支出资本化会计政策。进一步研究发现，如果独立董事是审计委员会主任或具有会计背景，这些连锁董事对开发支出会计政策选择的传递效应越明显。

第 4 章　董事网络与信息传递渠道：基于公司财务行为趋同的证据。

本章在分析董事连锁网络关系带来的有关投资行为的信息传递的基础上，以 2002 ~ 2013 年的 A 股上市公司为样本，利用对偶模型（pair model）将每一年的所有公司进行两两配对，检验了董事连锁网络对公司投资趋同的影响。结果发现：如果两个公司之间存在董事连锁网络关系，那么投资水平和投资变化都更加趋同，这一发现拓展到公司的其他重要财务决策（如：成本管理决策、现金管理决策、资本结构决策、研发决策和股利发放决策）依然成立。趋同效应随着董事连锁网络的强度提升而增加。进一步研究发现，公司的信息环境越差，对董事连锁网络关系这一非正式信息传递渠道的需求就越高，董事连锁网络关系对公司间投资趋同的作用越明显。

第 5 章　董事网络与信息传递后果：基于股价同步性的证据。

本章前述几章在分析董事连锁网络关系带来的有关会计政策和投资研发政策趋同等基础上，以 2000～2012 年的 A 股上市公司为样本，检验了董事网络对股价同步性的影响。结果发现：如果两个公司之间具有董事连锁网络关系，那么两个公司之间的股价同步性也更高。公司的董事网络嵌入性更高，其与整个资本市场的股价同步性也更高。进一步研究还发现，相比于信息环境差的地区，信息环境好的地区董事连锁网络关系以及董事网络嵌入性对股价同步性的影响更加明显。内部董事连锁网络关系对公司间股价同步性的影响更大，内部董事更能发挥董事连锁网络的信息传递功能。

第 6 章　董事网络与信息传递后果：基于商业信用的证据。

本章利用 2001～2011 年 A 股上市公司数据构建了企业通过董事之间共同任职关系产生的董事网络，通过网络约束系数计算了不同企业的"结构洞"网络位置，进而研究了处于不同"结构洞"网络位置的上市公司获取商业信用以及使用商业信用成本的差别。实证结果发现：企业所处的网络结构洞越丰富，能够获取的商业信用就越多，从而增强了其在产品市场的竞争优势，同时结构洞越丰富的企业"商业信用—现金持有"敏感性越低，即企业结构洞位置能够降低商业信用的使用成本，这一结果在控制了各种内生性和同时考虑网络中心程度的影响后依然存在。进一步研究发现，结构洞位置对商业信用获取和使用成本的影响在竞争更为激烈的行业以及市场发展更充分的地区更加显著，说明结构洞作用的发挥依赖于其形成的市场化因素。

第 7 章　董事网络与信息传递后果：基于企业效率的证据。

本章利用 2001～2011 年的 A 股上市公司数据构建了企业通过董事之间共同任职关系产生的董事网络，通过网络约束系数计算了不同企业的"结构洞"位置，研究了处于不同"结构洞"位置的上市公司其经营效率

和投资效率的差别。实证结果发现：企业所处的网络结构洞越丰富，企业的经营效率和投资效率越高（主要体现在对投资不足行为的降低），区分行业竞争程度之后的结果发现结构洞位置与企业效率的促进关系更主要发生在竞争激烈的行业中。进一步研究发现，拥有网络中结构洞丰富的企业在未来的业绩要好于结构洞较少的企业。

第8章　结论。

本章对前述的董事网络的界定分析和实证检验进行了总结，并指出了本书的创新之处、尚存的问题和局限性以及进一步的研究方向。

第 2 章

董事网络与信息传递
需求：影响因素研究

2.1 概　述

从信息传递视角研究上市公司董事网络，第一个待解决的问题就是：什么样的公司越可能聘请具有网络背景的董事？从公司所处信息环境视角进行影响因素研究则是本章逻辑分析框架的首要解决问题。这一问题在中国制度背景下尤为重要，由于中国资本市场的信息环境较差（Fan et al.，2011；Piotroski and Wong，2011），使得公司面临的信息不确定性加大，与成熟的资本市场相比，中国上市公司的董事获取信息的公共渠道更为狭窄，在此情况下则更依赖于基于董事社会网络的私人渠道。因此，本章试图对这一视角展开研究。

具体地，以董事兼任关系哑变量和董事网络嵌入程度作为董事网络的代理变量，研究了董事网络的影响因素。为了消除内生性的影响，本章在全样本检验的同时，也单独研究公司首次公开募股（IPO）时的董事会构成，原因在于在IPO时的董事选取较少受到"机械性相关"的困扰。实证结果发现：信息环境越复杂，公司越可能聘任具有董事连锁网络关系以及董事网络嵌入性更高的董事。相比于非国有上市公司，国有上市公司越可能聘任具有董事连锁网络关系以及董事网络嵌入性更高的董事。相比于第一大股东持股比例低的公司，第一大股东持股比例越大越不可能聘任具有董事连锁网络关系以及董事网络嵌入性更高的董事。进一步，本章还发现，公司上市年龄越短、公司规模越大、多元化经营程度越高时，公司面临着更强的信息需求，越可能聘任具有董事连锁网络关系以及董事网络嵌入性更高的董事。

本章的后续安排如下：2.2 节是文献综述，2.3 节是制度背景和研究假设，2.4 节是研究设计，2.5 节是实证结果，2.6 节是本章小结。

2.2 文 献 综 述

在国际主流公司财务和会计领域，关于董事社会网络的研究主要沿着两条主线发展。首先，是公司之间的董事网络关系分析，但发现的经验证据并不统一。其次，是公司内部的董事网络关系，研究大多发现这种网络关系带来了更多的不独立；而连锁董事研究则更多地在社会学和企业管理领域进行发展。国内相关的研究则尚处于探索阶段。

（1）关于公司之间的董事网络关系分析的研究主要集中在以下几个方面。第一，董事网络研究的第一步是验证董事网络的存在性。社会网络研究认为，具有较短的平均路径长度又具有较高的聚类系数的网络就形成了一个"小世界"（small world phenomenon），有学者则借鉴"小世界"概念以检验"董事—董事"的任职关系是否使得董事这一群体构成一个"小世界"。桑托斯等（Santos et al.，2012）、韦斯利和威代尔（Wesley and Vidal，2010）则考察了巴西上市公司连锁董事情况，显示公司连锁董事在巴西上市公司是一个普遍现象，董事之间的联结强度和集聚现象表明董事间的社会关系网络属于一个"小世界"。任兵和区玉辉（2001）对上海地区上市公司的连锁董事和企业间连锁关系进行了描述性分析，发现连锁董事在中国已是比较普遍现象，并着重呼吁学术界对连锁董事的关注和进行深入研究；任兵等（2004）对上海和广东两区域上市公司的企业间连锁网络和经济发展之间关系进行的研究，发现上海企业镶嵌于一个具有整体的、广泛的企业连锁网络之中，而广东企业镶嵌于一个离散的、小型的企业连锁格局之中。第二，董事网络与管理层监督。董事社会网络对董事有效地监督管理层具有促进作用还是阻碍作用目前还缺乏相关的理论分析，但现有的一些实证研究在分析了董事网络对管理者薪酬的影响后，得到的结果大多支持董事网络对董事的监督行为有负面影响的结论。拉克尔等（2005）认为由于网络中的个体倾向于互相依赖，董事的社会关系降低了董事成员的独立性，进而影响其对管理层监督作用的发挥。第三，董事网络与公司政策。关于董事网络是否促进了公司各种政策执行，现有发现倾向于正面态度。弗拉卡西（Fracassi，2016）用董事当下的职业（current employment）、过去的职业（past employment）、教育（education）和其他活动（other activities）数据作为董事的社会连带（social ties），发现如果两个公司共享的社会网络连带越多，两者的投资水平越相像、投资随着时间的变化也越相像，而且拥有更多社会连带的公司表现出更好的经营业绩。第四，董事网络与公司业绩。由于董事间的互动行为难以观察到，以及董事的具体公司治理行为并不为外人所知晓，一些研究跳过中间的决策和互动细节，通过直接考察董事网络特征对公司治理结果的影响来检验董事网络的公司治理效果，他们大多研究董事网络对公司的业绩、股票收益、资本成本和企业价值等的影响，正面的证据居多。拉克尔等（2013）作者通过公司董事会与其他公司董事会共享董事作为网络连带来度量董事网络关系的高低，发现公司董事网络关系的高低与资产回报率的未来增长和真实盈余超过分析师预测盈余的值呈正相关关系。任兵等（2007）连锁董事的网络核心度与企业绩效呈负相关关系，即处于连锁董事网络中越核心位置的企业其绩效越差；但彭正银和廖天野（2008）发现公司所处连锁董事网的规模、公司的网络中心度以及连锁董事所担任的董事数目与公司治理绩效之间呈正相关关系，董事会中连锁董事比例的治理效应没有得到确定性验证，而连锁董事的持股与公司治理绩效之间并不存在显著的相关关系。第五，董事网络与董事个人职业生涯及薪酬。董事社会网络除了对管理层监督、公司政策和公司的绩效等有影响外，对董事个体本身也有影响。霍尔顿（Horton et al.，2009）计算了连锁董事的完整社会网络，结果发现独立董事的网络关系度与董事薪酬负相关。

　　（2）关于公司内部的董事网络关系的研究。与前述董事网络主要研究不同公司董事之间的网络关系对其决策行为的影响不同，公司内部董事—管理层的网络（私人连带关系）着眼于管理层与董事之间通过某种背景而互相联结。理论上并不知道社会连带是否会加强或者减弱董事业绩的质量：一方面，与管理层有社会联系的独立董事可能会做有利于管理层的决策；另一方面，社会连带关系能够增加信任和内外部董事信息共享，增加董事的监督能力和有效性。但现有的实证分析更多的是认为公司内部的董事网络关系减弱了对管理层的监督。苏布拉马尼亚姆（Subrahmanya，2008）认为 CEO 加入董事会成员的社会网络可能会影响治理质量，但董事会的社会网络能够对网络成员的能力作出更客观的评价，所以，在选择是否拥有社会连带的董事会成员时，公司必须比较、鉴别有能力 CEO 的好处以及由于社会关系带来的不充分治理的成本。阮（Nguyen，2010）用法国上市公司数据发现当 CEO 和董事处于同一个精英教育学院（Grandes Ecoles）或者精英内部服务机构（Grands Corps de Etat）时，CEO 在公司业绩不好的时候更不可能被更换，且在强制更换后也更容易找到新的职位。黄和金（Hwang and Kim，2009）发现87%的董事成员是常规上意义的独立董事，但只有62%的成员为常规意义和社会连带关系角度的独立董事。与只有常规意义的独立董事相比，在常规意义和社会连带关系角度都是独立董事与管理层更低的薪酬、更高的薪酬—业绩敏感度和 CEO 更换—业绩关系相关。侯他希（Hoitash，2010）也检验了和管理层（内部董事）有社会连带关系的独立董事是否能够以股东利益最大化角度来有效地监督管理层。笔者的实证发现社会连带与更高的管理层薪酬相联系，且这种结果主要是由包括薪酬委员会成员的社会连带产生的。当社会连带存在时，财务报告质量提升了，而这种结果主要产生在当审计委员会成员有社会连带关系的时候。弗拉卡西和泰特（Fracassi and Tate，2012）发现权力越大的 CEO 越可能任命与自己有网络联系的董事。然而这种网络关系越多的 CEO—董事所在公司会进行更多损害公司价值的并购，结果表明与 CEO 的社会联系会损害董事会监督。

综上所述，现有文献主要基于公司治理能力的变化、政策的改变及公司业绩的改变，且经验证据并不统一甚至互相矛盾。从信息传递视角的研究尚未引起更多的关注，特别是信息环境是否影响公司聘任拥有网络关系的董事，尚待进一步深入和系统地研究。

2.3　制度背景和研究假设

现有研究尚未系统地研究公司因何种因素而聘任具有网络背景（即有董事连锁网络关系以及董事网络嵌入性更强）的董事。卢昌崇等（2006）对中国资本市场连锁董事的影响因素进行了研究，他们发现了诸多"异象"，并强调现有的连锁董事理论对我国上市公司连锁董事的解释能力还有待于深入研究。本章认为公司的信息环境是其聘任具有网络背景董事的重要原因，由于董事在公司决策中作用的发挥会依赖不同的信息环境（Duchin et al.，2010；Amstrong et al.，2010），由于董事会形成的内生性（Boone et al.，2007），面临不同信息环境的公司在聘任董事的时候则会考虑公司本身的客观环境特别是信息环境，由于董事网络能带来信息的传播和基于信息的各种公司政策的学习效应，如果目标公司所处的客观信息环境较复杂、信息沟通不畅通，那么就更可能需要通过这种信息传递渠道来获取复杂环境下各种公司决策行为的信息，自然就更倾向于聘任具有网络背景的董事。进一步的，公司的信息环境可区分为公司组织的复杂程度和公司经营的复杂程度：首先，一般来说如果公司规模较大，其组织的复杂程度就越高，那么在公司政策制定上需考虑的因素就较多，在此情况下聘任具有网络的董事，以期利用董事网络中的多元信息进行决策的可能性就较大。其次，公司的经营情况也是信息环境的重要体现，如果公司推行的是多元化战略、就需要董事掌握更多类型的其他公司的经营决策信息，而网络关系强的董事能够带来其他公司的相类似信息和基于信息的各种公司策略制定经验（Boone et al.，2007），如果公司成长性较高，但经营波动性很大，此时面临的不确定性也就会较大，那么公司聘任具有网络背景董事的可能性就越大（Mizruchi，1996）。基于此，本章提出第一个假说：

H1：公司所处信息环境越复杂，越可能聘任具有董事连锁网络关系以及董事网络嵌入性更高的董事。

当然，本章还需考虑的是产权和公司治理机制的交互作用。首先，从产权性质的角度来看，国有企业的规模一般较大，组织复杂程度较高，而且其第一类代理问题比较严重（即代理人和委托人的代理问题）。一方面国有企业的经理人并非其最终产权的所有者，那么国有企业则更可能去聘任具有网络背景的董事来加强对经理人的监督，为其决策提供更多的信息；但另一方面，由于国有企业具有天然的"政治优势"和"预算软约束"（林毅夫和李志赟，2004；田利辉，2004，2005；祝继高和陆正飞，2011），政府对国有企业存在"父爱效应"（谢德仁和陈运森，2009），使得国有企业能以较低的成本获得银行贷款等资金支持，而对于非国有企业来说，其面临着更大的融资约束。相对于非国有企业来说，国有企业对于聘请具有网络背景的董事以获取更多的信息优势的动机也可能较弱。其次，公司所处的信息环境与公司治理机制密切相关，在中国的治理结构中存在很明显的"一股独大"的问题，大股东的存在可能会减弱公司聘任具有网络背景董事的动机，因此本书进一步考虑公司第一大股东持股比例的影响。一般来讲，如果控股股东持股比例高，则表明控股股东的侵占动机较强，为了掩盖其侵占行为，会刻意地增加公司的信息不对称和不确定程度，在此情况下则更不可能去聘任拥有网络关系的董事。同时，为了避免更多的监督，大股东也更不希望聘任具有网络背景的董事。综上，本章进一步考虑最终控制人的性质和控股股东的控股程度与信息环境对董事成员聘任的交互影响，提出以下两个假说：

H2：企业的产权性质对于公司信息环境与具有网络背景董事聘任的正相关关系没有显著影响。

H3：控股股东侵占动机减弱公司信息环境与具有网络背景董事聘任的正相关关系。

2.4 研究设计

2.4.1 研究模型和变量定义

本章通过逻辑模型（logistic model）和 OLS 模型进行检验：

$$\text{Logistic}(P) = P(\text{Network}_{it} = 1) = \partial_1 + \partial_2 \text{Info}_{it} + \partial_3 \text{Gov}_{it}$$
$$+ \partial_4 \text{Gov}_{it} \times \text{Info}_{it} + \text{Controls} + \varepsilon \qquad (2-1)$$

$$\text{Network}_{it} = \partial_1 + \partial_2 \text{Info}_{it} + \partial_3 \text{Gov}_{it} + \partial_4 \text{Gov}_{it} \times \text{Info}_{it} + \text{Gontrols} + \varepsilon \qquad (2-2)$$

为了消除内生性的影响，本章在全样本检验的同时，也单独研究公司 IPO 时的董事会构成，原因在于在 IPO 时的董事选取更少受到"机械性相关"的困扰。首先，在模型（2-1）中，Network_{it} 定义为如果公司在第 t 年聘任的独立董事其 t-1 年同时兼任了其他上市公司的董事席位则为 1，否则为 0；其次，模型（2-2）的因变量 Network_{it} 定义为董事的网络嵌入性用董事网络中心度衡量，即公司在第 t 年聘任的董事其 t-1 年的网络中心程度（Freeman，1979；Wasserman and Faust，1994；谢德仁和陈运森，2012；陈运森，2013）。本章以中位数计算的公司董事网络中心度为主要研究指标，平均数作为稳健性检验指标，具体数据处理过程为：（1）将 A 股上市公司所有董事的个人资料，分年度整理成矩阵形式，计算每个董事的四个网络中心度指标；（2）以公司为单位来计算董事网络中心度的具体指标（取中位数或平均值）；（3）为了消除每个中心度指标量纲上的差别，降低异常值的影响以及更加突出指标的差异性，对（2）中计算的四个网络中心度具体指标进行分年度排序并分成十组，赋值 0~9，作为网络中心度排序指标；（4）对四个排序指标进行平均，计算得出综合的公司网络中心度指标作为本书的主要分析变量。本章需要关注的变量是 $Info_{it}$，即公司的信息环境，与布恩等（Boone et al.，2007）类似，$Info_{it}$ 指标包括：第 $t-1$ 年的公司分析师跟踪人数以及第 $t-1$ 年的公司无形资产比例，若公司前一年的分析师跟踪人数低于行业平均，公司无形资产比例过高，则表明公司内外部信息不透明度越高，对于公众股东来说信息环境越差，为了降低可能存在的内外部股东代理问题，公司则越可能聘任具有董事连锁网络关系以及董事网络嵌入性更高的董事。$Soe_{it} \times Info_{it}$ 和 $Fshr_{it} \times Info_{it}$ 分别衡量了最终控制人性质和控股股东的持股比例对公司信息环境与是否聘任具有网络背景董事的交互影响。为了控制公司层面不随时间变化的因素影响，模型中控制了公司固定效应。其他变量定义如表 2-1 所示。

表 2-1　　　　　　　　　　　　变量定义

变量名称	符号	变量定义
董事兼任关系	Network_Dummy	如果公司在第 t 年聘任的独立董事其 t-1 年同时兼任了其他上市公司的董事席位则为 1，否则为 0
董事网络嵌入程度	Network_Score	董事的网络嵌入性用董事网络中心度衡量，即公司在第 t 年聘任的董事其 t-1 年的网络中心程度（Freeman，1979；Wasserman and Faust，1994）
信息环境——分析师	Info - Analyst	第 t-1 年的公司分析师跟踪人数，若公司前一年的分析师跟踪人数低于行业平均，赋值为 1，表明公司内外部信息不透明度越高，对于公众股东来说信息环境越差
信息环境——无形资产	Info - Intangible	第 t-1 年的公司无形资产比例，若公司前一年无形资产比例高于行业平均，赋值为 1，表明公司内外部信息不透明度越高，对于公众股东来说信息环境越差
公司规模	Size	第 t 年末总资产的自然对数
资产负债率	Lev	第 t 年末总负债/总资产
资产收益率	Roa	第 t 年净利润/总资产
市值账面比	MB	第 t 年市场价值/账面价值
第一大股东持股比例	Fshr	第 t 年第一大股东持股比例
董事会规模	Board	第 t 年董事会人数
独立董事比例	Out	第 t 年独立董事人数/总董事会人数
企业性质	Soe	哑变量，如果企业最终控制人为国有则取 1，否则为 0

2.4.2　样本和数据

　　本章的样本为 2000 ~ 2012 年的 A 股上市公司。本章从国泰安（CS-MAR）、万得（WIND）数据库里寻找董事资料和财务数据，对董事的信息进行手工区分整理，对所有董事的背景资料进行一一核对，根据董事的背景等信息，手工区分同名的董事是否为同一个人，并赋予唯一的代码。在剔除了金融类、ST、董事资料等数据缺失的样本后，本章共得到 1548个 IPO 年的观测和 19418 个全年份的观测。本章对连续变量进行了上下1% 的 winsorize 缩尾处理。

2.5　实 证 结 果

2.5.1　描述性统计和相关系数分析

　　首先，主要变量的描述性统计如表 2 - 2 所示，在 IPO 年份将近 76%的公司在第 t 年聘任了存在董事网络的董事，平均的董事网络嵌入程度为3.041；在全样本里将近 80% 的公司在第 t 年聘任了存在董事网络的董事，平均的董事网络嵌入程度为 3.521。在 IPO 年份公司的平均分析师跟踪人数明显低于全样本的平均分析师跟踪人数，IPO 年份公司平均无形资产比例高于全样本的平均无形资产比例，这和实际情况也比较一致。其他变量的描述性统计和前人的研究基本一致。其次，表 2 - 3 列示了主要变量的相关系数，两个信息环境指标均与两个董事网络指标显著正相关，初步验证了本章的主要假设。

表 2 - 2　　　　　　　　　　主要变量描述性统计

IPO year						
Variable	N	Mean	Sd	Min	P50	Max
Network_Dummy	1548	0.759	0.428	0.000	1.000	1.000
Network_Score	1361	3.041	2.594	0.000	2.250	9.000

续表

IPO year						
Variable	N	Mean	Sd	Min	P50	Max
Info – Analyst	1548	0. 062	0. 242	0. 000	0. 000	1. 000
Info – Intangible	1548	0. 747	0. 435	0. 000	1. 000	1. 000
Size	1548	20. 990	0. 989	19. 310	20. 800	25. 800
Lev	1548	0. 276	0. 166	0. 048	0. 254	0. 830
Roa	1548	0. 062	0. 027	− 0. 011	0. 058	0. 201
MB	1548	1. 084	1. 588	0. 133	0. 744	39. 010
Fshr	1548	40. 900	15. 620	5. 210	39. 550	88. 550
Board	1548	9. 008	1. 880	5. 000	9. 000	16. 000
Out	1548	0. 317	0. 126	0. 000	0. 333	0. 556
Soe	1548	0. 326	0. 469	0. 000	0. 000	1. 000
Full year						
Variable	N	Mean	Sd	Min	P50	Max
Network_Dummy	19418	0. 802	0. 398	0. 000	1. 000	1. 000
Network_Score	17572	3. 521	2. 754	0. 000	3. 000	9. 000
Info – Analyst	19418	0. 302	0. 459	0. 000	0. 000	1. 000
Info – Intangible	19418	0. 500	0. 500	0. 000	0. 000	1. 000
Size	19418	21. 430	1. 178	18. 760	21. 270	25. 800
Lev	19418	0. 483	0. 249	0. 048	0. 477	1. 696
Roa	19418	0. 031	0. 072	− 0. 355	0. 035	0. 201
MB	19418	0. 683	0. 514	0. 000	0. 668	39. 010
Fshr	19418	38. 770	16. 420	0. 140	36. 800	89. 410
Board	19418	9. 272	2. 007	5. 000	9. 000	16. 000
Out	19418	0. 318	0. 116	0. 000	0. 333	0. 556
Soe	19418	0. 613	0. 487	0. 000	1. 000	1. 000

表 2 – 3 　　　　　　　　　　主要变量相关系数

Variable	Network_Dummy	Network_Score	Info – Analyst	Info – Intangible
Network_Dummy	1			
Network_Score	0.481 ***	1		
Info – Analyst	0.041 ***	0.042 ***	1	
Info – Intangible	0.081 ***	0.141 ***	0.175 ***	1

注：*** 、** 、* 表示在 1% 、5% 、10% 的显著性水平下显著。

2.5.2　回归分析

假说 H1、假说 H2、假说 H3 检验结果如表 2 – 4、表 2 – 5、表 2 – 6 所示。

表 2 – 4 　　　　　　　　　　假说 H1 检验结果

Variable	Network_Dummy		Network_Dummy		Network_Score		Network_Score	
	IPO year		Full year		IPO year		Full year	
	Info – Analyst	Info – Intangible	Info – Analyst	Info – Intangible	Info – Analyst	Info – Intangible	Info – Analyst	Info – Intangible
Info	**0.400 ****	**0.058 ****	**0.243 *****	**0.054 *****	**0.148 *****	**0.193 *****	**0.044 *****	**0.057 *****
	(2.40)	**(2.26)**	**(4.26)**	**(2.85)**	**(2.60)**	**(2.79)**	**(4.83)**	**(3.92)**
Size	0.049	0.028	0.151 ***	0.195 ***	0.237 ***	0.181 *	0.331 ***	0.344 ***
	(0.52)	(0.22)	(6.49)	(5.87)	(2.92)	(1.66)	(14.85)	(11.91)
Lev	0.336	0.263	0.126	0.094	– 0.012	– 0.083	0.175 *	0.192 **
	(0.67)	(0.52)	(1.30)	(0.97)	(– 0.02)	(– 0.16)	(1.83)	(2.01)
Roa	6.636 **	6.125 **	0.563 *	0.736 **	3.630	3.247	1.756 ***	1.729 ***
	(2.31)	(2.15)	(1.84)	(2.42)	(1.28)	(1.15)	(5.32)	(5.28)
MB	0.038	0.035	– 0.030	– 0.025	0.005	0.004	– 0.104 **	– 0.105 **
	(0.95)	(0.87)	(– 0.93)	(– 0.81)	(0.12)	(0.09)	(– 2.20)	(– 2.22)
Fshr	– 0.008 *	– 0.008 *	– 0.006 ***	– 0.005 ***	0.000	0.000	– 0.001	– 0.001
	(– 1.76)	(– 1.76)	(– 4.31)	(– 4.19)	(0.09)	(0.07)	(– 0.59)	(– 0.64)

续表

| Variable | Network_Dummy | | Network_Dummy | | Network_Score | | Network_Score | |
| | IPO year | | Full year | | IPO year | | Full year | |
	Info – Analyst	Info – Intangible	Info – Analyst	Info – Intangible	Info – Analyst	Info – Intangible	Info – Analyst	Info – Intangible
Board	0. 296 *** (7. 07)	0. 296 *** (7. 04)	0. 167 *** (14. 76)	0. 168 *** (14. 85)	0. 185 *** (4. 14)	0. 185 *** (4. 14)	0. 198 *** (17. 86)	0. 198 *** (17. 82)
Out	5. 526 *** (9. 29)	5. 622 *** (9. 40)	2. 243 *** (6. 81)	2. 225 *** (6. 75)	− 0. 966 (− 0. 75)	− 0. 846 (− 0. 66)	− 0. 013 (− 0. 03)	− 0. 022 (− 0. 06)
Soe	0. 393 ** (2. 23)	0. 384 ** (2. 17)	0. 459 *** (9. 89)	0. 438 *** (9. 49)	0. 258 (1. 36)	0. 252 (1. 33)	0. 305 *** (6. 43)	0. 312 *** (6. 61)
Constant	− 4. 534 ** (− 2. 44)	− 4. 005 (− 1. 49)	− 5. 448 *** (− 11. 67)	− 6. 376 *** (− 8. 98)	− 3. 599 ** (− 2. 25)	− 2. 233 (− 0. 97)	− 7. 068 *** (− 15. 46)	− 7. 371 *** (− 11. 86)
Firm FE & Year FE	Y	Y	Y	Y	Y	Y	Y	Y
Observations	1548	1548	19418	19418	1361	1361	17572	17572
Pseudo R2/ Adjsut_R2	0. 11	0. 11	0. 11	0. 11	0. 03	0. 04	0. 09	0. 09
Chi2/F	158. 21 ***	155. 58 ***	1905. 84 ***	1895. 69 ***	7. 09 ***	7. 18 ***	47. 47 ***	47. 49 ***

注：括号里是 z 值或 t 值，*** 、** 、* 表示在 1% 、5% 、10% 的显著性水平下显著。

表 2 −5　　　　　　　　假说 H2 检验结果

| Variable | Network_Dummy | | Network_Dummy | | Network_Score | | Network_Score | |
| | IPO year | | Full year | | IPO year | | Full year | |
	Info – Analyst	Info – Intangible	Info – Analyst	Info – Intangible	Info – Analyst	Info – Intangible	Info – Analyst	Info – Intangible
Info	0. 313 (1. 04)	0. 078 (0. 30)	0. 305 *** (4. 47)	0. 029 (0. 35)	0. 116 (0. 43)	0. 188 * (1. 71)	0. 010 (1. 15)	0. 020 ** (2. 25)
Info * Soe	**0. 854 *** (1. 79)	**0. 049 **** (2. 15)	**0. 150 *** (1. 69)	**0. 039 **** (2. 47)	**0. 190 **** (2. 29)	**0. 020 **** (2. 06)	**0. 108 **** (2. 24)	**0. 062 *** (1. 72)

续表

Variable	Network_Dummy		Network_Dummy		Network_Score		Network_Score	
	IPO year		Full year		IPO year		Full year	
	Info – Analyst	Info – Intangible	Info – Analyst	Info – Intangible	Info – Analyst	Info – Intangible	Info – Analyst	Info – Intangible
Size	0.047 (0.49)	0.030 (0.23)	0.152 *** (6.54)	0.194 *** (5.86)	0.237 *** (2.91)	0.179 (1.60)	0.332 *** (14.88)	0.344 *** (11.91)
Lev	0.345 (0.68)	0.257 (0.51)	0.128 (1.34)	0.094 (0.97)	−0.010 (−0.02)	−0.081 (−0.16)	0.178 * (1.86)	0.192 ** (2.01)
Roe	6.642 ** (2.31)	6.100 ** (2.13)	0.574 * (1.88)	0.736 ** (2.42)	3.628 (1.28)	3.252 (1.15)	1.762 *** (5.33)	1.731 *** (5.28)
MB	0.038 (0.94)	0.035 (0.87)	−0.032 (−0.98)	−0.025 (−0.79)	0.005 (0.12)	0.004 (0.09)	−0.106 ** (−2.23)	−0.104 ** (−2.20)
Fshr	−0.008 * (−1.76)	−0.008 * (−1.76)	−0.006 *** (−4.23)	−0.005 *** (−4.18)	0.000 (0.09)	0.000 (0.07)	−0.001 (−0.55)	−0.001 (−0.62)
Board	0.296 *** (7.09)	0.296 *** (7.04)	0.167 *** (14.78)	0.168 *** (14.87)	0.186 *** (4.14)	0.185 *** (4.13)	0.199 *** (17.89)	0.198 *** (17.84)
Out	5.477 *** (9.17)	5.620 *** (9.40)	2.242 *** (6.81)	2.233 *** (6.77)	−0.976 (−0.76)	−0.848 (−0.66)	−0.008 (−0.02)	−0.006 (−0.02)
Soe	0.365 ** (2.04)	0.349 (1.21)	0.406 *** (7.27)	0.414 *** (6.10)	0.248 (1.27)	0.266 (0.85)	0.264 *** (4.51)	0.277 *** (4.03)
Constant	−4.474 ** (−2.40)	−4.019 (−1.49)	−5.434 *** (−11.65)	−6.351 *** (−8.92)	−3.591 ** (−2.25)	−2.203 (−0.93)	−7.078 *** (−15.47)	−7.358 *** (−11.84)
Firm FE & Year FE	Y	Y	Y	Y	Y	Y	Y	Y
Observations	1548	1548	19418	19418	1361	1361	17572	17572
Pseudo R2/ Adjsut_R2	0.11	0.11	0.11	0.11	0.03	0.03	0.09	0.09
Chi2/F	158.22 ***	155.77 ***	1915.58 ***	1897.43 ***	6.37 ***	6.48 ***	46.29 ***	46.30 ***

注：括号里是 z 值或 t 值，***、**、* 表示在 1%、5%、10% 的显著性水平下显著。

表 2 - 6　　　　　　　　　　　　假说 H3 检验结果

Variable	Network_Dummy		Network_Dummy		Network_Score		Network_Score	
	IPO year		Full year		IPO year		Full year	
	Info – Analyst	Info – Intangible	Info – Analyst	Info – Intangible	Info – Analyst	Info – Intangible	Info – Analyst	Info – Intangible
Info	0.952 (1.15)	0.038 (0.08)	0.727*** (6.47)	0.112 (0.97)	1.106 (1.51)	0.413 (0.82)	0.131 (1.18)	0.058 (0.51)
Info * Fshr	−0.014* (−1.74)	−0.002** (−2.23)	−0.014*** (−4.98)	−0.004* (−1.72)	−0.025** (−2.42)	−0.015** (−2.37)	−0.005* (−1.80)	−0.003** (−2.22)
Size	0.048 (0.51)	0.025 (0.20)	0.151*** (6.52)	0.195*** (5.90)	0.235*** (2.89)	0.158 (1.45)	0.331*** (14.86)	0.345*** (11.94)
Lev	0.331 (0.66)	0.264 (0.52)	0.132 (1.39)	0.103 (1.06)	−0.013 (−0.03)	−0.084 (−0.16)	0.178* (1.85)	0.199** (2.08)
Roe	6.611** (2.30)	6.070** (2.12)	0.562* (1.86)	0.728** (2.40)	3.613 (1.27)	2.921 (1.03)	1.754*** (5.31)	1.727*** (5.27)
MB	0.038 (0.95)	0.035 (0.87)	−0.033 (−1.00)	−0.026 (−0.82)	0.006 (0.13)	0.003 (0.07)	−0.105** (−2.22)	−0.105** (−2.22)
Fshr	−0.007 (−1.58)	−0.006 (−0.73)	−0.009 (−6.19)	−0.007 (−4.22)	0.002 (0.39)	0.002 (0.39)	0.002 (0.39)	0.002 (0.39)
Board	0.294*** (7.03)	0.296*** (7.04)	0.168*** (14.86)	0.169*** (14.92)	0.182*** (4.05)	0.185*** (4.12)	0.199*** (17.91)	0.198*** (17.86)
Out	5.548*** (9.29)	5.626*** (9.38)	2.266*** (6.88)	2.233*** (6.78)	−0.918 (−0.71)	−0.912 (−0.71)	0.001 (0.00)	−0.017 (−0.05)
Soe	0.397** (2.25)	0.382** (2.17)	0.460*** (9.88)	0.434*** (9.37)	0.268 (1.41)	0.238 (1.25)	0.305*** (6.43)	0.309*** (6.54)
Constant	−4.539** (−2.44)	−4.021 (−1.49)	−5.302*** (−11.38)	−6.291*** (−8.88)	−3.600** (−2.25)	−2.170 (−0.94)	−7.021*** (−15.31)	−7.346*** (−11.81)
Firm FE & Year FE	Y	Y	Y	Y	Y	Y	Y	Y
Observations	1548	1548	19418	19418	1361	1361	17572	17572
Pseudo R2/ Adjsut_R2	0.11	0.11	0.11	0.11	0.04	0.04	0.09	0.09
Chi2/F	157.96***	155.79***	1921.69***	1893.16***	6.56***	6.54***	46.37***	46.38***

注：括号里是 z 值或 t 值，***、**、* 表示在 1%、5%、10% 的显著性水平下显著。

首先，由表2-4可以看出，无论是IPO年份还是全样本，两种信息环境指标的系数均至少在5%的显著性水平下显著，说明在控制了相关变量之后，上市公司的信息环境越复杂，公司越可能聘任具有董事连锁网络关系以及董事网络嵌入性更高的董事。由此H1通过检验。其次，由表2-5可以看出，无论是IPO年份还是全样本，两种信息环境指标和产权性质的交互项的系数均显著正相关，说明在控制了相关变量之后，上市公司的信息环境越复杂，相比于非国有上市公司，国有上市公司越可能聘任具有董事连锁网络关系以及董事网络嵌入性更高的董事。从这一侧面加强了假说H1的结论。最后，由表2-6可以看出，无论是IPO年份还是全样本，两种信息环境指标和第一大股东持股比例的交互项的系数均显著负相关，说明在控制了相关变量之后，上市公司的信息环境越复杂，相比于第一大股东持股比例低的公司，第一大股东持股比例越高越不可能聘任具有董事连锁网络关系以及董事网络嵌入性更高的董事。假说H3得到验证。

2.5.3 进一步分析

本章在全样本中，进一步按公司的上市时间的长短进行分组分析，一般来说，公司的上市时间越短，越可能去寻找具有网络背景的董事，为自身的公司决策提供更多的信息和经验。反过来，上市公司的上市时间越长，也越可能吸引具有网络背景的董事去任职。因此本章以公司的上市年龄的中位数为界进行分组分析，结果如表2-7所示。由表2-5可以看出，在上市年龄较短的样本中，两种信息环境指标里的系数均显著正相关，说明在控制了相关变量之后，上市公司的上市年龄越短，公司越可能聘任具有董事连锁网络关系以及董事网络嵌入性更高的董事。这可能是因为公司上市年龄较短，其所处的客观信息环境较复杂、信息沟通不畅通，其更可能需要通过这种信息传递渠道来获取复杂环境下各种公司决策行为的信息。

表2-7　　　　　　　　进一步分析结果——上市年龄

| Variable | Network_Dummy | | Network_Dummy | | Network_Score | | Network_Score | |
| | 上市年龄大于中位数 | | 上市年龄小于中位数 | | 上市年龄大于中位数 | | 上市年龄小于中位数 | |
	Info-Analyst	Info-Intangible	Info-Analyst	Info-Intangible	Info-Analyst	Info-Intangible	Info-Analyst	Info-Intangible
Info	0.200 (1.22)	0.113 (1.31)	0.192** (2.36)	0.024** (2.26)	0.143 (1.40)	0.112 (1.28)	0.005** (2.07)	0.027** (2.30)

续表

Variable	Network_Dummy 上市年龄大于中位数 Info - Analyst	Network_Dummy 上市年龄大于中位数 Info - Intangible	Network_Dummy 上市年龄小于中位数 Info - Analyst	Network_Dummy 上市年龄小于中位数 Info - Intangible	Network_Score 上市年龄大于中位数 Info - Analyst	Network_Score 上市年龄大于中位数 Info - Intangible	Network_Score 上市年龄小于中位数 Info - Analyst	Network_Score 上市年龄小于中位数 Info - Intangible
Size	0.245 *** (6.95)	0.315 *** (6.89)	0.104 ** (2.56)	0.114 ** (2.12)	0.437 *** (11.64)	0.443 *** (10.47)	0.303 *** (8.68)	0.294 *** (6.75)
Lev	0.207 * (1.70)	0.217 * (1.77)	0.087 (0.49)	0.045 (0.25)	0.299 ** (2.42)	0.307 ** (2.49)	−0.048 (−0.29)	−0.054 (−0.33)
Roa	0.453 (1.21)	0.531 (1.43)	0.705 (1.28)	0.917 * (1.68)	1.574 *** (3.79)	1.528 *** (3.69)	1.521 *** (2.71)	1.500 *** (2.71)
MB	−0.574 *** (−3.90)	−0.622 *** (−4.26)	−0.002 (−0.07)	0.001 (0.02)	−0.703 *** (−3.70)	−0.641 *** (−3.44)	−0.066 (−1.54)	−0.066 (−1.55)
Fshr	−0.002 (−0.88)	−0.002 (−0.85)	−0.008 *** (−3.92)	−0.008 *** (−3.96)	0.003 * (1.69)	0.003 (1.57)	−0.003 (−1.46)	−0.003 (−1.46)
Board	0.157 *** (10.32)	0.158 *** (10.37)	0.187 *** (10.70)	0.187 *** (10.70)	0.181 *** (12.31)	0.180 *** (12.24)	0.218 *** (12.72)	0.218 *** (12.72)
Out	1.912 *** (4.33)	1.892 *** (4.28)	2.829 *** (5.54)	2.842 *** (5.56)	0.130 (0.25)	0.151 (0.29)	−0.057 (−0.10)	−0.049 (−0.09)
Soe	0.507 *** (8.01)	0.511 *** (8.06)	0.389 *** (5.38)	0.374 *** (5.20)	0.382 *** (5.76)	0.386 *** (5.81)	0.184 ** (2.49)	0.184 ** (2.50)
Constant	−7.030 *** (−10.08)	−8.556 *** (−8.84)	−4.926 *** (−6.17)	−5.098 *** (−4.47)	−8.664 *** (−11.73)	−8.882 *** (−10.06)	−6.832 *** (−9.70)	−6.628 *** (−7.15)
Firm FE & Year FE	Y	Y	Y	Y	Y	Y	Y	Y
Observations	10523	10523	8895	8895	9326	9326	8246	8246
Pseudo R2/ Adjsut_R2	0.12	0.12	0.12	0.12	0.10	0.10	0.07	0.07
Chi2/F	1110.40 ***	1110.74 ***	871.70 ***	871.79 ***	30.56 ***	30.63 ***	18.84 ***	18.84 ***

注：括号里是 z 值或 t 值，*** 、 ** 、 * 表示在 1%、5%、10% 的显著性水平下显著。

进一步，公司的信息环境可区分为公司组织的复杂程度和公司经营的复杂程度：首先，一般来说如果公司规模较大，其组织的复杂程度就越高，那么在公司政策制定上需考虑的因素就较多，在此情况下聘任具有网络的董事，以期利用董事网络中的多元信息进行决策的可能性就较大。其次，公司的经营情况也是信息环境的重要体现，如果公司推行的是多元化战略、就需要董事掌握更多类型的其他公司的经营决策信息，而网络关系强的董事能够带来其他公司的相类似信息和基于信息的各种公司策略制定经验（Boone et al.，2007），如果公司成长性较高，但经营波动性很大，此时面临的不确定性也就会较大，那么公司聘任具有网络背景董事的可能性就越大（Mizruchi，1996）。类似公司的上市年龄，本章按照组织复杂程度（用公司规模来衡量）和经营复杂程度（多元化的指数，即 Herfindahl 指数，等于分行业收入占总收入的比例的平方和）的中位数为界进行分组分析，结果如表 2 - 8 和表 2 - 9 所示。由表 2 - 8 可以看出，在组织复杂程度和经营复杂程度更高的样本中，两种信息环境指标里的系数均显著正相关，说明在控制了相关变量之后，公司规模越大、多元化经营程度越高时，公司面临着更强的信息需求，越可能聘任具有董事连锁网络关系以及董事网络嵌入性更高的董事。

表 2 - 8　　　　　　　　进一步分析结果——组织复杂程度

Variable	Network_Dummy		Network_Dummy		Network_Score		Network_Score	
	组织复杂程度大于中位数		组织复杂程度小于中位数		组织复杂程度大于中位数		组织复杂程度小于中位数	
	Info –Analyst	Info –Intangible	Info –Analyst	Info –Intangible	Info –Analyst	Info –Intangible	Info –Analyst	Info –Intangible
Info	0.268 *** (2.90)	0.137 *** (2.90)	0.201 * (1.67)	0.103 (0.90)	0.184 ** (2.37)	0.362 ** (2.24)	0.009 (0.12)	0.037 (1.34)
Size	0.127 *** (2.61)	0.158 *** (3.31)	0.182 *** (3.70)	0.200 *** (4.11)	0.388 *** (10.20)	0.363 *** (9.89)	0.268 *** (4.81)	0.269 *** (4.89)
Lev	0.454 ** (2.21)	0.422 ** (2.04)	0.049 (0.45)	0.013 (0.12)	0.264 (1.41)	0.293 (1.56)	0.089 (0.78)	0.087 (0.77)
Roa	1.899 *** (3.00)	2.234 *** (3.59)	0.175 (0.51)	0.284 (0.83)	3.399 *** (5.46)	3.116 *** (5.08)	1.246 *** (3.19)	1.254 *** (3.23)
MB	− 0.129 (− 1.23)	− 0.139 (− 1.34)	− 0.021 (− 0.62)	− 0.015 (− 0.45)	− 0.129 (− 1.02)	− 0.118 (− 0.94)	− 0.094 * (− 1.94)	− 0.094 * (− 1.94)

续表

Variable	Network_Dummy 组织复杂程度 大于中位数		Network_Dummy 组织复杂程度 小于中位数		Network_Score 组织复杂程度 大于中位数		Network_Score 组织复杂程度 小于中位数	
	Info – Analyst	Info – Intangible	Info – Analyst	Info – Intangible	Info – Analyst	Info – Intangible	Info – Analyst	Info – Intangible
Fshr	− 0.006 *** (− 3.18)	− 0.006 *** (− 3.18)	− 0.006 *** (− 3.04)	− 0.005 *** (− 2.85)	− 0.002 (− 1.23)	− 0.002 (− 1.21)	− 0.001 (− 0.45)	− 0.001 (− 0.45)
Board	0.166 *** (10.09)	0.167 *** (10.15)	0.170 *** (10.67)	0.172 *** (10.74)	0.213 *** (14.68)	0.211 *** (14.58)	0.178 *** (10.27)	0.178 *** (10.29)
Out	2.661 *** (5.43)	2.624 *** (5.35)	2.011 *** (4.46)	2.010 *** (4.46)	− 0.175 (− 0.33)	− 0.160 (− 0.30)	0.012 (0.02)	0.013 (0.02)
Soe	0.512 *** (6.86)	0.498 *** (6.69)	0.409 *** (6.79)	0.384 *** (6.45)	0.276 *** (3.85)	0.287 *** (4.02)	0.334 *** (5.18)	0.333 *** (5.25)
Constant	− 5.537 *** (− 5.56)	− 6.170 *** (− 6.35)	− 5.740 *** (− 5.72)	− 6.100 *** (− 6.13)	− 9.031 *** (− 11.55)	− 8.497 *** (− 11.32)	− 5.055 *** (− 4.38)	− 5.076 *** (− 4.45)
Firm FE & Year FE	Y	Y	Y	Y	Y	Y	Y	Y
Observations	9739	9739	9679	9679	8835	8835	8737	8737
Pseudo R2/ Adjsut_R2	0.15	0.15	0.08	0.08	0.10	0.10	0.04	0.04
Chi2/F	1083.21 ***	1083.58 ***	781.58 ***	774.25 ***	29.49 ***	30.10 ***	11.87 ***	12.17 ***

注：括号里是 z 值或 t 值，*** 、** 、* 表示在1%、5%、10% 的显著性水平下显著。

表 2 − 9　　　　　进一步分析结果——多元化程度

Variable	Network_Dummy 多元化程度 大于中位数		Network_Dummy 多元化程度 小于中位数		Network_Score 多元化程度 大于中位数		Network_Score 多元化程度 小于中位数	
	Info – Analyst	Info – Intangible	Info – Analyst	Info – Intangible	Info – Analyst	Info – Intangible	Info – Analyst	Info – Intangible
Info	0.052 *** (2.59)	0.033 ** (2.31)	0.325 (0.77)	0.052 (0.49)	0.142 * (1.71)	0.103 ** (2.08)	− 0.001 (− 0.02)	− 0.008 (− 0.08)

续表

Variable	Network_Dummy 多元化程度 大于中位数		Network_Dummy 多元化程度 小于中位数		Network_Score 多元化程度 大于中位数		Network_Score 多元化程度 小于中位数	
	Info – Analyst	Info – Intangible	Info – Analyst	Info – Intangible	Info – Analyst	Info – Intangible	Info – Analyst	Info – Intangible
Size	0.128 *** (3.32)	0.145 *** (2.71)	0.165 *** (4.14)	0.221 *** (3.91)	0.346 *** (9.47)	0.360 *** (7.91)	0.362 *** (10.31)	0.359 *** (7.79)
Lev	− 0.088 (− 0.58)	− 0.091 (− 0.59)	0.201 (1.29)	0.158 (1.00)	− 0.019 (− 0.12)	0.021 (0.13)	0.493 *** (3.49)	0.492 *** (3.48)
Roa	0.940 * (1.86)	0.982 * (1.95)	0.180 (0.35)	0.456 (0.90)	2.059 *** (3.68)	1.950 *** (3.50)	1.660 *** (3.30)	1.660 *** (3.33)
MB	− 0.035 (− 0.82)	− 0.034 (− 0.81)	− 0.113 (− 1.62)	− 0.100 (− 1.47)	− 0.181 * (− 1.79)	− 0.182 * (− 1.82)	− 0.090 (− 1.32)	− 0.090 (− 1.32)
Fshr	− 0.004 * (− 1.82)	− 0.004 * (− 1.80)	− 0.002 (− 0.80)	− 0.002 (− 0.76)	− 0.002 (− 1.01)	− 0.002 (− 1.13)	0.003 (1.37)	0.003 (1.37)
Board	0.168 *** (8.23)	0.169 *** (8.28)	0.190 *** (10.20)	0.191 *** (10.25)	0.197 *** (11.28)	0.195 *** (11.23)	0.169 *** (9.61)	0.169 *** (9.61)
Out	3.507 *** (5.85)	3.501 *** (5.84)	1.914 *** (3.31)	1.909 *** (3.30)	0.359 (0.61)	0.364 (0.61)	− 0.236 (− 0.37)	− 0.234 (− 0.36)
Soe	0.633 *** (8.67)	0.630 *** (8.67)	0.344 *** (4.49)	0.308 *** (4.06)	0.505 *** (6.96)	0.521 *** (7.20)	0.120 (1.59)	0.119 (1.59)
Constant	− 4.809 *** (− 6.16)	− 5.197 *** (− 4.47)	− 5.925 *** (− 7.43)	− 7.078 *** (− 5.92)	− 7.469 *** (− 10.11)	− 7.829 *** (− 7.99)	− 6.980 *** (− 9.20)	− 6.927 *** (− 6.84)
Firm FE & Year FE	Y	Y	Y	Y	Y	Y	Y	Y
Observations	7634	7634	7619	7619	7196	7196	7156	7156
Pseudo R2/ Adjsut_R2	0.10	0.10	0.09	0.09	0.10	0.10	0.08	0.08
Chi2/F	618.99 ***	618.97 ***	586.94 ***	574.72 ***	22.04 ***	22.04 ***	17.74 ***	17.74 ***

注：括号里是 z 值或 t 值， *** 、 ** 、 * 表示在1%、5%、10%的显著性水平下显著。

2.5.4 稳健性检验

为使得本章的结果更加稳健，本章还采取了其他的独立董事网络指标，包括独立董事网络综合指标的均值、最小值、最大值。从表2－10列出了董事网络均值的结果，可以看出，信息环境和董事网络仍显著正相关，本章的结论不变。

表2－10 假说 H1 检验结果

Variable	Network_Score		Network_Score	
	IPO year		Full year	
	Info－Analyst	Info－Intangible	Info－Analyst	Info－Intangible
Info	0.436 * (1.66)	0.304 ** (2.24)	0.028 ** (2.53)	0.065 ** (2.06)
Size	0.201 ** (2.37)	0.111 (1.00)	0.344 *** (15.67)	0.362 *** (12.71)
Lev	0.566 (1.07)	0.423 (0.80)	0.075 (0.79)	0.090 (0.95)
Roa	5.956 ** (2.07)	5.129 * (1.78)	2.001 *** (6.11)	1.992 *** (6.14)
MB	0.001 (0.03)	－0.003 (－0.08)	－0.093 ** (－2.22)	－0.094 ** (－2.24)
Fshr	0.002 (0.46)	0.002 (0.42)	－0.001 (－0.66)	－0.001 (－0.70)
Board	0.281 *** (6.32)	0.280 *** (6.30)	0.243 *** (21.97)	0.243 *** (21.95)
Out	0.925 (0.72)	1.129 (0.87)	1.761 *** (4.65)	1.753 *** (4.62)
Soe	0.265 (1.37)	0.252 (1.30)	0.256 *** (5.48)	0.262 *** (5.63)

续表

Variable	Network_Score		Network_Score	
	IPO year		Full year	
	Info – Analyst	Info – Intangible	Info – Analyst	Info – Intangible
Constant	−4. 148 ** (−2. 51)	−1. 950 (−0. 82)	−7. 911 *** (−17. 49)	−8. 314 *** (−13. 50)
Firm FE & Year FE	Y	Y	Y	Y
Observations	1361	1361	17572	17572
Pseudo R2/Adjsut_R2	0. 06	0. 06	0. 10	0. 10
Chi2/F	12. 01 ***	12. 04 ***	56. 86 ***	56. 88 ***

注：括号里是 t 值，***、**、* 表示在 1%、5%、10% 的显著性水平下显著。

2.6 本 章 小 结

从理论上讲，由于董事会形成的内生性（Boone et al. , 2007），面临不同信息环境的公司在聘任董事的时候则会考虑公司本身的客观环境特别是信息环境，由于董事网络能带来信息的传播和基于信息的各种公司政策的学习效应，如果目标公司所处的客观信息环境较复杂、信息沟通不畅通，那么就更可能需要通过这种信息传递渠道来获取复杂环境下各种公司决策行为的信息，自然就更倾向于聘任具有网络背景的董事，本章则通过 2000～2012 年的数据，考察了董事网络的影响因素。本章研究发现，信息环境越复杂，公司越可能聘任具有董事连锁网络关系以及董事网络嵌入性更高的董事。相比于非国有上市公司，国有上市公司越可能聘任具有董事连锁网络关系以及董事网络嵌入性更高的董事。相比于第一大股东持股比例低的公司，第一大股东持股比例越高越不可能聘任具有董事连锁网络关系以及董事网络嵌入性更高的董事。本章研究还发现，上市公司的上市年龄越短，公司越可能聘任具有董事连锁网络关系以及董事网络嵌入性更高的董事。公司规模越大、多元化经营程度越高时，公司面临着更强的信息需求，越可能聘任具有董事连锁网络关系以及董事网络嵌入性更高的董事。

本章的结果为后续章节董事网络与公司信息传递的具体渠道和经济后果研究提供了基础。

第 3 章

董事网络与信息传递渠道：
基于会计政策趋同的证据

3.1 概　　述

随着对独立董事在公司治理方面研究的深入，人们逐渐发现，由于董事的具体决策行为和决策过程不可见，以往那种通过观察外在的董事群体特征（比如独立董事的比例，其独立性、专业性等）进行研究的方法，很容易忽略独立董事作为独立个体的差异性。近年来，国外研究对董事的特征指标过于同质化和绝对化而忽略董事个体差异的指责日益增加（Nguyen and Nielsen，2010；Chen et al.，2015；Masulis and Mobbs，2011）。为了突破这种困境，逐渐有学者从社会网络和信息传递的视角来进行研究，如亚当斯和费雷拉（Adams and Ferreira，2007）及达钦（Duchin et al.，2010）等试图从信息获取能力差别视角来区分董事的决策效果。而本书在用社会学特别是社会网络理论论证董事连锁网络来作为公司信息传递的可能性。社会网络理论认为行动不是内在产生的完全独立自主的选择，而是通过各种正式的和非正式的、直接的和非直接的关联关系互相影响和传播。公司的决策制定也并非完全由该公司自身的信息集而独立地产生，而是会借鉴其他公司类似的政策信息，这种公司间的信息传递能降低公司决策的风险和不确定性，而其中的一个重要渠道便是基于连锁董事的董事连锁网络，处于董事连锁网络中的个体能获得镶嵌在网络中的与公司决策相关的信息资本，比如涉及公司经营战略、市场环境、投融资机会和政策变化等公司运营层面的信息以及会计处理政策、薪酬制订方案、信息披露政策等董事会治理层面的信息捕捉。而董事连锁网络中的信息以及基于信息而产生的行为可以通过观察和学习来传播，社会学习效应使得个人不仅学习所观察或者参与过的某个决策活动，而且倾向于更加深入地学习其他相关决策政策，而且还在参与决策制定的过程中学习（learning by doing）总结经验，这种传播效应不仅基于特定政策的直接模仿，也存在于对一个政策传导至其他政策的间接模仿，有时候这种学习效应是下意识的，以至于很多时候连当事人自己都不清楚（Westphal et al.，2001），正是在这种不断的学习过程中越来越深入地参与到各种决策形成的核心路径中，从而由信息转化为各类公司政策。巴蒂斯顿等（Battiston et al.，2003）的模型推理发现公司决策的信息会通过不同公司的共享董事互相传播，卡尔达雷利和卡坦扎罗（Caldarelli and Catanzaro，2004）也强调了董事信息传递的重要性，巴尔内亚和古吉（Barnea and Guedj，2009）认为公司董事在作决策的时候会依据他们所观察到在其他公司的类似情况作为参照系。科恩等（Cohen et al.，2008）也认为社会网络是一种信息流反应在资产定价中的重要机制。所以，基于连锁董事的董事连锁网络能为公司间的信息传递提供重要的渠道，董事连锁网络更能发挥信息传递的"桥梁"作用，信息传递渠道的存在将为公司间行为的趋同程度奠定基础。

本章用开发支出资本化决策作为重要的"非公开信息"性会计政策来对信息传递渠道进行检验。2007年实行新会计准则后的一个突出变化就是开发支出的资本化会计处理，这是在充分借鉴国际会计准则基础上调整的，由于开发支出会计政策选择的专业性，不属于公共信息，所以用开发支出会计政策选择来检验董事连锁网络与会计政策选择是非常合适且又符合中国制度背景①。新准则在无形资产准则部分将企业内部研究开发项目的支出，区分为研究阶段支出与开发阶段支出，并开始允许企业将满足五个条件的开发支出予以资本化②，而此前的会计准则要求全部开发支出都予以费用化。表面上看，《无形资产》会计准则进行了明确的规定，但开发支出资本化的五个条件并非一目了然到可以简单地做出正确选择，而是非常依赖企业管理层的私有信息和职业判断。相对于企业在固定资产折旧

---

① 检验社会网络对公司政策传递效应的前提必须是所检验的公司政策所需核心信息并不是公开披露的，独立地产生于每个公司的概率较低（Bizjak et al.，2009）。
② 《无形资产》会计准则规定，开发支出在同时满足下述五个条件时才可资本化：（1）完成该无形资产以使其能够使用或出售在技术上具有可行性；（2）具有完成该无形资产并使用或出售的意图；（3）无形资产产生经济利益的方式，包括能够证明运用该无形资产生产的产品存在市场或无形资产自身存在市场，无形资产将在内部使用的，应当证明其有用性；（4）有足够的技术、财务资源和其他资源支持，以完成该无形资产的开发，并有能力使用或出售该无形资产；（5）归属于该无形资产开发阶段的支出能够可靠地计量。

会计政策可以在直线法和加速折旧法之间自由选择的会计政策显性选择上，开发支出会计政策的选择具有隐性选择（implicit choice）的特征（谢德仁和刘永涛，2013）。本章就是想探讨连锁董事对会计政策的这种类似的隐性选择会有怎样的影响。

结合开发支出的资本化会计处理是 2007 年实行新会计准则后的一个突出变化，本章则利用我国上市公司 2007~2012 年间的企业开发支出会计政策隐性选择数据，同时结合董事连锁本身和个体董事居于董事网络的中心位置程度两个视角，来考察是否由于独立董事之间的连锁网络关系产生会计政策选择的传递学习效应。实证结果发现：在当年执行过开发支出资本化的上市公司中，如果其聘任的独立董事在其他上市公司兼任内部董事或独立董事，那么目标公司将会有更大的概率也选择同样的会计政策；独立董事在其他选择开发支出资本化会计政策的公司兼任董事的频次越大，连锁董事对开发支出会计政策选择的传递效应越明显；独立董事在董事网络中的网络中心度越大，公司也越可能执行开发支出资本化会计政策；进一步研究发现，如果独立董事是审计委员会主任或具有会计背景，这些连锁董事对开发支出会计政策选择的传递效应越明显。

本章可能的创新如下：首先，连锁董事及其所组成的董事网络与各类公司财务行为的影响成为近几年的国际和国内会计和财务领域的热点之一，但现有研究大多基于董事连锁网络与高管薪酬（Bizjak et al.，2009；Andres and Lehmann，2013；陈运森和谢德仁，2012）、投资活动（陈运森和谢德仁，2011）、信息披露（陈运森，2012）、避税活动（Brown and Drake，2014）、公司业绩（Larcker et al.，2013）等公司治理及其后果，较少有研究从信息传递视角探讨连锁董事与公司政策特别是会计政策趋同行为的影响。而对于董事连锁网络的现有研究，要不就基于直接的连锁董事本身作为网络传递渠道，要不就计算董事的整体网络中心程度，这两种方法都未同时考虑网络的直观性和整体性。本章的结论在视角和方法两方面拓展了董事连锁网络与公司财务的交叉文献。其次，邱等（Chiu et al.，2013）发现财务重述政策会通过连锁董事进行传播，但与美国会计准则相异，2007 年中国新会计准则对开发支出会计政策的规定使得其能成为很好的检验连锁董事和公司政策趋同行为的"试验田"，选择并非多数董事都熟知的非公共信息——开发支出资本化隐性会计政策选择，作为研究场景能更精确地检验会计政策是通过董事连锁网络传播而非其他渠道。所以结论为相关文献提供了中国特色的文献，同时也拓展了现有信息传递效应的研究。再其次，由于我国是在 2007 年之后才存在开发支出资本化的问题，所以相关的研究文献还不够丰富，结论也为开发支出资本化的影响因素提供了一些证据，有效拓展了开发支出资本化文献。最后，结论对具体实践也有一定的启示意义，某个公司如果想引入某项属于非公共信息的会计政策，则聘任已执行该政策行为的公司的独立董事就是一个很好的途径，同时由于正面和负面的会计政策都可能会通过连锁董事的信息媒介进行传递，这给监管机构的监管政策制定也提供了部分启示。

本章的后续安排如下：3.2 节是文献综述，3.3 节是制度背景和研究假设，3.4 节是研究设计，3.5 节是实证结果，3.6 节是本章小结。

3.2 文 献 综 述

（1）董事网络理论及其信息传递效应。从网络关系视角研究连锁董事行为起源于社会网络理论及其分析方法在公司治理领域的应用，较早的研究形成了资源依赖理论（Pfeffer and Salancik，1978）、共谋理论（Koenig et al.，1979）和金融控制理论（Eisenbeis and McCall，1978）等。近几年，基于社会网络分析方法的董事网络关系研究开始兴起。比如，巴蒂斯顿（2003）构建模型研究了决策如何在公司间通过连锁董事形成的网络进行传播，他发现董事网络传递的信息会影响董事之间的决策行为。比爵克等（Bizjak et al.，2009）研究了董事会联系在解释具有争议性的股票期权倒签实践的扩散作用，发现如果有董事成员以前在其他公司从事过类似倒签行为，公司倒签股票期权的可能性会大幅度增加。康和谭（Kang and Tan，2008）认为股票期权授予的自愿性费用化可能由董事连锁导致的社会影响所驱动：如果公司的内部董事与其他进行过股票期权授予的自愿性费用化决策的公司连锁，或者与曾经投资过财务舞弊公司的机构投资公司的董事会连锁，那么公司越可能自愿费用化股票期权。邱等（2013）检验了盈余管理是否通过董事网络在公司间传递，发现如果一个公司与另外一个公司通过连锁董事相连，而相连公司在当年或前两年内发现过财务重述事件，那么这个公司发生财务重述的概率也更大。蔡等（Cai et al.，2014）则检验并发现了季度盈余公告终止事件会通过连锁董事而在不同公司之间进行传播。斯图亚特和严（Stuart and Yim，2010）以公司董事曾经在进行过私募股权融资的公司担任董事或者管理层作为是否具有私募股权融资背景连锁董事的代理指标，发现有私募股权融资背景的连锁董事所在的公司更容易成为私募股权投资的目标。布朗和德雷克（Brown and Drake, 2014）则发现若与低税收公司的董事网络越发达，目标公司越可能拥有更低的有效税率。国外现有文献主要研究董事网络对于公司治理能力的影响，政策的改变以及公司业绩的影响等，从信息传递视角的研究尚缺乏足够的经验证据，特别是董事网络通过信息传递对公司会计和财务政策的影响目前的文献还很少涉及。

国内关于连锁董事的研究主要集中在企业管理领域。比如，毛成林和任兵（2005）论述了企业的董事连锁网络主要是通过社会监督、网络寻租和注重集体忽视个体三个机制发挥作用。卢昌崇和陈仕华（2009）认为连锁董事可以通过企业间的正式协调、非正式协调以及信息传递发挥组织功能作用。除此之外，国内公司财务和会计领域通过社会网络分析方法对董事网络关系的研究也日渐增多。比如，谢德仁和陈运森（2012）从"结点"和"关系"两个维度界定了董事网络的边界，并阐述了独立董事在董事网络中的核心地位。陈仕华和马超（2011）以266家在汶川地震之后进行过捐款的上市公司为样本，研究企业之间的高管联结对企业慈善行为的影响，发现存在高管联结的公司之间在捐款行为方面表现出的一致性。陈运森和谢德仁（2011, 2012）则研究了独立董事的网络中心度差异对公司投资、高管薪酬的治理作用，发现董事网络中心度越高的独立董事，更能够提升公司投资效率，增加高管薪酬—业绩敏感性。但鲜有研究深入探讨连锁董事对公司会计政策的影响。关于近年来董事网络的详细文献参见陈运森等（2012）。

（2）开发支出会计政策的相关文献。国外对开发支出会计政策的研究主要集中在实行国际会计准则的国家。对于开发支出会计政策选择影响因素的研究，从会计学研究来看，会自然先将其与盈余管理联系起来。比如，曼德等（Mande, 2000）通过对日本企业的研究发现，上市公司存在通过调节研发支出平滑利润的行为，且开发支出资本化的会计政策与企业研发投入密度呈正相关关系。普伦奇佩（Prencipe et al., 2008）以家族企业为研究样本，研究了家庭企业的盈余管理行为，他们发现，研发投入少、研发投入波动大以及为避免亏损的家族企业更倾向于开发支出资本化。另外，还有一些文献研究企业是否通过调节研发支出本身（并非通过其会计政策选择）来进行盈余管理。比如，迪舟和斯罗恩（Dechow and Sloan, 1991）发现管理层临近退休，会减少企业的研发支出；布希

（Bushee，1998）发现，如果机构投资者的持股比例多，公司的管理层不会用削减短期的研发支出这种方式来进行盈余管理。对资本市场动机的研究与开发支出资本化的价值相关性乃至开发支出本身对企业价值之影响等研究常常是混合在一起的，不完全是所谓的盈余管理行为。对此方面的研究主要关注的是开发支出资本化与资本市场反应的关系，从美国、加拿大、澳大利亚等国的数据来看，资本市场对研发支出资本化都是有着正面的市场反应，至少短期是如此（Aboody and Lev，1998；Callimaci and Landry，2004；Kamran and Falk，2006）。对于开发支出会计政策选择的影响因素，多是从一些企业整体业绩指标和特征指标来考察，涉及公司治理特征的经验研究还比较少见。比如，阿布迪和列弗（Aboody and Lev，1998）通过对163家软件企业10年来的数据进行研究后发现，软件企业对研发支出的资本化与股票收益呈正相关关系，且研发投入密度越高，越可能采取开发支出资本化的会计政策。卡扎旺—热尼亚和让让（Cazavan – Jenya and Jeanjean，2006）对197家法国上市公司从1993～2002年的研发支出进行研究后发现，研发支出的资本化与股票价格和回报呈负相关关系，总资产报酬率越低、盈利波动大的企业越可能采用开发支出资本化会计政策。还有一些研究表明，企业的规模越小、财务杠杆越高，就越倾向于将开发支出资本化（Daley and Vigeland，1983；Bushee，1998；Prencipe et al.，2008；Cazavan – Jeny et al.，2010）。

国内研究开发支出会计政策的文献较少，这是因为，我国从2007年才开始实施新会计准则，研究数据累积不足。仅存的文献也是依据小样本做出的研究，主要还是从盈余管理的角度出发。比如，宗文龙等（2009）利用我国2007～2008年沪深两市开发支出资本化企业的样本，对企业开发支出资本化动因进行了研究，发现企业财务杠杆越高，企业的资本化强度越高，企业还存在利用资本化政策实现扭亏的行为。许罡和朱卫东（2010）以我国2007～2008年两年披露研发费用的上市公司为样本，发现上市公司的研发投入越大，其研发支出采取资本化政策的概率越高；管理当局通过对研发支出进行了盈余管理，其动机主要是避免亏损和再融资的需要。谢德仁等（2014）发现管理层具有薪酬辩护等动机，并利用开发支出资本化进行盈余管理；黄亮华和谢德仁（2014）还发现拟IPO公司的现金流约束和业绩压力也会影响其开发支出会计政策选择；姜博等（2014）还发现在高管股权变动的总体样本中，高管股票净减持的公司在持股变动的前一季度更倾向于选择开发支出资本化。

3.3 制度背景和研究假设

（1）本章根据资源依赖理论分析连锁董事促进信息（政策、资源）传递（发挥董事会战略咨询的职能）的逻辑。董事会治理机制的产生源于最小化所有权和控制权的分离所带来的代理成本问题（Fama，1980；Fama and Jensen，1983；Williamson，1984；Shleifer and Vishny，1986）。分散的股权致使股东无法去监管经理人的活动，而且也产生了"搭便车"的问题（没有一个股东有足够大的动机去监督经理人，使其和股东的利益一致）（Grossman and Hart，1980）。而董事会代表公司股东对公司的内部进行监督控制以最小化代理成本、保护股东权益。学者们也着重研究了董事会的这一监督职能（Fama and Jensen，1983；Hermalin and Weisbach，2003；Boone et al.，2007），比如，董事会在雇用和辞退经理层以及制定管理层薪酬时具有决定权，可以较好地监督管理层，以降低代理问题。但是，学者们也提出了关于董事会的另一个职能的观点——建议咨询职能。戴维斯等（Davis et al.，1997）认为经理人也具有渴望成功的心理，获得别人的认可，实现内心的满足感，因此经理层也会以实现股东利益为己任，和公司董事会其他成员通力合作，而且他们作为内部董事，其对公司的了解程度较高、实战经验丰富及相关的专业知识也有益于董事会发挥战略咨询的职能（Brickley and Zimmerman，2010）。资源依赖理论认为，一个组织的生存依赖于和其所必需的资源紧密相关的外部环境，组织将把重要资源的依赖程度降到最低，并试着去影响环境而能够易于取得所需的资源。根据资源依赖理论，企业嵌入于资源的依赖关系之中，存在着资源约束，而且其外部环境存在很多的不确定性，此时董事会被看作企业重要的"边界管理者（boundary spanners）"，董事们通过自己的分析积极参与企业的战略制定，使经理层能够及时地获得相关信息，帮助企业获取制定和实施战略所需的关键资源，董事会的战略咨询职能有利于提升公司业绩（Pfeffer J.，1972；Pfeffer J.，1973）。而连锁董事则较好地体现了董事会的建议咨询职能，连锁董事将不同的公司（群体）联结起来，在不同的公司之中发挥了重要的"节点"作用，在某种程度上起到了公司之间的"协同"机制的作用，连锁董事为公司间带来专业的信息、实战经验和专业技能等重要资源；进一步来说，一般连锁董事在业界和专业领域的知名度相对较高，有着优质的声誉，连锁董事能为企业提供更加优质的信息和资源。总之，连锁董事有利于公司间有关战略（政策）信息的传递，降低战略（政策）制定的交易成本和环境的不确定性（Zahra and Pearce，1989）。

（2）开发支出资本化究竟反映了什么（或者说带来怎样的经济后果）？本章认为，开发支出资本化是一个关于公司价值判断的信号。一方面，开发支出资本化向资本市场传递着积极的信号，提高会计信息的有用性。从美国、加拿大、澳大利亚和我国的数据来看，资本市场对开发支出资本化都有着正面的市场反应，至少短期是如此（Aboody and Lev，1998；Callimaci and Landry，2004；Kamran and Falk，2006；程小可、蒋顺才和孙健，2010；程小可、孙健和姚立杰，2010）；周兰和宋雁群（2011）从开发支出资本化的市场反应角度验证开发支出资本化信息的有用性，发现市场充分吸收了开发支出资本化信息，开发支出资本化提高了股价与当期会计盈余的正相关程度，提高了信息的有用性，对于研发强度与资本化比例比较高的行业，证券市场能很好地吸收研发资本化对当期会计盈余信息的影响；王亮亮、王跃堂和杨志进（2012）发现，开发支出资本化与企业价值呈正相关关系，开发支出资本化提高了企业财务报表的价值相关性。另一方面，开发支出资本化也是管理层进行盈余管理的手段，降低了会计盈余信息的可靠性（Prencipe et al.，2008）。丁泰等（Dinh Thi et al.，2009）运用2001～2006年德国企业的数据研究发现，只有在企业的盈余管理水平较低的情况下，股票的市场价格才对开发支出资本化做出反应。卡扎瓦奈特等（Cazavan et al.，2011）基于法国的数据研究发现，开发支出资本化一般与未来业绩呈负相关关系或呈现中性影响，对同时费用化和资本化研发支出的企业，费用化的研发支出对于未来业绩有着更强的负相关关系，故他们认为，也许高管利用开发支出资本化进行盈余管理或无法估计研发项目的盈利能力，高管无法利用开发支出资本化来传递关于未来业绩的真实信息。叶建芳与刘大禄（2008）以大族激光公司为例分析了开发支出规定的优点以及存在的缺陷，认为资本化的太多条件依赖于企业管理的主观判断，增大了企业盈余管理的空间。正因为开发支出资本化是企业价值信号的体现，而且可能同时产生正反两个方向的经济后果，企业对开发支出是否资本化的会计处理也应该比较谨慎。此时，连锁董事曾经任职的公司是否存在开发支出资本化将会对现在所在任的企业开发支出的会计处理产生重要影响，因为这些连锁董事具有了开发支出资本化的实战经验或财会专业的背景，更了解开发支出资本化在不同环境下的经济后果，降低了开发支出会计政策的制定和实施的交易成本和不确定性，因此，连锁董事有利于促进开发支出会计政策的趋同。

（3）独立董事是否有能力和机会去影响企业开发支出资本化的政策？从能力的角度来说：一方面，企业在开发支出会计政策选择上到底是资本化还是费用化，自然是企业各利益相关者相互博弈的结果，最直接、最有影响力的非董事会和企业管理层莫属。按照我国《公司法》，虽然企业会计政策选择权（在会计准则许可范围内）名义上由董事会享有，但方案是由企业管理层先提出，之后才由董事会进行决策，且企业管理层成员可能作为内部董事占董事会的多数席位，为此，企业会计政策选择权实质上控制在企业管理层手中。但董事会中的独立董事通过董事会及董事会下设的审计委员会对企业会计政策选择有着重要影响。实践中，独立董事参与企业治理和会计政策适当性评估的时间精力是很有限的，必须要依赖以独立董事为主和为召集人构成的董事会下设的审计委员会及公司内部审计部门来提供信息等支持。审计委员会和内部审计部门还负责监督公司内部控制制度的健全性和有效性，而健全有效的内部控制制度对于研究支出和开发支出本身的正确划分、归集及会计处理也是至关重要的。此外，独立董事为主和为召集人所构成的董事会下设薪酬与考核委员会通过对经理人薪酬合约的设计和其中业绩指标的设计也可影响企业管理层对开发支出会计政策的隐性选择。另一方面，在会计政策选择的具体决策中，董事会和管理层除了考虑企业的利益和自身的利益（比如，为了企业或自身利益最大化，可能采取盈余管理行为，根据实际需要对开发支出进行资本化或费用化）外，还要照顾其他利益相关者的诉求，比如，控股股东、机构投资者、审计师、债权人、监管部门等。尤其在新会计准则实行后的首次开发支出资本化决策中，同行业、竞争对手或同地域同性质①的其他上市公司都是董事会和管理层进行会计政策选择决策的参考对象。董事会和管理层客观上有参考其他公司选择结果的信息需求，而企业的内部董事和管理层同在一个公司，其信息集是共有的，唯一的外部信息输入就是独立董事和所在的董事网络。独立董事由于可能在不同的公司兼任，具有其他公司相关会计政策选择的信息。

从机会的角度来看，开发支出资本化这种隐性会计选择既可以传递公司未来前景的私有信息，也可以被管理层用来进行盈余管理，企业和管理层应该比较看重开发支出会计政策的选择，但是由于开发支出隐性选择政

① 此处的同性质指同属国有企业或私营企业，也可是同属国家或地方国资委管辖等。

策的专业性，更可能基于独立董事网络之间而非大众投资者网络中进行传播。开发支出会计政策隐性选择会披露出企业管理层的私有信息，如开发支出资本化反映开发支出是成功的这一"好消息"，而开发支出费用化则反映开发支出很可能失败的"坏消息"（Kamran and Falk，2006）；而且由于新准则规定对于上期及此前资本化的开发支出在当期相关新产品或新技术开发失败后全部计入当期损益，无须进行追溯调整，这就可以被企业管理层用来操纵乃至扭曲私有信息的披露。开发支出会计政策的选择给了企业和管理层很大的主观性空间，管理层需要独立董事网络传递这种重要的专业会计政策选择的信息和经济后果。具体来说，如果某公司在第 t 年实行了资本化政策（不管是该公司的董事提出的建议还是仅参与决策），该公司的董事则获取了这一会计政策选择的信息，而且将更可能已经知晓其资本化的政策执行背景、执行要素及注意事项以及诸多经济后果（私有信息披露、盈余管理）信息，那么在董事同时或者后续任职的公司中，则更有可能把这一信息传递到目标公司，从而更可能向目标公司管理层建议使用开发支出资本化的会计选择方法。相关的一些研究表明，独立董事的信息和关于企业决策的知识除了自身的积累外，还通过董事网络进行传播。如若一家公司以前采用了某一商业实践，那么与其有董事联结的公司随后也会采用同一实践，像"毒丸计划"和"金降落伞计划"（Davis and Greve，1997）、政治选择贡献（Mizruchi，1992）、并购类型（Haunschild，1993）、事业部组织形式（Palmer et al.，1993）和并购支付溢价（Haunschild，1994）等，都是通过连锁董事关系进行传播的。所以可以合理地推测，独立董事和其所在的董事网络在开发支出资本化会计政策隐性选择中可以起到信息传递的作用。

（4）在现有的相关研究中本章发现，国外董事的社会网络关系文献中并不区分独立董事和内部董事，其原因可能是在美国等成熟资本主义国家，独立董事制度经过不断发展，相对比较成熟，独立董事能够在公司治理中发挥更大作用。而从我国的董事会制度的变迁可以看出，独立董事一开始就是被作为公司治理的装饰品而被引入的（谢德仁，2004）。李维安等（2010）在综述国外的研究中提到，在外部董事比例较高的董事会中，管理者的绩效会更高，这主要得益于董事们之间有更多的信息共享。本书考察中国董事网络时发现，在连锁董事中，中国独立董事的比例较高，2010 年连锁董事中的独立董事比例超过了 70%，从而独立董事作为董事网络中"桥"的作用更突出，占据了信息优势和控制优势，在获取和发挥异质性资源作用中起了主导作用。中国证监会《关于在上市公司建立独立董事制度的指导意见（征求意见稿）》要求，上市公司董事会成员中应当有 1/3 以上为独立董事。上市公司的独立董事一般不少于两名，无疑董事会中独立董事的比例越高，其话语权越强，独立董事的意见越能够被董事会接纳。具体到开发支出会计政策选择决策中，如果有多名董事在其他选择过开发支出资本化会计政策的公司任职过，那么他们经由董事网络传递的其他公司的信息越能够得到董事会的重视，其他先行采取开发支出资本化会计政策的示范效应也会更加明显。谢德仁和陈运森（2012）、拉克尔等（2013）基于董事的兼任关系定义了董事网络，包括直接联结关系，即连锁董事和间接联结关系，即基于连锁董事的联结而使不同公司董事之间联结的路径变短，进而有利于董事网络之间信息和知识的沟通及传递。对于那些不存在连锁董事（直接董事联结关系）的公司，若所聘任独立董事在整个董事网络中处于核心位置，那么可以通过更短路径来接触到基于非公共信息的会计政策（如开发支出会计政策隐性选择）的信息，这种信息的获取也更准确和精确，从而能够提高独立董事所任职公司也选择此类会计政策的可能性。

基于以上分析，本章提出三个研究假说：

H1：对于首次采取开发支出资本化会计政策隐性选择的公司，若其独立董事同时在其他选择过开发支出资本化会计政策的公司任职过（独立董事或内部董事），则该公司在当年有更大的可能也选择同样的开发支出资本化会计政策。

H2：上市公司的独立董事在其他选择开发支出资本化会计政策的公司兼任董事（内部董事或独立董事）的频次（人数或次数）越多，假说 H1 所定义的连锁董事对开发支出会计政策选择的传递效应越明显。

H3：上市公司独立董事在董事网络中的网络中心程度越高，该公司越有可能选择开发支出资本化会计政策。

3.4　研　究　设　计

3.4.1　研究模型和变量定义

对于有开发活动的企业，其开发支出的会计处理有三种情况——完全费用化、完全资本化或部分费用化部分资本化。在本章的研究中，按照谢德仁和刘永涛（2013）的定义方法，将部分资本化（亦即部分费用化）的观测值也归到利用开发支出资本化政策这一类观测值中。即本章的因变量为表示开发支出会计政策隐性选择的虚拟变量，只要"开发支出"账户 t 年末余额大于零或虽然该账户年末余额为零但 t 年"开发支出"账户转入无形资产的金额大于零，本章就将上市公司界定为选择了开发支出资本化的会计政策，取值为 1，否则取值为 0。为了检验 H1 ~ H3，本章建立如下 Logistic 回归模型：

$$Cap_{it} = \beta_1 + \beta_1 Network_{it} + \beta_2 Size_{it} + \beta_3 Lev_{it} + \beta_4 ROE_{it} + \beta_5 Pis_{it} + \beta_6 Fshr_{it}$$
$$+ \beta_7 Mshr_{it} + \beta_8 Trdshr_{it} + \beta_9 Shrhfd10_{it} + \beta_{10} Issue_{it} + \beta_{11} Loss_{it}$$
$$+ \beta_{12} HighTech_{it} + \beta_{13} Chair\_C_{it} + \beta_{14} Big10_{it} + \beta_{15} RD_{it} + \varepsilon_{it} \qquad (3-1)$$

自变量中，对于董事连锁网络指标 Network，本章用直接的连锁董事虚拟变量（D_Link）、连锁董事频次（Freq）和独立董事在整体董事网络中的网络中心度（Score_Median）三个指标来表征：其中连锁董事虚拟变量（D_Link）是表征连锁董事信息传递的虚拟变量，如果在会计政策的"学习年"（2007 年和 2008 年），公司 i 的独立董事中有在其他公司任职（内部董事或独立董事），并且他兼任的公司在"学习年"采用了开发支出资本化的会计政策，取值为 1，否则取值为 0；连锁董事频次（Freq）表示上市公司的独立董事在开发支出资本化政策的"学习年"兼任的人数或次数，即如果上市公司在 2007 年或 2008 年有 n 个独立董事在其他进行过开发支出资本化的公司兼职，则连锁董事频次（Freq）取值为 n；同时，本章也将同一个独立董事在不同年份的兼职情况也计算在内，即如果上市公司的 n 个独立董事，不但全部在其他实行过开发支出资本化的公司兼职，而且其兼职的公司在 2007 年和 2008 年两个年度都选择了开发支出资本化的会计政策，则连锁董事频次（Freq）的取值为 2n；独立董事网络中的网络中心度（Score_Median）为计算独立董事个体层面的四个网络中心度具体指标（程度中心度、接近中心度、中介中心度、特征向量中心度）之后，对其进行分年度排序并分成十组，赋值 0 ~ 9，作为网络中心度排序指标；然后对四个排序指标进行平均，计算得出公司层面的综合网络中心度指标[①]，详情参见陈运森和谢德仁（2012）、谢德仁和陈运森

[①]　尽管都是中心度衡量指标，但是表征的是董事网络中心位置的不同维度：董事网络的程度中心度是某个董事在整个网络中有直接联结关系的数量，描述的是董事在整个董事网络中的活跃程度；董事网络的接近中心度是指董事与其他董事之间联结距离之和的倒数，衡量的是董事能否在较短距离接触到董事网络中的其他董事；董事网络的中介中心度是指整个董事网络中其他董事之间互相联结需要通过该董事的程度，衡量的是董事个人作为网络中的"桥"使其他董事产生联系的能力；董事网络的特征向量中心度是把那些与特定董事相联结的其他董事的中心度考虑进来而度量的一个行动者中心度指标（谢德仁和陈运森，2012）。

（2012）和陈运森（2013）。

　　由于影响开发支出会计政策选择的因素很多，涉及企业几乎所有利益相关者，本章在控制变量中尽量控制主要利益相关者的影响：董事长变更（Chair_C）、第一大股东持股比例（Fshr）、管理层持股比例（Mshr）、机构投资者持股比例（Pis）、流通股所占比例（Trdshr）、前十大股东持股比例平方和（Shrhfd10）、所聘审计师是否是当年"前十大"（Big10）；有研究表明，上市公司为了达到增发或配股的业绩条件和避免被退市会有盈余管理的动机，因此，本章还控制了当年是否有增发或配股的再融资行为（Issue）和是否连续两年亏损（Loss）。此外，本章还控制了企业规模（Size）、资产负债率（Lev）和净资产收益率（Roe）和研发投入水平（RD）。为了研究董事网络对会计政策选择的传递效应在各年度和行业的影响情况，本章还引入了所在年份和行业的虚拟变量。详细的变量说明如表3-1所示。

表3-1　　　　　　　　　　　　　变量定义

变量名称	符号		变量定义
开发支出资本化	Cap		虚拟变量。若"开发支出"账户 t 年末余额大于零或虽然该账户年末余额为零，但 t 年"开发支出"账户转入无形资产的金额大于零，取值为1，否则取值为0
董事连锁网络指标	Network	D_Link	虚拟变量。如果在会计政策的"学习年"（2007 年和2008 年），公司 i 的独立董事中有在其他公司任职（内部董事或独立董事），并且他兼任的公司在"学习年"采用了开发支出资本化的会计政策，取值为1，否则取值为0
		Freq	连锁独立董事的频次，表示上市公司的独立董事在开发支出资本化政策的"学习年"兼任的人数或次数
		Score_Median	独立董事网络中心度，详情参见陈运森和谢德仁（2012）、谢德仁和陈运森（2012），为计算独立董事个体层面的四个网络中心度具体指标（程度中心度、接近中心度、中介中心度、特征向量中心度）之后，对其进行分年度排序并分成十组，赋值0~9，作为网络中心度排序指标；然后对四个排序指标进行平均，计算得出公司层面的综合网络中心度指标。在主要回归里采用了综合指标的中位数
企业规模	Size		经自然对数处理的第 t 年末的总资产

变量名称	符号	变量定义
资产负债率	Lev	第 t 年末的资产负债率
净资产收益率	Roe	第 t 年的净资产收益率
机构投资者持股比例	Pis	第 t 年末上市公司的机构投资者持股比例
第一大股东持股	Fshr	第 t 年末上市公司的第一大股东持股比例
管理层持股比例	Mshr	第 t 年末上市公司的管理层持股比例
流通股所占比例	Trdshr	上市公司流通股所占第 t 年末总股本的比例
前十大股东持股比例平方和	Shrhfd10	第 t 年末上市公司前十大股东持股比例平方和
增发配股	Issue	虚拟变量。若上市公司在第 t 年有增发或配股的再融资行为，取值为1，否则取值为0
连续亏损	Loss	虚拟变量。若上市公司在第 t 年和第 t−1 年连续两年亏损，取值为1，否则取值为0
高新技术企业	HighTech	虚拟变量。若上市公司取得"高新技术企业"认证，取值为1，否则取值为0
董事长变更	Chair_C	虚拟变量，若上市公司 i 第 t 年的董事长发生了变量，取值为1，否则取值为0
审计师规模	Big10	虚拟变量，如果上市公司 i 第 t 年聘任的审计师（会计师事务所）为中注协当年排名"前十大"的取值为1，否则取值为0
研发投入水平	RD	第 t 年公司的研发投入总额除以第 t 年的营业收入
年份和行业	Year/Ind	年份和行业虚拟变量

3.4.2 样本和数据

由于我国从 2007 年起才开始在新准则中将企业内部研究开发项目的支出区分为研究阶段支出与开发阶段支出，并开始允许企业将满足五个条件的开发支出予以资本化。因此，为了研究上市公司在开发支出会计政策隐性选择上，本章选取 2007 ~ 2012 年剔除金融、保险企业之外的所有沪深两地 A 股上市公司作为研究样本。我国上市公司首次可以运用开发支出资本化会计政策的年份为 2007 年，直至 2012 年，共 6 年的样本。为了研究连锁董事对企业开发支出会计政策选择的影响，本章将前 2 年定义为会计政策的"学习年"，后 4 年定义为会计政策的"运用年"。一方面，新准则对开发支出会计政策的规定是一个从无到有的过程，以前的会计准则不允许开发支出的资本化，要求所有的研发支出都要进行费用化处理，加之允许资本化的五个条件不是一目了然，企业对于新准则在这方面的规定有一个理解和学习的过程；另一方面，从描述性统计可以看出，2007 年和 2008 年实行开发支出资本化的企业分别有 138 家和 183 家，只占到当年整体上市公司的 9.1% 和 11.6%。从 2009 年开始，实行开发支出资本化的公司开始逐年增加，2009 年为 239 家，2012 年增加到 451 家，分别占当年上市公司总数的 13.9% 和 18.9%。说明在新政策出台之初，企业确实有一个观望和学习的过程。由于本章想研究在会计政策的"运用年"新增的开发支出资本化的公司，所以本章在 2009 ~ 2012 年的样本中，剔除了前 2 年已经采取开发支出资本化的公司。

对于公司开发支出会计政策选择的数据，本章均是从上市公司年报中手工收集整理得到。其他财务数据均来自万得（Wind）、国泰安（CS-MAR）金融数据库。本章所有数据的整理、计算和回归过程所使用的软件为 SAS V9.2 和 STATA13。为了避免极值的影响，本章对每个连续变量 1% 前和 99% 后的观测值进行 winsorize 处理。

3.5 实 证 结 果

3.5.1 描述性统计和相关系数分析

从表 3 - 2 可以看出，进行开发支出资本化的公司，从新会计准则实施开始逐年递增，由 2007 年的 138 家，占当年样本的 9.1%，上升到 2012 年的 451 家，占当年样本的 18.9%，说明对于新会计准则的开发支出资本化这一政策有一个逐渐理解和认识的过程。从独立董事的个数来看，平均每家上市公司聘任 3～4 名独立董事。由于 2010 年开放创业板以来，有一些创业型的中小公司开始陆续上市，相对来讲创业板的公司由于规模较小，聘任独立董事的人数也较少，所以拉低了整体均值。但独立董事占董事会整体的比例却在稳步增长，由以前的研究可知，独立董事占董事会比例越高，其治理作用也越显著。

表 3-2   开发支出资本化和独立董事个数及比例

年份	公司数（家）	开发支出资本化的公司数（家）	资本化比例（%）	独立董事的平均人数（个）	独立董事比例（%）
2007	1522	138	9.1	3.34	35.9
2008	1576	183	11.6	3.33	36.2
2009	1722	239	13.9	3.31	36.5
2010	2071	291	14.1	3.29	36.7
2011	2295	339	14.8	3.28	36.9
2012	2385	451	18.9	3.28	37.0
合计	11571	1641	14.2	3.30	36.6

注：本表列示的上市公司家数均未含金融、保险类企业。

2009～2012 年在剔除金融、保险类企业后共得到 8473 个公司年观测，为了保证回归数据相对于会计政策的"学习年"均为新增开发支出资本化的样本，本章剔除 2007～2008 年已经选择过开发支出资本化的样本，得到 7283 个公司年观测。在剔除各变量的缺失值后，最后得到 7068 个公司年观测。各变量的描述性统计结果如表 3-3 所示。

表 3-3   变量描述性统计

变量	N	Mean	Sd	Min	P25	P50	P75	Max
Cap	7068	0.098	0.298	0.000	0.000	0.000	0.000	1.000
D_Link	7068	0.488	0.500	0.000	0.000	1.000	1.000	1.000
Freq	7068	0.816	1.166	0.000	0.000	0.000	1.000	10.000
Score_Median	7007	3.569	2.748	0.000	1.000	3.250	6.000	9.000
Size	7068	21.700	1.247	19.170	20.830	21.550	22.430	24.960

续表

变量	N	Mean	Sd	Min	P25	P50	P75	Max
Lev	7068	0.472	0.278	0.038	0.272	0.463	0.638	1.841
Roe	7068	0.075	0.142	-0.727	0.035	0.076	0.121	0.642
Pis	7068	0.136	0.168	0.000	0.009	0.069	0.203	0.737
Fshr	7068	0.365	0.156	0.090	0.240	0.344	0.479	0.769
Mshr	7068	0.097	0.191	0.000	0.000	0.000	0.053	0.662
Trdshr	7068	0.983	0.073	0.548	1.000	1.000	1.000	1.000
Shrhfd10	7068	0.176	0.122	0.020	0.079	0.149	0.249	0.528
Issue	7068	0.060	0.237	0.000	0.000	0.000	0.000	1.000
Loss	7068	0.024	0.152	0.000	0.000	0.000	0.000	1.000
HighTech	7068	0.513	0.500	0.000	0.000	1.000	1.000	1.000
Chair_C	7068	0.105	0.306	0.000	0.000	0.000	0.000	1.000
Big10	7068	0.422	0.494	0.000	0.000	0.000	1.000	1.000
RD	7068	0.011	0.027	0.000	0.000	0.000	0.007	0.253

由表3-3可以看出，本章的样本中有9.8%的企业在2009～2012年的4年中运用了开发支出资本化的会计政策（Cap），48.8%的企业所聘任的独立董事在2007年和2008年的两年间在选择开发支出资本化会计政策的企业兼过职（D_Link）。从控制变量的描述性统计中可以看出，6%的企业在当年进行了增发或配股的再融资；2.4%的企业连续两年亏损；51.3%的企业通过了"高新技术企业"的认证；10.5%的企业在当年更换了董事长；42.2%的企业所聘任的审计师为当年的"前十大"审计师。从表3-4可以看出不存在连锁董事的企业和存在连锁董事的企业在开发支出资本化政策的选择上存在显著差异，前者选择开发支出资本化的均值比后者的均值低0.014，且在5%的显著性水平下存在显著差异，二者的中位数也在5%的显著性水平下存在显著差异，这初步验证了本章的假设。

续表

变量	D_Link	Freq	Score_Median	Audit_Link	Accounting_Link
Constant	−7.096 *** (−4.33)	−7.329 *** (−4.45)	−7.060 *** (−4.28)	−11.322 *** (−4.38)	−13.123 *** (−4.58)
Year/Ind	√	√	√	√	√
N	3623	3623	3586	1720	1720
R2_P/R2_A	0.07	0.07	0.07	0.18	0.18
Chi2/F	210.572 ***	209.222 ***	206.794 ***	210.486 ***	170.928 ***

注：括号里是 z 值或 t 值。* 、** 、*** 分别表示在 10% 、5% 和 1% 的显著性水平下显著。

（3）更严格的解释变量。为使得本章的结果更加稳健，本章采取更加严格的开发支出资本化的定义，即只有当 t 年"开发支出"账户转入无形资产的金额大于零时，才将上市公司界定为选择了开发支出资本化的会计政策，取值为 1，否则取值为 0。从表 3 − 10 可以看出，连锁董事网络传递效应（Network）的系数也均显著为正，本章的结论不变。

表 3 − 10 　　　　　　　　　更严格的开发支出资本化变量

变量	D_Link	Freq	Score_Median	Audit_Link	Accounting_Link
Network	0.312 ** (2.45)	0.110 *** (3.48)	0.058 ** (2.39)	0.855 *** (4.15)	0.485 * (1.67)
Size	0.206 *** (2.68)	0.119 * (1.69)	0.198 ** (2.55)	0.134 (1.31)	0.176 * (1.67)
Lev	−1.734 *** (−4.20)	−2.025 *** (−5.25)	−1.705 *** (−4.16)	−1.175 ** (−2.26)	−0.912 * (−1.73)
Roe	−2.057 *** (−3.63)	−1.719 *** (−3.13)	−2.101 *** (−3.72)	−0.980 (−1.28)	−0.911 (−1.28)
Pis	0.740 * (1.85)	0.498 (1.33)	0.804 ** (2.02)	0.243 (0.41)	0.500 (0.86)
Fshr	−2.919 ** (−1.99)	−3.618 *** (−2.58)	−2.726 * (−1.85)	−3.393 (−1.49)	−2.643 (−1.09)

表 3 - 4 主要变量差异检验

变量	D_Link = 0			D_Link = 1			Mean - Diff	Wald Chi2
	N	Mean	Median	N	Mean	Median		
Cap	3618	0.091	0.000	3450	0.106	0.000	− 0.014 **	3.915 **
Size	3618	21.590	21.450	3450	21.820	21.660	− 0.229 ***	34.827 ***
Lev	3618	0.456	0.437	3450	0.488	0.489	− 0.032 ***	31.006 ***
Roe	3618	0.074	0.074	3450	0.075	0.078	− 0.001	7.619 ***
Pis	3618	0.132	0.063	3450	0.141	0.078	− 0.009 **	15.604 ***
Fshr	3618	0.360	0.339	3450	0.369	0.350	− 0.009 **	2.463
Mshr	3618	0.109	0.000	3450	0.085	0.000	0.024 ***	12.749 ***
Trdshr	3618	0.985	1.000	3450	0.980	1.000	0.005 ***	.
Shrhfd10	3618	0.174	0.147	3450	0.178	0.151	− 0.004	0.818
Issue	3618	0.051	0.000	3450	0.069	0.000	− 0.018 ***	9.674 ***
Loss	3618	0.022	0.000	3450	0.026	0.000	− 0.005	1.56
HighTech	3618	0.524	1.000	3450	0.501	1.000	0.023 *	.
Chair_C	3618	0.096	0.000	3450	0.114	0.000	− 0.017 **	5.542 **
Big10	3618	0.413	0.000	3450	0.430	0.000	− 0.017	2.08
RD	3618	0.011	0.000	3450	0.011	0.000	0.000	1.296

注：均值差异检验为 T 检验，中位数差异检验为 Wilcoxon 秩和检验。* 、** 、*** 分别表示在 10% 、5% 和 1% 的显著性水平下显著。

3.5.2 回归分析

首先，由表 3 - 5 可以看出，连锁董事网络传递效应（D_Link）的系数为 0.183，并在 5% 的显著性水平下显著，说明在控制了相关变量之后，上市公司的独立董事在会计政策的"学习年"于其他采取过开发支出资本化会计政策的企业兼任过独立董事或内部董事，会显著地提高在后续年份（会计政策的"运用年"）上市公司采取开发支出资本化会计政策的概率。由此假说 H1 通过检验。说明企业采取什么样的会计政策，会经由独立董事组成的董事网络进行传播，凸显了独立董事在董事网络中的信息传递作用。其次，上市公司独立董事在开发支出资本化政策的"学习年"兼任的人数或次数（Freq）的系数为 0.065，在 1% 的显著性水平下显著，说明在开发支出会计政策的"学习年"，上市公司的独立董事中有越多的人在其他选择开发支出资本化会计政策的企业里兼职，或在2007年和2008年中，同一独立董事兼任的公司都实行了开发支出资本化，在后续的会计政策的"运用年"里，该公司有更大的可能也采取同样的开发支出资本化会计政策，由此假说H2通过检验。从这一侧面加强了假说H1的结论，同时也说明独立董事中有越多的人在其他选择开发支出资本化会计政策的企业里兼职，其意见越有更大的可能得到董事会的采纳。最后，独立董事在整体董事网络中的中心位置（Score_Median）的系数为0.035，且在5%的显著性水平下显著为正，说明如果公司独立董事在整体董事网络中越处于中心位置，不仅能获得直接联结其他董事的信息，更能通过间接联结关系获得镶嵌在董事网络中的有关开发支出资本化会计政策的处理信息，从而能够给公司的类似政策提供建议和咨询作用，由此，假说H3得到验证。

表3-5　　　　　　　　　　　主要回归结果

变量	D_Link	Freq	Score_Median
Network	0.183 ** (2.06)	0.065 *** (2.62)	0.035 ** (2.15)
Size	0.287 *** (5.68)	0.198 *** (4.21)	0.280 *** (5.47)
Lev	-1.070 *** (-4.42)	-1.390 *** (-5.88)	-1.058 *** (-4.39)
Roe	-1.102 *** (-2.76)	-0.749 * (-1.86)	-1.120 *** (-2.81)
Pis	0.289 (1.03)	0.285 (1.09)	0.292 (1.04)
Fshr	-2.299 ** (-2.15)	-2.798 *** (-2.67)	-2.105 * (-1.96)
Mshr	0.576 *** (2.58)	0.530 ** (2.54)	0.622 *** (2.76)
Trdshr	2.937 *** (3.47)	2.933 *** (3.59)	2.916 *** (3.43)
Shrhfd10	2.830 ** (1.99)	3.116 ** (2.25)	2.601 * (1.83)

续表

变量	D_Link	Freq	Score_Median
Issue	0.151 (0.79)	0.114 (0.62)	0.162 (0.85)
Loss	− 1.016* (− 1.68)	− 0.862 (− 1.45)	− 1.022* (− 1.67)
High Tech	0.904*** (5.63)	1.249*** (10.96)	0.899*** (5.59)
Chair_C	0.039 (0.23)	0.077 (0.47)	0.063 (0.38)
Big10	0.342*** (3.63)	0.285*** (3.11)	0.339*** (3.58)
RD	6.992*** (4.78)	10.070*** (7.24)	7.177*** (4.83)
Constant	− 12.633*** (− 8.02)	− 10.064*** (− 7.05)	− 12.501*** (− 7.89)
Year/Ind	√	√	√
N	7068	7068	7007
R2_P/R2_A	0.18	0.14	0.19
Chi2/F	653.390***	499.025***	656.348***

注：括号里是 z 值或 t 值。*、**、***分别表示在 10%、5% 和 1% 的显著性水平下显著。

　　从控制变量的结果中，本章还发现，企业的规模越大（Size）、企业的资产负债率越小和企业的净资产收益率越小，企业越可能选择开发支出资本化的会计政策；管理层持股比例（Mshr）的系数显著性为正，说明管理层持股比例越高，企业越有可能进行开发支出资本化。因为管理层的薪酬与公司的业绩呈正相关关系，公司的盈利越好，管理层的薪酬越高，所以管理层有动机通过开发支出的资本化政策管理企业盈余，达到其薪酬最大后的目的。高新技术企业（High Tech）的系数在 1% 的水平下显著为正，说明越是高新技术企业，越有可能将开发支出资本化，这一点不难理解，因为高新技术企业的研发投入相对较大。审计师是否是"前十大"（Big10）的变量具有正的系数并在 1% 的显著性水平下显著，说明聘任高质量审计师的企业进行开发支出资本化的概率更高。

3.5.3　进一步分析

由于不同的独立董事在董事会里的职位和所具有的专业背景不同，其对开发支出资本化政策的传递效应可能也不同。首先，如果独立董事是审计委员会的主任，那么他的建议将更可能被采纳。其次，因为开发支出是否资本化需要具有较为专业的经验和知识，如果独立董事具有会计背景，更可能促进开发支出资本化政策的传递。为此，本章从具有连锁董事关系（D_Link 等于 1）的样本里，进一步区分了两个子样本：连锁董事是否是审计委员会主任（如果是，则定义 Audit_Link 为 1，否则为 0）；连锁董事是否具有会计背景①（如果是，则定义 Accounting_Link 为 1，否则为 0）。

从表 3 - 6 的 Panel A 可以看出连锁董事非审计委员会主任和连锁董事为审计委员会主任的样本在开发支出资本化政策的选择上存在显著差异，前者选择开发支出资本化的均值比后者的均值低 0.038，且在 1% 的显著性水平下存在显著差异，二者的中位数也在 1% 的显著性水平下存在显著差异，这初步说明如果连锁董事同时为审计委员会主任，其政策传递效应更强。从表 3 - 6 的 Panel B 可以看出连锁董事没有会计背景和连锁董事具有会计背景的样本在开发支出资本化政策的选择上存在显著差异，前者选择开发支出资本化的均值比后者的均值低 0.004，且在 5% 的显著性水平下存在显著差异，二者的中位数也在 5% 的显著性水平下存在显著差异，这初步说明如果连锁董事具有会计背景，其政策传递效应更强。

表 3 - 6　　　　　　　　独立董事背景的差异检验

Panel A	Audit_Link = 0			Audit_Link = 1			Mean – Diff	Wald Chi2
	N	Mean	Median	N	Mean	Median		
Cap	1559	0.085	0.000	1891	0.123	0.000	**- 0.038** ***	**13.086** ***
Panel B	Accounting_Link = 0			Accounting_Link = 1			Mean – Diff	Wald Chi2
	N	Mean	Median	N	Mean	Median		
Cap	586	0.102	0.000	2864	0.106	0.000	**- 0.004** **	**5.515** **

注：均值差异检验为 T 检验，中位数差异检验为 Wilcoxon 秩和检验。* 、** 、*** 分别表示在 10% 、5% 和 1% 的显著性水平下显著。

---

① 独立董事是否具有会计背景是指在独立董事公开披露资料里，其职称是否与会计相关，比如是会计师、税务师、CPA、CFA 或高级经济师等，或在其简历里取得会计或管理类的学位，或在经济管理类院校任教等。

从表 3 - 7 的回归结果中，可以看出连锁董事是否是审计委员会主任（Audit_Link）的系数为 0.448，并在 1% 的显著性水平下显著，说明在控制了相关变量之后，上市公司的独立董事如果是审计委员会主任，则连锁董事对开发支出会计政策选择的传递效应越明显。连锁董事是否具有会计背景（Accounting_Link）的系数为 0.358，并在 10% 的显著性水平下显著，说明在控制了相关变量之后，上市公司的独立董事如果具有会计背景，则连锁董事对开发支出会计政策选择的传递效应越明显。

表 3 - 7　　　　　　　　　　进一步分析回归结果

变量	Audit_Link	Accounting_Link
Network	0.448 *** (3.37)	0.358 * (1.83)
Size	0.330 *** (4.81)	0.391 *** (5.18)
Lev	- 0.676 ** (- 2.12)	- 0.776 ** (- 2.16)
Roe	- 0.676 (- 1.11)	- 0.883 (- 1.59)
Pis	- 0.093 (- 0.22)	0.091 (0.21)
Fshr	- 3.156 * (- 1.94)	- 3.914 ** (- 2.25)
Mshr	0.917 *** (2.79)	1.153 *** (3.27)
Trdshr	3.527 *** (2.88)	4.176 *** (3.03)
Shrhfd10	4.272 ** (1.99)	5.045 ** (2.19)
Issue	0.216 (0.88)	0.321 (1.23)
Loss	- 0.349 (- 0.57)	- 0.095 (- 0.15)

续表

变量	Audit_Link	Accounting_Link
High Tech	0. 812 *** (3. 61)	0. 976 *** (3. 82)
Chair_C	0. 188 (0. 89)	0. 309 (1. 41)
Big10	0. 212 (1. 53)	0. 233 (1. 57)
RD	12. 136 *** (5. 20)	4. 860 *** (2. 98)
Constant	− 13. 773 *** (− 6. 38)	− 16. 265 *** (− 6. 49)
Year/Ind	√	√
N	3450	3450
R2_P	0. 21	0. 22
Chi2	355. 242 ***	305. 301 ***

注：括号里是 z 值。* 、** 、*** 分别表示在 10% 、5% 和 1% 的显著性水平下显著。

3.5.4 稳健性检验

（1）QAP 检验。为了检验结论的稳健性，本章采用一种随机化检验（randomization test）的 QAP（quadratic assignment procedure）分析方法（krackhardt，1987；刘军，2009；陈仕华和马超，2011）。样本同先前的研究，选自 2009 ~ 2012 年的全部非金融、保险类 A 股上市公司，共 2432 家[①]。通过两两公司建立"关系"，共得到 5912192（N*N − N）个关系数，变量都采用 N*N 的邻接矩阵（adjacency matrix）形式。变量定义如下：

第一，企业间会计政策行为一致性（Capalization_Coheson，CC）。指在 2009 ~ 2012 年的会计政策"运用年"，如果两家上市公司都选择了开发支出资本化的会计政策，这两个公司在邻接矩阵中的值计为 1，否则计为 0。第二，企业间独立董事连接（independent director tie，IDT）指两家公

---

① 公司数超过 2012 年的总上市公司数 2426（见表 3 − 2）是因为，有一些上市公司在 2009 ~ 2012 年存在过，由于退市或被其他公司吸收合并而不包括在 2012 年的上市公司内，但这些公司包含在本章的样本内。比如股票编码为"000578"的盐湖集团与盐湖钾肥合而退市。

司在 2009 ~ 2012 年间彼此之间是否存在直接的独立董事联结关系，如果 A 公司的独立董事在 B 公司兼任独立董事或内部董事，或者反过来，B 公司的独立董事在 A 公司兼任独立董事或内部董事，A 公司与 B 公司之间在邻接矩阵中的值计为 1，否则计为 0。第三，相同的企业性质（Nature）。如果两家上市公司同为国企或同为私企，两家公司在企业性质邻接矩阵中的值取为 1，否则取值为 0。第四，相同的行业（Sameind）。如果两个上市公司在同一个行业，则两个公司在行业邻接矩阵中的值计为 1，否则计为 0。行业划分是根据中国证监会《上市公司行业分类指引》（2001 年版）制定的标准。企业间在会计政策的选择上，有可能在同一个行业表现出会计政策的一致性。第五，同为高新技术企业（High）。如果两个上市公司同为高新技术企业，则两个企业之间的关系值为 1，否则计为 0。

由于本章的研究对象是公司与公司之间的关系，各个观察值之间不相互独立，用许多标准的统计程序不能进行参数估计和统计检验，否则会得出错误的标准差。而 QAP 是一种以重新抽样为基础的方法，已经在社会网络研究中得到了广泛应用，其研究对象都是"关系"数据（刘军，2009）。这个办法的原理是，通过计算程序对一个矩阵的行和列同时进行置换，然后计算置换后的矩阵与另一个矩阵之间的相关系数，保存计算结果；重复这种计算过程几百次甚至几千次，将得到一个相关系数的分布，从中可以看到这种随机置换后计算出来的几百个或几千个相关系数大于或等于在第一步中计算出来的观察到的相关系数的比例。最后，比较在第一步中计算出来的观察到的相关系数与根据随机重排计算出来的相关系数的分布，看观察到的相关系数是落入拒绝域还是接受域，进而作出判断。

通过运用 UNICENT（Version 6. 199）分析软件，得到表 3 - 8 的结果①。

表 3 - 8　　　　　　　　　　QAP 回归结果

变量	非标准化回归系数	标准化回归系数	P 值
截距	0. 028	0. 000	0. 000
IDT	0. 006 **	0. 002 **	0. 016

① 限于篇幅，正文中未列出变量的描述性统计信息，相关结果备索。

续表

变量	非标准化回归系数	标准化回归系数	P 值
High	0.086 ***	0.090 ***	0.000
Sameind	0.010 ***	0.027 ***	0.002
Nature	0.005	0.004	0.237
观测数	5912192	5912192	
R2_A	0.01	0.01	

注：括号里是 t 值。*、** 和 ***、分别表示在10%、5%和1%的显著性水平下显著。

可以看出，企业间独立董事联结（IDT）的系数为正，并在5%的显著性水平下显著，说明连锁董事的联结关系确实对企业开发支出会计政策选择产生了实质的影响，与前述结果一致。值得注意的是，稳健性检验采用的独立董事计算方法是2009～2012年各上市公司彼此之间的董事联系，不同于前文在会计政策的"学习年"和"运用年"之间的董事联结。本结果显著，说明不仅是前后年之间董事网络会对企业会计政策的选择产生影响，同一年之间连锁董事的联结关系也会影响企业对会计政策的选择，从而使本章的结论更为广泛性。在控制变量方面，同为高新技术企业（High）和同一行业（Sameind）的系数均在1%的显著性水平下显著，说明会计政策在同一行业内和同是高新技术企业的范围内表现出更强的一致性。蒲特纳（Patnam，2011）曾指出，行业内的公司经常通过连锁董事来进行非正式交流。由于不同行业的公司政策有差别，董事在任职时获取的信息和积累的经验都有一定的"非通用性"。如果独立董事任职的公司都是同一个行业，那么将可能影响在目标公司的政策制定和建议。有些决策可能是通用性质的，比如薪酬制定、本章所研究的会计政策选择等。

（2）高新技术产业。由于高新技术产业的研发投入比较多，其采用开发支出资本化政策的可能性也较大，为避免其他行业的影响，本章选取了在政策"学习年"独立董事兼任的两个公司均为高新技术企业的子样本进行稳健性检验。由表3-9可以看出，连锁董事网络传递效应（Network）的系数均显著为正，说明在控制了相关变量之后，在高新技术产业，独立董事的确促进了开发支出资本化的政策传播，本章的结论不变。

表3－9　　　　　　　　　　高新技术产业的回归结果

变量	D_Link	Freq	Score_Median	Audit_Link	Accounting_Link
Network	0. 247 *** (2. 59)	0. 062 ** (2. 14)	0. 039 ** (2. 22)	0. 542 *** (3. 42)	0. 492 ** (2. 14)
Size	0. 180 *** (3. 14)	0. 185 *** (3. 22)	0. 177 *** (3. 04)	0. 294 *** (3. 37)	0. 329 *** (3. 47)
Lev	－ 1. 568 *** (－ 5. 33)	－ 1. 559 *** (－ 5. 30)	－ 1. 571 *** (－ 5. 34)	－ 0. 887 ** (－ 2. 07)	－ 0. 932 ** (－ 1. 98)
Roe	－ 0. 771 (－ 1. 45)	－ 0. 761 (－ 1. 43)	－ 0. 787 (－ 1. 48)	－ 0. 435 (－ 0. 49)	－ 0. 659 (－ 0. 77)
Pis	0. 335 (1. 14)	0. 340 (1. 16)	0. 333 (1. 13)	－ 0. 040 (－ 0. 08)	0. 204 (0. 38)
Fshr	－ 3. 462 *** (－ 3. 00)	－ 3. 202 *** (－ 2. 78)	－ 3. 191 *** (－ 2. 74)	－ 3. 093 (－ 1. 59)	－ 3. 783 * (－ 1. 80)
Mshr	0. 522 ** (2. 30)	0. 539 ** (2. 38)	0. 577 ** (2. 51)	0. 949 ** (2. 56)	1. 180 *** (2. 91)
Trdshr	1. 599 * (1. 92)	1. 746 ** (2. 08)	1. 586 * (1. 91)	2. 223 * (1. 77)	3. 171 ** (2. 36)
Shrhfd10	3. 987 ** (2. 57)	3. 612 ** (2. 34)	3. 643 ** (2. 33)	4. 343 * (1. 66)	5. 335 * (1. 88)
Issue	0. 027 (0. 13)	0. 021 (0. 10)	0. 045 (0. 22)	0. 084 (0. 29)	0. 143 (0. 46)
Loss	－ 0. 689 (－ 0. 89)	－ 0. 682 (－ 0. 88)	－ 0. 697 (－ 0. 89)	0. 199 (0. 27)	0. 385 (0. 48)
Chair_C	0. 098 (0. 50)	0. 107 (0. 54)	0. 134 (0. 68)	0. 145 (0. 56)	0. 234 (0. 86)
Big10	0. 296 *** (2. 95)	0. 293 *** (2. 92)	0. 286 *** (2. 84)	0. 213 (1. 36)	0. 277 (1. 61)
RD	8. 757 *** (6. 19)	8. 887 *** (6. 28)	9. 048 *** (6. 26)	11. 689 *** (4. 63)	6. 879 *** (2. 75)

变量	D_Link	Freq	Score_Median	Audit_Link	Accounting_Link
Mshr	1.069 *** (3.40)	1.245 *** (4.33)	1.135 *** (3.58)	1.118 ** (2.55)	1.418 *** (3.03)
Trdshr	2.505 * (1.75)	2.298 * (1.71)	2.582 * (1.77)	2.680 (1.17)	3.551 (1.42)
Shrhfd10	3.249 (1.63)	3.769 ** (1.99)	3.033 (1.52)	4.327 (1.44)	2.984 (0.94)
Issue	0.511 * (1.94)	0.463 * (1.83)	0.511 * (1.95)	0.286 (0.83)	0.333 (0.96)
Loss	− 0.479 (− 0.65)	− 0.383 (− 0.53)	− 0.490 (− 0.66)	0.383 (0.55)	0.442 (0.61)
HighTech	1.135 *** (4.44)	1.573 *** (7.75)	1.156 *** (4.50)	1.071 *** (2.92)	1.042 *** (2.69)
Chair_C	− 0.253 (− 0.85)	− 0.201 (− 0.69)	− 0.232 (− 0.77)	− 0.246 (− 0.65)	− 0.107 (− 0.29)
Big10	0.205 (1.58)	0.187 (1.46)	0.185 (1.42)	− 0.041 (− 0.22)	− 0.009 (− 0.05)
RD	1.819 (1.14)	6.094 *** (3.84)	2.099 (1.32)	6.292 *** (3.15)	4.883 ** (2.34)
Constant	− 11.929 *** (− 4.66)	− 8.779 *** (− 3.91)	− 11.858 *** (− 4.59)	− 8.117 ** (− 2.28)	− 10.604 *** (− 2.68)
Year/Ind	√	√	√	√	√
N	7068	7068	7007	3450	3450
R2_P/R2_A	0.23	0.17	0.23	0.23	0.22
Chi2/F	470.685 ***	353.984 ***	469.055 ***	263.071 ***	226.382 ***

注：括号里是 z 值或 t 值。 * 、 ** 、 *** 分别表示在 10% 、 5% 和 1% 的显著性水平下显著。

（4）其他独立董事网络指标。为使得本章的结果更加稳健，本章还采取了其他的独立董事网络指标，包括独立董事网络综合指标的均值（Score_Mean）、最小值（Score_Min）、最大值（Score_Max）。从表 3 – 11

可以看出，连锁董事网络传递效应（Network）的系数也均显著为正，本章的结论不变。

表3-11   其他董事网络指标

变量	Score_Mean	Score_Min	Score_Max
Network	0.053 *** (3.04)	0.051 ** (2.51)	0.061 *** (3.49)
Size	0.272 *** (5.29)	0.278 *** (5.44)	0.269 *** (5.25)
Lev	−1.073 *** (−4.44)	−1.074 *** (−4.46)	−1.083 *** (−4.47)
Roe	−1.142 *** (−2.86)	−1.128 *** (−2.83)	−1.152 *** (−2.89)
Pis	0.283 (1.01)	0.282 (1.00)	0.278 (0.99)
Fshr	−2.132 ** (−1.99)	−2.067 * (−1.94)	−2.106 ** (−1.97)
Mshr	0.630 *** (2.79)	0.639 *** (2.82)	0.631 *** (2.80)
Trdshr	2.869 *** (3.38)	2.930 *** (3.45)	2.884 *** (3.40)
Shrhfd10	2.637 * (1.86)	2.572 * (1.82)	2.603 * (1.84)
Issue	0.165 (0.86)	0.166 (0.87)	0.166 (0.87)
Loss	−1.014 * (−1.66)	−1.011 * (−1.66)	−1.008 * (−1.66)
HighTech	0.896 *** (5.57)	0.900 *** (5.60)	0.895 *** (5.56)
Chair_C	0.058 (0.35)	0.061 (0.36)	0.058 (0.34)
Big10	0.333 *** (3.51)	0.338 *** (3.58)	0.331 *** (3.49)

续表

变量	Score_Mean	Score_Min	Score_Max
RD	7.134 *** （4.78）	7.189 *** （4.82）	7.106 *** （4.76）
Constant	-12.364 *** （-7.80）	-12.478 *** （-7.90）	-12.349 *** （-7.80）
Year/Ind	√	√	√
N	7007	7007	7007
R2_A	0.19	0.19	0.19
Chi2	663.402 ***	657.344 ***	667.662 ***

注：括号里是 t 值。 * 、 ** 、 *** 分别表示在10%、5%和1%的显著性水平下显著。

3.6 本 章 小 结

从理论上将不同的公司会计政策的信息会经由董事连锁网络而互相传递，从而造成拥有董事连锁网络的公司会计政策趋同现象，然而从实证的角度来看，为了检验这个问题，需要找到并非属于公共信息、拥有隐性选择的会计政策，本章则利用中国 2007 年新会计准则首次允许开发支出在满足一定条件下可以进行资本化会计处理这一契机，利用2007～2012 年 6 年的数据，考察了连锁董事通过董事网络这一信息传递渠道，对企业进行会计政策选择决策的影响。研究发现，上市公司聘任的独立董事，如果在其他上市公司兼任内部董事或独立董事，若其兼任的公司进行了某一会计政策选择（开发支出资本化会计政策隐性选择）决策，则目标公司将会有更大的概率选择同一会计政策，为"公司决策的信息会通过不同公司的连锁董事进行互相传播"的理论逻辑（Battiston et al.，2003）提供了会计政策选择决策方面的实证证据。研究还发现，上市公司聘任的独立董事，如果在其他多家公司兼任或其兼任的公司在不同的年份都进行了同一会计政策选择，则其兼任的家数越多、兼任公司进行同一会计政策选择的年份越多，目标公司进行同一会计政策选择的概率也越大；上市公司独立董事在董事网络中的网络中心程度越高，该公司越有可能选择开发支出资本化会计政策；进一步研究发现，如果独立董事是审计委员会主任或具有会计背景，这些连锁董事对开发支出会计政策选择的传递效应越明显。另外，在稳健性检验部分，本章运用了社会网络分析方面的 QAP 方法进行处理，得到的结果除印证了本章检验的结论外，还发现会计政策在通过董事网络进行传递时，若是目标公司属于同一行业，则董事网络的会计政策传递效应会更强。

基于上述发现，本章认为社会网络理论认为行动不是内在产生的完全独立自主的选择，而是通过各种正式的和非正式的、直接的和非直接的关联关系互相影响和传播。同样，公司的决策制定也并非完全由该公司自身的信息集而独立地产生，而会借鉴其他公司类似的政策信息，这种公司间的信息传递能降低公司决策的风险和不确实性，其中一个重要渠道便是基于连锁董事的董事网络。公司董事在作决策的时候会依据他们所观察到的在其他公司的类似情况作为参照系，将其通过董事网络学习到的知识和得到的信息转化为目标公司的各类公司政策。由此推演，本书认为，由于董事网络带来的公司信息传递渠道的畅通，各种公司治理机制、会计政策、公司财务决策等信息传递的存在使得公司之间的各类政策和决策会逐渐趋同。

第4章

董事网络与信息传递渠道：基于公司财务行为趋同的证据

4.1 概　　述

本章从公司财务决策行为视角研究董事网络与公司信息传递的渠道效应。"公司间效应"（intra-firm effects）尤其是公司政策趋同效应的研究是检验公司所拥有社会网络信息传递的绝佳视角（Badertscher et al.，2013）。已有研究发现董事/高管对公司决策有重要的影响力，即具有"独特的个人风格"（Bertrand and Schoar，2003；Graham et al.，2012），那接下来的问题便是影响他们决策的信息渠道有哪些？或者说董事之间构建的社会网络关系渠道是否会成为公司决策的信息传递桥梁？这一问题在中国资本市场意义更加凸显，而且中国也是检验"社会网络的信息传递作用"的绝佳"试验田"；而作为重要的公司行为，投资问题受到越来越多的学者关注，在资本投资和投资效率的问题上取得了诸多成果（Biddle et al.，2009；唐雪松等，2010；肖珉，2010；张敏和姜付秀，2010；陈运森和谢德仁，2011；陈德球等，2012；万良勇，2013），但鲜有文献从信息传递的视角研究投资趋同，所以忽略了董事网络对投资信息传递的影响，特别是基于董事网络关系带来的信息传递对不同公司之间投资的作用。基于此，本章从社会网络视角出发研究董事连锁网络关系对公司间投资趋同行为的影响。

本书认为，不同公司董事与董事之间由于兼任而产生的直接或间接的网络关系能带来各种信息传递桥梁[①]（information transfer bridge），而董事

---

① 从一个团体传递信息于另一个团体，有时候仅仅依赖于两个团体中各有一名互相认识的成员，而形成唯一的一条通路，这唯一的信息通路就被称为"桥"（Granovetter，1973）。

在作决策的时候会将他们所观察到的所有公司的信息作为参照系（Barnea and Guedj，2009），将其在各个公司所接触信息和事项转化为自身的经验，进而影响其所在公司的各类决策，所以不同公司的董事与董事之间的网络关系会影响其所在公司的行为和政策。本章在分析董事连锁网络关系带来的有关投资行为的信息传递的基础上，以2002～2013年的A股上市公司为样本，利用对偶模型（pair model）将每一年的所有公司进行两两配对，检验了董事连锁网络对公司投资趋同的影响。结果发现：如果两个公司之间存在董事连锁网络关系，那么投资水平和投资变化都更加趋同，趋同效应随着董事连锁网络的强度增加而增加；公司面临的信息环境越差，信息传递的渠道也越少，董事连锁网络关系对公司间投资水平和投资变化的趋同作用则更加凸显；我们还发现这种趋同结果主要体现在内部董事网络之中；除了投资政策趋同，董事网络还带来了成本管理政策趋同、债务融资政策趋同和研发投入政策趋同。为控制潜在的内生性，通过董事死亡这一外生事件进行双重差分检验，发现与没有连锁网络关系的配对公司相比，具有董事连锁网络关系的配对公司在其董事死亡前的投资明显更加趋同，但在其董事死亡后，配对公司间的投资差异显著增大。这些发现意味着基于董事网络关系带来的信息传递对不同公司之间投资的趋同产生了重要影响。

本章可能的创新如下：首先，本章是少数研究公司政策趋同效应的文献之一，以往文献发现公司之间的互相模仿会导致政策趋同（Knyazeva et al.，2009），但是公司之间交流和模仿的具体渠道还是尚未完全打开的黑匣子，本章则发现董事连锁网络关系带来的信息传递视角可能是公司间投资决策趋同的一个重要渠道。而且相对于校友等社会关联关系（Shue，2009；Fracassi，2014），董事兼任网络关系作为与公司决策性质相同的社会网络类型更适合用来检验社会网络与公司政策趋同的检验。更重要的是，由于A股上市公司兼任关系比美国等成熟资本市场要更加频繁，本章的发现实际上给董事网络关系国际文献提供了独特场景的证据。其次，本章对董事信息获取以及董事社会网络的相关文献也是一种拓展。近几年，国外研究中对把董事的特征指标过于同质化和绝对化而忽略董事个体差异的指责日益增加（Coles et al.，2008），而解决方法之一则是通过董事获取信息能力的差别来区分董事的作用（Adams and Ferreira，2007）。本章发现董事能通过董事连锁网络关系来获得其作用发挥的信息，而且由于中国资本市场的信息环境较差而使得公司面临的信息不确定性加大，上市公司的董事获取信息的公共渠道更加狭窄，在此情况下则更依赖于董事社会网络的私人渠道，所以本书的结果将提供中国制度背景的独特证据。更为重要的是，以往的研究基本是处于一种单向的"与公司 A 存在董事连锁网络关系—公司 B 行为"的研究，而且基本只检验直接的连锁董事关系（Brown et al.，2014），忽视了社会网络的间接网络重要性（社会网络的存在依赖于直接和间接的网络关系）及影响的双向性，本章则同时结合直接和（路径为 2 的）间接董事连锁网络关系，同时考虑网络关系的存在性以及网络关系的强度，利用"公司 A 的行为—董事连锁网络—公司 B 的行为"视角进行双向研究更加全面地衡量了董事连锁网络关系，也拓展了近年来兴起的"公司间效应"（Intra-firm effects）尤其是公司政策趋同效应的研究（Badertscher et al.，2013）。此外，本章的结论对上市公司实践和资本市场监管也有一定的启示作用：对于上市公司可以通过聘任具有董事连锁网络的董事，以获得更多的信息资源；对于监管机构在制定规则时不应只基于公司或者董事的个体，而应该重视董事网络关系带来的公司信息传递影响，并积极引导这种网络关系对公司的积极作用。

本章的后续安排如下：4.2 节是文献综述，4.3 节是制度背景和研究假设，4.4 节是研究设计，4.5 节是实证结果，4.6 节是本章小结。

4.2 文 献 综 述

社会网络是由"点"和"线"构成的[1]，现有关于公司社会网络研究文献可以依据"线"所产生的途径分为以下几类：（1）董事/高管的网络关系。公司之间的网络关系联结由董事/高管之间的个人校友关系（Cohen et al.，2008）、同事关系（如董事会兼任、专业机构、社团、俱乐部等）、籍贯/婚姻/血缘关系所带来（陆瑶和胡江燕，2014；刘春等，2015）。（2）公司互相的股权联结关系，如企业集团及家族企业、持股关系（陈栋和陈运森，2012）等。（3）不同关系的种类综合。如肯纳和托马斯（Khanna and Thomas，2009）把交叉持股、共同控制及连锁董事作为社会网络关系、黄和金（2009）把相同学校、军队服役、地区及专业机构作为

---

① 社会网络的概念是从图形理论（graph theory，以下简称图论）借鉴而来的。图论关注一系列要素构成的集合及这些要素之间的关系，要素被称为"点"，关系叫做"线"。这样，一个用来描述群体成员之间关系的矩阵就可以转换成一个由点和线连成的图。

社会网络关系，而弗拉卡西和泰特（2012）将董事当下的职业、过去的职业、教育和其他活动统一成综合社会网络关系。需要指出的是，社会网络研究很重要的一个潜在假设是网络关系类型需与所研究的话题处于同一种信息集（information set）中，比如，如果研究公司高管的薪酬激励问题，则通过董事会董事与高管在公司之外的私人连带关系视角更为合理，但如果研究公司政策方面的问题，则最佳的社会网络关系视角应该是此类网络所传递的信息，主要是公司层面的信息，而非私人利益等其他信息。基于上述讨论，董事连锁网络恰好符合检验公司投资趋同的研究场景。

现有董事连锁网络与公司政策的相关研究可以按照公司政策的类型分为几类：（1）董事连锁网络与会计政策：如康和谭（2008）发现如果公司的内部董事与其他进行过股票期权授予的自愿费用化决策的公司连锁，或者与曾经投资过财务舞弊公司的机构投资公司的董事会连锁，则该公司越可能自愿费用化股票期权。比爵克等（2009）发现如果有董事成员以前在其他公司从事过类似倒签行为，公司倒签股票期权的可能性会大大增加。邱等（2013）发现如果一个公司与另外一个公司通过连锁董事相连，而相连公司在当年或前两年内发生过财务重述事件，那么这个公司发生财务重述的概率也更大。这种传导效应在连锁董事的职位为董事长、审计委员会成员、特别是审计委员会主任的时候更强。（2）董事连锁网络与并购决策。如斯库劳和辛格（Schonlau and Singh，2009）发现董事兼任网络关系越多，会有更好的收购业绩相关联。蔡和塞维利尔（Cai and Sevilir，2012）、陈仕华等（2013）发现直接关联的董事会意味着并购后更高的长期经营业绩。（3）董事连锁网络与公司融资决策。如初伦等（Chuluun et al.，2014）发现更高的兼任董事网络关系与更低的债券收益波动率相连。陈（2015）发现若公司越处于董事网络结构洞核心位置，越能获得更多的商业信用，商业信用的使用成本也越低。王营和曹廷求（2014）也发现董事网络嵌入有助于上市公司获取债务融资，并且能够缓解公司丑闻产生的负面冲击。（4）董事连锁网络与公司税收决策。如布朗和德雷克（2014）发现若与低税收公司的董事连锁网络越发达，越可能拥有更低的有效税率。（5）也有部分学者研究了董事连锁网络与公司业绩的关系，如任兵等（2007）也发现连锁董事的网络核心度与企业绩效呈负相关关系，即处于连锁董事网络中越核心位置的企业其绩效越差。但拉克尔（2013）发现处于董事网络中心的公司更可能获得更高的风险调整后的股票回报和未来的资产回报率，陈（2014）则发现若公司越处于董事网络结构洞核心位置，其经营效率越高，后续公司业绩也越好。综上，现有文献大多从公司会计政策、并购决策、融资决策、税收决策和公司业绩等视角研究董事连锁网络与公司政策的关系，而从投资决策视角的研究尚需深入。而且基本是处于一种单向的"与公司 A 存在董事连锁网络关系—公司 B 行为"的研究，即如果一家企业以前采用了某一商业实践，那么通过连锁董事联结的公司随后也会采用这一实践，而忽视了"公司 A 的行为—董事连锁网络—公司 B 的行为"的角度进行"双向"研究。更重要的是，上述文献多数基于直接的连锁董事关系或者通过董事基于整个上市公司董事网络的中心度进行研究，前者忽视了社会网络的"直接性""间接性"相融合的特点，只关注了直接连带关系，而后者虽然重视社会网络的整体作用，却相对而言过于间接，所以本章则同时结合直接连锁董事关系和路径为 2 的间接连锁董事关系进行研究。

此外，在信息制度环境较差的中国，董事连锁网络带来的信息传递进而导致的公司行为的趋同仍是一个疑问。因此，本章以董事连锁网络为"桥梁"，从"公司 A 的行为—董事连锁网络—公司 B 的行为"的角度进行"双向"研究：通过对两两公司的配对，研究董事的直接连锁关系和间接连锁关系对两个公司之间投资趋同的影响。

4.3　制度背景和研究假设

4.3.1　董事连锁网络与信息传递①

本章定义的董事连锁网络为董事同时在两个公司的董事会任职而形成的直接网络和路径为 2 的间接网络。罗杰斯（Rogers，2003）指出信息传递是指通过社会系统里的某些渠道实现成员之间沟通的过程，而在信息传递的过程中，这些沟通的渠道既可能促进信息的传递也可能妨碍信息的传递。董事连锁网络能否促进公司间信息传递呢？我们主要从直接和间接的

---

　　① 信息是知识形成或经验形成的前提，也是公司决策制定的基础，公司的信息传递可能通过信息本身，也可能通过由该信息加工而成的知识或信息积累而形成的经验进行传递（Westphal et al.，2001），最后形成公司决策，这其中学习效应得到发挥，在此本书把信息以及基于信息为基础的知识和经验获取都统称为基于信息传递视角，而不刻意去区分具体的含义差别。

董事连锁网络关系对公司信息传递的作用机理进行论证。当公司执行一项较为重要的政策时（不管董事是否主导者还是参与者），连锁董事可以获知不同公司的重要政策信息，且不仅是信息本身，其执行效果带来的影响等也可以掌握，即对于该政策的执行背景、执行要素以及执行后果等信息都有很好地了解，那么该董事掌握的关于政策的信息将会通过直接网络或间接的网络关系在公司之间进行相互传递（即使董事自身觉得这是经验而非在其他公司任职产生的影响），从而拥有董事连锁网络关系的公司更可能采取类似的政策。即使两个公司可能不属于同一行业，根据格兰诺维特（1973）的弱联结理论（strength of weak ties），处于不同行业的董事连锁网络是一种弱联结，更能够提供新鲜而非冗余的信息，董事连锁网络仍有利于向双方提供更有价值的信息，甚至挖掘共同的投资机会，从而促进公司间行为的趋同。具体来说，公司 1 通过直接的连锁董事与公司 2 相联系时，假设在 T 期采取了某个行为，由于董事同时兼任或未来担任公司 2 的董事，其决策信息会通过这种直接的连锁董事关系传递给公司 2；同样的，公司 2 的决策信息会通过这种直接的连锁董事关系传递给公司 1；那么，在未来的第 n 期公司 1 和公司 2 采取决策的异质性将变小。而且，如果公司 1 与公司 2 没有直接的连锁董事，而是通过公司 3 的董事进行间接联结，但并不意味着该信息就切断了，而是通过公司 3 的董事间接地联系在一起（距离为 2 步），所以在此情况下，未来第 n 期公司 1 和公司 2 的行为的异质性依旧可能更小，如图 4 - 1 所示。

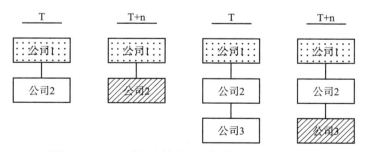

图 4 - 1　公司财务决策趋同与董事网络的信息传递

4.3.2　董事连锁网络、信息传递和投资趋同

为了验证社会网络的信息传递效应，需要找到非公共信息作为研究场

景。一般来说，公司的投资是高度保密的，通过公开披露获得的可能性较小。而且，也正是由于投资信息更多的是公司层面的私有信息，则是检验董事连锁网络信息传递作用的比较"干净"的情景，更不会面临内生性问题。公司董事会的董事主要发挥监督和战略咨询的功能（Adams and Ferreira，2007；Adams et al.，2009），在中国资本市场，投资无疑是董事发挥监督和战略咨询所关注的重点，所以本章将对董事连锁网络关系与公司间投资的趋同展开深入研究。

迪马乔和鲍威尔（DiMaggio and Powell，1983）认为组织的同构分为三种类型：强制性同构（coercive isomorphism）、模仿性同构（mimetic isomorphism）和规范性同构（mimetic isomorphism），这些使得组织之间的相似程度日益增加。特别是规范性同构，它指出了专业人员在组织互动中促进了知识和观念的传播，促进了组织间行为的趋同。而董事连锁网络大多是由专业人员构成的，在董事连锁网络作为信息传递渠道的可能性和传递的机理基础上，这些专业的人员在不同公司的任职更可能带来公司间投资信息的传递和整合，从而促进投资公司间投资的趋同，具体而言，可以从以下两个方面来看。

第一，公司的资本投资是公司财务决策的重要部分，由于董事具有监督和建议咨询的双重职能（Adams and Ferreira，2007；张俊生等，2010；刘慧龙等，2012），很多时候决定了公司的投资或者对投资具有较大的影响，从而促进了公司间投资的趋同。在公司作出一项投资决策的时候，董事必然参加方案的讨论和表决。首先，从公司角度来看，经理人的行为并非单纯取决于他个人，而是同时受到网络中周围人的影响（Granovetter，1985），科亚兹瓦（Knyazeva et al.，2009）就发现公司之间的模仿会导致公司投资政策的协同，但是没有指出具体公司之间交流和模仿的具体渠道。由于管理层有时并非对公司的投资环境非常了解（包括投资政策、投资监管规则、投资宏观和中观环境等），而对于那些具有董事连锁网络关系的董事而言，他们可能在其他公司任董事的过程中参与过类似的投资项目决策（可能是不同的行业，但是决策的关键点和程序可能一致），或者与其他董事的接触过程中有过同类型投资项目的经验交流，从而更了解投资项目的优势、成长性和投资风险等对投资决策有影响的信息，而且也可能更了解市场趋势的变化及监管制度变迁信息，那么如果两个公司之间存在董事连锁网络关系，由于存在基于董事连锁网络的信息传递渠道，互相之间的与投资相关的信息就能够使其最后的投资更加一致；如果两个公司存在的连锁董事越多，由于连锁董事更可能获得更多公司投资决策行为信息，两个公司之间投资将更加趋同。其次，董事会的投资决策行为往往是"自上而下"，十分依赖于董事现有的知识体系（Walsh，1995）。连锁董事在参与不同公司的重大投资的决策时，投资的信息被整合成连锁董事的经验而形成其知识体系，在同一知识体系的影响下，进一步促进了公司间投资的趋同。

第二，董事连锁网络关系有利于公司之间形成"联盟"的关系（Burt，1992；Gulati，1999），加快投资信息的传递速度，从而促进公司间投资的趋同。首先，董事连锁网络关系方便了公司之间建立互相信任，从而更有可能进行投资等私有信息的直接或间接的沟通，解决了公司之间互相"进入"的壁垒。其次，通过董事连锁网络关系加强了公司间的相互了解，熟悉对方的需求，使得公司之间投资信息传递更加准确及时。再其次，在前两者的基础上，董事连锁网络关系也可能促进公司之间寻找共同的投资机会，从而促进投资的趋同。最后，董事连锁网络关系可能促进了公司间的资源和战略整合（Mizruchi，1996），这种整合更可能促进公司间投资信息的相互传递，降低公司之间投资的差异性。总之，董事连锁网络关系在公司间形成的"联盟"关系为双方提供了一种隐性的"合约"保证（Larcker et al.，2013），不仅提高投资等信息传递的效率（降低传递成本和提高传递速度），而且提高了投资等信息传递的准确性，促进公司间投资的趋同。摩尔（Mol，2001）发现连锁董事处于公司之间的关键位置，拥有较多的信息优势，在经营环境不确定的情况下，能够显著提高信息传递的效率；董事连锁网络关系通过连锁董事，更可能使得优质信息在公司间的传递，促进投资等相关信息的交换，降低公司之间的信息不对称，从而改善公司间信息传递的交易成本（Mizruchi，1990；Mol，2001）。

综上，本章提出以下研究假说：若两个公司具有董事连锁网络关系，那么这两个公司的投资趋同程度更高[①]。

此外，信息传递渠道可划分为正式信息传递渠道和非正式信息传递渠道，不同信息传递渠道对公司间投资趋同的影响有"替代"和"互补"两种可能的逻辑。首先，董事连锁网络关系是一种私人的非正式的信息传

[①]　当然，也有人认为连锁董事可能带来负面的影响，比如股票期权倒签、期权费用化、毒丸计划等的传播；此外，连锁董事可能过于繁忙，而且建立和维持网络联系要花费时间，所以连锁董事可能花费更少的时间和努力去监督管理层，建议咨询的质量也较低（Andres and Lehmann，2013）。但如果公司通过董事连锁网络具有了信息传递渠道，那么本书将能够看到拥有董事连锁网络关系的公司其投资的趋同。同时本书将不刻意地去区分董事网络带来的信息传递是否导致了更好还是更差的公司行为，因为这与具体的公司行为和研究视角相关。

递渠道，一般投资者很难获得此类信息。弗拉卡西（2008）发现公司决策的信息会通过不同公司的共享董事互相传播，强调了董事在信息传递中的重要性，可见独立董事网络为公司以及公司之间创造了一种非正式的信息渠道。其次，分析师作为资本市场重要的媒介之一，在公司和市场之间扮演着非常重要的正式信息传递渠道的角色。分析师通过收集整理各种公司内部和外部的信息，对公司进行分析和预测，为投资者提供了许多信息，也为公司提供了其他公司的相关信息，公司的分析师跟踪人数无疑是衡量公司信息环境的指示器（Lang，2003）。斯金纳（Skinner，1990）发现随着期权上市公司分析师跟踪人数的增加，该公司的信息将更多地被分析师挖掘出来而传播；而且分析师的跟踪能够显著减轻市场的信息不对称（Chung，1995）；吴东辉（2005）等也发现分析师为市场提供了有价值的信息；张纯和吕伟（2009）发现以分析师为代表的信息中介改善了企业的外部信息环境，降低了企业的信息不对称程度。这也就是说，如果公司的分析师跟踪人数越多，说明公司正式的信息传递渠道较好，越可能促进两个公司之间的信息传递，更可能使得两个公司间的行为趋同；相反，如果两个公司间的分析师人数越少，正式信息环境传递渠道越差，越不可能促进公司间行为的趋同。最后，一方面，正式信息传递渠道和非正式信息传递渠道可能表现为替代的关系，正式的信息传递渠道越好，公司间信息的传递越可能是由于正式的信息渠道带来的，而非董事连锁网络关系这一非正式的信息渠道所带来的，对董事连锁网络关系的依赖也越小；反之，正式的信息传递渠道越差，公司间信息的传递则更依赖于董事连锁网络关系这一非正式的信息传递渠道。另一方面，正式信息传递渠道和非正式信息传递渠道可能表现为互补的关系，正式的信息传递渠道越好，也一定程度上为连锁董事提供了有利的信息，有利于连锁董事获得更高效的优质信息，进一步发挥监督和建议的职能，董事连锁网络关系在公司间信息传递上产生更显著的影响。所以，董事连锁网络关系这一非正式信息传递渠道与正式信息传递渠道的信息传递效应到底是"替代性"还是"互补性"将有待实证检验。

4.4　研究设计

4.4.1　研究模型和变量定义

（1）董事连锁网络关系的定义和范围。在一个社会网络中，成员和他们之间的联系可以形象化为结点和连带的结构（Wasserman and Faust，1994），而在董事网络中，结点就是网络中的单个董事；连带为董事之间的联结关系。如前文所述，本章同时从董事的直接连锁网络关系和路径为2的间接连锁网络关系来衡量董事连锁网络，同时区分董事连锁网络关系的强度。拉克尔等（2005）曾用任意两个董事之间是否存在间接关系以及此关系的远近来衡量间接关联关系，本章认为如果董事之间的联结路径过长，则信息沟通的效果会受到较大影响，所以本章主要考虑路径为2的间接关联关系。如图4-2所示，首先，是直接连锁关系，董事C同时在公司1和公司2担任董事，那么对于董事C来说就获得了一种直接的连锁关系，两个公司之间则能通过共享董事而联结在一起，这是一种直接连锁网络关系（Bouwman，2011）。其次，是间接连锁关系，公司1和公司3并没有通过连锁董事直接相连，但公司1的董事C和公司3的董事E同时在公司2担任董事，从社会学视角来说，公司1和公司3的董事联结的路径距离为2（从公司1的角度来说，公司1需要先走一步，通过董事C与公司2联结；而后再走一步，通过公司2和公司3连锁董事E与公司3联结。对于公司3也亦如此），网络关系依然很强，所以本章认为这是一种间接董事连锁网络关系（陈仕华和马超，2011）。无论是直接连锁关系，还是距离为2的间接连锁关系都是董事连锁网络关系，两者都注重网络关系的存在性（分别对应于格兰诺维特（1973）所描述的"朋友"和"朋友的朋友"）。模型中Network1即为t-1年配对公司是否具有直接连锁关系哑变量，存在直接连锁关系为1，否则为0；Network2即为t-1年配对公司是否具有间接连锁关系哑变量，存在路径为2的间接连锁关系为1，否则为0。

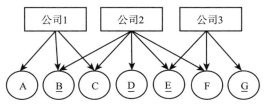

图4-2　董事连锁网络关系示意图

同时，本章进一步区分了董事连锁网络关系的强度。如图4-2所示，董事B和董事C同时在公司1和公司2担任董事，那么公司1和公司2的直接连锁关系的强度为 2；同样的道理，董事 E 和董事 F 同时在公司 2 和公司 3 担任董事，那么公司 2 和公司 3 的直接连锁关系的强度也为 2。而董事 E 和董事 F 又同时在公司 2 和公司 3 担任董事，公司 1 和公司 3 的间接连锁关系可以通过董事 B 和董事 E、董事 C 和董事 E、董事 B 和董事 F、董事 C 和董事 F 形成，那么公司 1 和公司 3 的间接连锁关系的强度为 4。两个公司之间的董事连锁网络关系的强度越大，这两个公司的"隐性"联系可能越紧密。模型中 Network3 和 Network4 分别代表 t−1 年配对公司形成直接董事连锁网络关系和间接董事连锁网络关系的强度（取自然对数）。

（2）研究模型和其他变量定义。本章采用配对模型（pair model）来研究董事连锁网络对公司间投资的影响。配对模型将每一年所有的 A 股上市公司进行两两配对，也就是说每个公司将会和除自身外的所有上市公司进行一一配对，形成每一个配对公司（pair sample），同时剔除重复的配对样本①。对于每一个配对公司，本章计算了每一个配对公司是否存在董事连锁网络关系以及关系的强度。通过配对模型，本章主要检验两个问题：（1）相对于没有董事连锁网络关系的配对公司，有董事连锁网络关系（董事连锁网络关系更强）的配对公司间的投资是否更趋同，这是从静态的角度检验了董事连锁网络关系对公司投资趋同的影响。（2）相对于没有董事连锁网络关系的配对公司，有董事连锁网络关系（董事连锁网络关系更强）的配对公司间的投资的动态变化是否更趋同，这是从动态的角度检验了董事连锁网络关系对公司投资变化的趋同影响。基于此，本章参考 Fracassi（2014）的模型，设计的具体模型如下：

第 1 阶段：$I_t = \beta_0 + \beta_2 Controls_t + \varepsilon_t$ （4−1）

第 2 阶段（静态）：$D_t = \theta_0 + \theta_1 Network_{t-1} + \theta_2 Controls_{t-1} + \eta_t$ （4−2）

第 2 阶段（动态）：$DD_t = \gamma_0 + \gamma_1 Network_{t-1} + \gamma_2 Controls_{t-1} + \delta_t$ （4−3）

首先，在第 1 阶段的模型（4−1），本章借鉴里查德森（2006）模型估算公司正常的资本投资水平，然后用模型（4−1）的残差作为每个公司的异质性投资。I_t 为第 t 年的资本投资，为"（固定资产＋在建工程＋无形资产＋长期投资）净值变化量/平均总资产"。模型（4−1）的控制变量包括：（1）t−1 年末的成长性水平，等于 t−1 年末（每股价格×流通股份数＋每股净资产×非流通股份数＋负债账面价值）/年末总资产，若为全流通，则为（股票年末市值＋负债年末账面价值）/年末总资产。（2）t−1 年

---

① 例如，股票 000002 和股票 000003、股票 000003 和股票 000002 形成的两个重复配对样本，本章仅保留其中的一个。

末的现金持有量，等于（t－1 年末货币资金）/t－1 年末总资产。
（3）t－1 年末公司上市年龄。（4）t－1 年末总资产的自然对数。（5）t－
1 年末资产负债率。（6）t－1 年 5 月至 t 年 4 月经市场调整的以月股票回
报率计算的年度股票收益。（7）t－1 年的资本投资量。为了消除行业不同
投资水平和年度因素的变化，本章对模型（4－1）进行分年度和分行业回
归，并用配对公司的残差差额的绝对值来衡量配对公司投资的差异，绝对
值越小，表明两个公司的投资越趋同。本章同时还考虑了配对公司投资的
动态趋同，用配对公司的 t 年的残差之差与 t－1 年的残差之差的差额绝对
值来衡量。具体计算公式如下：

静态差异：$|\Delta\varepsilon_{i,j,t}| = abs(\varepsilon_{i,t} - \varepsilon_{j,t})$

动态差异：$|\Delta\Delta\varepsilon_{i,j,t}| = abs((\varepsilon_{i,t} - \varepsilon_{j,t}) - (\varepsilon_{i,t-1} - \varepsilon_{j,t-1}))$

其次，在第 2 阶段的模型（4－2）和模型（4－3），本章采用配对模
型和弗兰克尔和罗默（Frankel and Romer，1999）的模型，分别从静态和
动态的角度，检验董事连锁网络关系（直接或间接）对配对公司投资趋同
的影响。考虑到这种关系对企业投资的影响可能具有滞后的影响，本章对
自变量进行滞后一期的处理。其中，主要解释变量董事连锁网络关系 Net-
work 分为哑变量和连续变量：当 Network 为配对公司之间是否有董事连锁
网络关系的哑变量（直接 Network1，间接 Network2），配对公司之间具有
董事连锁网络关系为 1，否则为 0，无须进行对数处理；当 Network 为配对
公司之间董事连锁网络关系强度的连续变量（直接 Network3，间接 Net-
work4），根据弗兰克尔和罗默（1999）的模型要求，需对连续变量进行对
数处理（ln（1＋Network3）和 ln（1＋Network4）），值越大表明配对公司之
间董事连锁网络关系强度越大。被解释变量分别表示配对公司的投资静态
趋同程度（D＝ln（1＋$\Delta\varepsilon_{i,j,t}$））和配对公司的投资动态趋同程度（DD＝ln
（1＋$\Delta\Delta\varepsilon_{i,j,t}$）），值越小表明公司间的投资越趋同。本章预计主要解释变
量的系数 θ_1 和 γ_1 的符号为负，也即配对公司的董事连锁网络关系促进了
公司间投资的趋同。同时，本章还控制了配对公司间的高管和董事的平均
人数（AverCore）、高管和董事的平均年龄（AverAge）、高管和董事的平
均教育水平（AverEdu）、配对公司的平均上市年龄（AverPub）、配对公司
是否属于同一行业（Ind）以及年度（Year）等变量；此外，本书还用分
析师跟踪情况度量正式的信息渠道（Info）与董事连锁网络关系做交互项
分析。具体变量的定义见表 4－1。

表 4 – 1　　　　　　　　　　　　变量定义

变量	符号		变量定义
投资趋同程度	D		t 年配对公司的投资的静态趋同程度，等于配对公司的投资静态差异的绝对值的对数：$\ln(1 + \Delta\varepsilon_{i,j,t})$
	DD		t 年配对公司的投资的动态趋同程度，等于配对公司的投资动态差异的绝对值的对数：$\ln(1 + \Delta\Delta\varepsilon_{i,j,t})$
董事连锁网络关系	Netwrok	Network1	t – 1 年配对公司是否具有直接连锁关系哑变量，存在直接连锁关系为 1，否则为 0
		Network2	t – 1 年配对公司是否具有间接连锁关系哑变量，存在路径为 2 的间接连锁关系为 1，否则为 0
		Network3	t – 1 年配对公司形成直接董事连锁网络关系的强度的对数
		Network4	t – 1 年配对公司形成路径为 2 的间接董事连锁网络关系的强度的对数
正式信息传递渠道（信息环境）	Info	Info1	t – 1 年两个公司的分析师跟踪人数都小于所有公司分析师跟踪人数的中位数则为 1，否则为 0
		Info2	t – 1 年两个公司的分析师跟踪人数都小于所有公司分析师跟踪人数的中位数则为 1，两个公司的分析师跟踪人数都不小于所有公司分析师跟踪人数的中位数则为 0
		Info3	t – 1 年配对的两个公司的分析师跟踪总人数小于所有配对公司分析师跟踪人数的中位数则为 1，配对的两个公司的分析师跟踪总人数不小于所有配对公司分析师跟踪人数的中位数则为 0
平均年龄	AverAge		t – 1 年配对公司董事长、总经理和董事的平均年龄的对数：$\ln(1 + AverAge)$
平均教育水平	AverEdu		t – 1 年配对公司董事长、总经理和董事的平均人数的平均教育水平：$\ln(1 + AverEdu)$
平均人数	AverCore		t – 1 年配对公司董事长、总经理和董事的平均人数的对数：$\ln(1 + AverCore)$
平均上市年龄	AverPub		t – 1 年配对公司的平均上市年龄的对数：$\ln(1 + AverPub)$
行业	Ind		t 年配对公司如果在同一行业则为 1，否则为 0
年度	Year		年度哑变量

4.4.2 样本和数据

本章的样本为 2002～2012 年的 A 股上市公司。样本筛选过程如下：第一步，从 CSMAR、WIND 数据库里寻找董事资料和财务数据，对董事的信息进行手工区分整理，对所有董事的背景资料进行一一核对，根据董事的背景等信息，手工区分同名的董事是否为同一个人，并赋予唯一的代码；第二步，通过对每个董事所在的公司进行两两配对，剔除重复值后得到具有直接连锁关系的配对公司样本，产生直接连锁关系变量；第三步，在具有直接连锁关系的配对公司样本的基础上得到具有间接连锁关系的配对公司样本，产生间接连锁关系变量；第四步，对每个公司进行两两配对得到所有的配对公司样本，将其与第二步和第三步的具有董事连锁网络关系的样本进行合并后，得到本章最终的配对公司样本。在剔除了金融类、ST、董事资料、投资趋同程度等数据缺失的样本后，本章共得到两两配对的配对公司的样本为 13738186 个，剔除控制变量的缺失值后共有配对公司的样本为 13204692 个；考虑动态变化后，剔除了金融类、ST、董事资料、投资趋同程度等数据缺失的样本后的配对样本分别为 11183756 个，剔除控制变量的缺失值后共有配对公司的样本为 10829688 个。其中，具有董事连锁网络直接关系的配对公司的样本有 28665 个，具有董事连锁网络间接关系的配对公司的样本有 90011 个。本章对连续变量进行了上下 1% 的 winsorize 缩尾处理。

4.5 实证结果

4.5.1 描述性统计和相关系数分析

（1）主要变量的描述性统计如表 4-2 所示：从表 4-2 可以看出，静态投资趋同程度（D）的均值为 0.0358，最小值为 0，最大值为 0.2881；动态投资趋同程度（DD）的均值为 0.0516，最小值为 0，最大值为 0.3819；这些说明配对公司间的投资存在较大的差异。主要解释变量董事直接连锁网络关系（Network1）的均值为 0.0018，董事间接连锁网络关系

（Network2）的均值为 0.0048，董事直接连锁网络关系强度（Network3）
的均值为 0.0006，董事间接连锁网络关系强度（Network4）的均值为
0.0017，这说明一旦把每个公司置身于公司网络之中，通过董事连锁网络
关系和其他公司取得联系的这种网络关系资源是稀缺的，突出了本章研究
董事连锁网络关系对配对公司间投资趋同的意义。

表 4 - 2　　　　　　　　　　　主要变量描述性统计

变量	样本	均值	标准差	最小值	P25	中位数	P75	最大值
D	13738186	0.0358	0.0335	0.0000	0.0117	0.0258	0.0489	0.2881
DD	11183756	0.0516	0.0454	0.0000	0.0175	0.0388	0.0724	0.3819
Network1	13738186	0.0018	0.0424	0.0000	0.0000	0.0000	0.0000	1.0000
Network2	13738186	0.0057	0.0752	0.0000	0.0000	0.0000	0.0000	1.0000
Network3	13738186	0.0006	0.0133	0.0000	0.0000	0.0000	0.0000	1.1139
Network4	13738186	0.0019	0.0254	0.0000	0.0000	0.0000	0.0000	1.3424
Info1	13738186	0.1886	0.3912	0.0000	0.0000	0.0000	0.0000	1.0000
Info2	8224564	0.3041	0.4600	0.0000	0.0000	0.0000	1.0000	1.0000
Info3	13738186	0.1051	0.3066	0.0000	0.0000	0.0000	0.0000	1.0000
AverAge	13738186	1.6846	0.0222	1.5574	1.6703	1.6856	1.6999	1.7884
AverEdu	13738186	0.6147	0.0217	0.4715	0.6021	0.6088	0.6284	0.7244
AverCore	13738186	1.2830	0.0684	1.0414	1.2304	1.2788	1.3324	1.5185
AverPub	13738186	0.9201	0.2042	0.0000	0.8129	0.9542	1.0607	1.3617
Ind	13738186	0.0762	0.2654	0.0000	0.0000	0.0000	0.0000	1.0000

　　（2）主要控制变量的 Pearson 相关性分析如表 4 - 3 所示：董事连锁网
络关系（Network1、Network2、Network3、Network4）与投资趋同程度
（D、DD，）都在 1% 的显著性水平下显著负相关，也就是说配对的董事连
锁网络关系降低了配对公司间投资的差异，促进了投资的趋同，初步验证
了本章的假设。信息环境（Info1、Info2、Info3）与投资趋同程度（D、
DD）都在 1% 的显著性水平下显著正相关，也就是说正式信息传递渠道越
差，配对公司间投资的差异程度越大。平均年龄（AverAge）、平均教育水
平（AverEdu）、平均人数（AverCore）、平均上市年龄（AverPub）、同一
行业（Ind）也均与投资趋同程度（D、DD）在 1% 的显著性水平下显著

负相关。Network1 和 Network3、Network2 和 Network4 的相关系数都大于
0.9，这也说明董事连锁网络关系哑变量和关系强度的连续变量的相关程
度较高，指标的一致性质量也较高。其他控制变量间的 Pearson 相关系数
均在 0.5 以下，说明各控制变量间不存在严重的多重共线性。

4.5.2　回归分析

主要回归结果见表 4-4 和表 4-5。首先，表 4-4 列出了董事连锁网
络关系哑变量（Network1、Network2）的回归结果：（1）静态回归模型里
可以看出，无论是否放入控制变量（AverAge、AverEdu、AverCore、Aver-
Pub 和 Ind），董事直接连锁网络关系（Network1）和董事间接连锁网络关
系（Network2）与静态投资趋同程度（D）都在 1% 的显著性水平下显著
负相关，这说明当配对公司间存在董事（直接或间接）连锁网络关系时，
静态投资的差异越小，趋同程度越高。（2）动态回归模型可以发现类似的
结果，无论是否放入控制变量，董事直接连锁网络关系（Network1）、董
事间接连锁网络关系（Network2）与动态投资趋同程度（DD）都在 1% 的
显著性水平下显著负相关，这都说明当配对公司间存在董事（直接或间
接）连锁网络关系时，动态投资的差异也越小，趋同程度也越高。

其次，表 4-5 列出了董事连锁网络关系强度量（Network3、Network4）
的回归结果：（1）静态回归模型里可以看出，无论是否放入控制变量（Av-
erAge、AverEdu、AverCore、AverPub 和 Ind），董事直接连锁网络关系强度
（Network3）和董事间接连锁网络关系强度（Network4）与静态投资趋同程
度（D）都在 1% 的显著性水平下显著负相关，这说明当配对公司间的董
事（直接或间接）连锁网络关系强度越大时，静态投资的差异越小，趋同
程度越高。（2）动态回归模型可以发现类似的结果，无论是否放入控制变
量，董事直接连锁网络关系强度（Network3）、董事间接连锁网络关系强
度（Network4）与动态投资趋同程度（DD）都在 1% 的显著性水平下显著
负相关，这都说明当配对公司间的董事（直接或间接）连锁网络关系强度
越大，动态投资的差异也越小，趋同程度也越高。综上所述，表 4-4 和
表 4-5 的结果均验证了本章的假说。

表 4 - 3

主要变量的相关性分析

变量	1	2	3	4	5	6	7	8	9	10	11	12	13	14
1	1													
2	0.5720***	1												
3	-0.0016***	-0.0015	1											
4	-0.0055***	-0.0057***	0.0741***	1										
5	-0.0016***	-0.0015	0.9890***	0.0872***	1									
6	-0.0053***	-0.0056***	0.0765***	0.9713***	0.0929***	1								
7	0.0137***	0.0088	-0.0027	-0.0052***	-0.0026***	-0.0051***	1							
8	0.0383***	0.0282***	-0.0050***	-0.0066***	-0.0049***	-0.0066***	1.0000***	1						
9	0.0311***	0.0493***	-0.0003	0.0067***	-0.0003	0.0064***	0.2310***	0.3870***	1					
10	0.0765***	-0.0867***	0.0056***	0.0208***	0.0056***	0.0209***	0.0376***	0.1200***	0.1298***	1				
11	-0.0585***	-0.0575***	0.0053***	0.0162***	0.0052***	0.0159***	-0.0306***	0.0110***	0.0353***	0.0796***	1			
12	-0.0380***	-0.0329***	0.0110***	0.0275***	0.0110***	0.0275***	-0.0964***	-0.1141***	0.0390***	0.2549***	0.1250***	1		
13	-0.0079***	-0.0213***	0.0025***	0.0136***	0.0028***	0.0141***	0.2288***	0.3802***	0.0873***	0.2156***	0.0638***	0.0925***	1	
14	-0.0083***	-0.0072***	0.0141***	0.0049***	0.0146***	0.0056***	0.0023	-0.0011	0.0181***	0.0028	-0.0119***	-0.0118***	-0.0315***	1

注：本表是 Pearson 相关系数。***、**、* 表示在 1%、5%、10% 的显著性水平下显著。变量 1～14 分别代表 D、DD、Network1、Network2、Network3、Network4、Info1、Info2、Info3、AverAge、AverEdu、AverCore、AverPub、Ind。

表4-4 有无董事连锁网络关系与投资趋同

变量	静态 (D)				动态 (DD)			
	Network1		Network2		Network1		Network2	
Network	-0.0014 *** (-6.57)	-0.0010 *** (-4.82)	-0.0018 *** (-15.02)	-0.0015 *** (-12.24)	-0.0016 *** (-5.03)	-0.0013 *** (-4.02)	-0.0020 *** (-12.70)	-0.0020 *** (-11.10)
AverAge		-0.0430 *** (-94.31)		-0.0430 *** (-94.17)		-0.0863 *** (-124.31)		-0.0862 *** (-124.18)
AverEdu		-0.0353 *** (-81.60)		-0.0353 *** (-81.47)		-0.0535 *** (-79.51)		-0.0535 *** (-79.38)
AverCore		-0.0040 *** (-28.90)		-0.0039 *** (-28.68)		0.0038 *** (18.24)		0.0038 *** (18.44)
AverPub		0.0039 *** (83.54)		0.0039 *** (83.63)		0.0079 *** (88.11)		0.0079 *** (88.20)
Ind	-0.0009 *** (-25.27)	-0.0009 *** (-25.27)	-0.0009 *** (-25.27)	-0.0009 *** (-25.27)	-0.0011 *** (-21.86)	-0.0011 *** (-21.86)	-0.0011 *** (-21.85)	-0.0011 *** (-21.85)
Inercept	0.0305 *** (1502.09)	0.1247 *** (155.63)	0.0305 *** (1501.35)	0.1245 *** (155.40)	0.0430 *** (1348.60)	0.2088 *** (170.24)	0.0430 *** (1347.92)	0.2086 *** (170.02)
Year	Control	Control	Control	Control	Control	Control	Control	Control
F值	33855	26422	33871	26430	25023	18732	25034	18738
Adj_R^2	0.03	0.03	0.03	0.03	0.03	0.03	0.03	0.03
N	13738186	13204692	13738186	13204692	11183756	10829688	11183756	10829688

注：括号里是 t 值，***、**、* 表示在1%、5%、10%的显著性水平下显著。

表4-5　董事连锁网络关系强度与投资趋同

变量	静态（D）				动态（DD）			
	Network3		Network4		Network3		Network4	
Network	-0.0046*** (-6.87)	-0.0034*** (-5.08)	-0.0052*** (-14.79)	-0.0043*** (-12.25)	-0.0051*** (-5.16)	-0.0041*** (-4.16)	-0.0064*** (-12.44)	-0.0057*** (-11.03)
AverAge		-0.0430*** (-94.31)		-0.0430*** (-94.17)		-0.0863*** (-124.31)		-0.0862*** (-124.18)
AverEdu		-0.0353*** (-81.60)		-0.0353*** (-81.47)		-0.0535*** (-79.51)		-0.0535*** (-79.39)
AverCore		-0.0040*** (-28.90)		-0.0039*** (-28.68)		0.0038*** (18.24)		0.0038*** (18.44)
AverPub		0.0039*** (83.54)		0.0039*** (83.64)		0.0079*** (88.11)		0.0079*** (88.20)
Ind		-0.0009*** (-25.26)		-0.0009*** (-25.26)		-0.0011*** (-21.85)		-0.0011*** (-21.84)
Inercept	0.0305*** (1502.10)	0.1247*** (155.63)	0.0305*** (1501.41)	0.1245*** (155.40)	0.0430*** (1348.63)	0.2088*** (170.24)	0.0430*** (1347.97)	0.2086*** (170.02)
Year	Control	Control	Control	Control	Control	Control	Control	Control
F值	33856	26423	33871	26430	25023	18732	25034	18738
Adj_R²	0.03	0.03	0.03	0.03	0.03	0.03	0.03	0.03
N	13738186	13204692	13738186	13204692	11183756	10829688	11183756	10829688

注：括号里是 t 值，***、**、* 表示在1%、5%、10%的显著性水平下显著。

结果表明：一方面，董事连锁网络关系形成了两个之间信息交流的"媒介"，促进了两个公司间信息的无形交流共享。具有连锁网络关系的董事可能在其他公司任董事的过程中参与过类似的投资项目决策，或者与其他董事的接触过程中有过同类型投资项目的经验交流，从而更了解投资项目的优势、成长性和投资风险等对投资决策有影响的信息，而且也可能更了解市场趋势的变化及监管制度变迁信息。另一方面，具有连锁网络关系的董事在董事连锁网络中的整体实力较强，能更好地获取制定投资政策的相关信息、专业知识和相对的比较优势（Larcker et al.，2011），获得有关投资政策的信息准确度和质量一般会高于没有连锁的董事。所以如果配对公司中具有连锁董事网络关系，更可能促进投资行为的趋同。

4.5.3 进一步分析

（1）董事连锁网络、信息环境与投资趋同。由于不同的公司面临着不同的信息传递渠道，信息传递的渠道可以分为正式的和非正式的信息传递渠道，这些信息渠道都会影响公司间的投资信息的传递。而分析师作为市场的中介之一，在企业和市场之间扮演着非常重要的正式信息传递渠道的角色，这一正式信息传递渠道与董事连锁网络关系这一非正式的信息传递渠道之间存在"替代"还是"互补"效应呢？因此，本章以分析师人数作为影响公司间信息传递的正式信息传递渠道的三个代理变量（Info1、Info2、Info3），并产生董事连锁网络关系这一正式的信息传递渠道与非正式的信息传递渠道的交互项，主要回归结果见表4-6。

首先，从表4-6的回归结果可以看出：董事直接连锁网络关系（Network1）和董事间接连锁网络关系（Network2）与静态投资趋同程度（D）都呈现显著负相关的关系，董事直接连锁网络关系（Network1）、董事间接连锁网络关系（Network2）与动态投资趋同程度（DD）也都呈现显著负相关的关系，这都说明当配对公司间存在董事（直接或间接）连锁网络关系时，公司间的投资差异也越小，趋同程度也越高，进一步验证了本章的假说。

其次，从表4-6的回归结果也可以看出，正式信息传递渠道（Info1、Info2、Info3）与静态的投资趋同程度（D）都在1%的显著性水平下显著正相关，正式信息传递渠道（Info1、Info2、Info3）与动态的投资趋同程度（DD）也都在1%的显著性水平下显著正相关，这都说明如果两个公

表 4-6

董事连锁网络、信息环境与投资趋同

变量	Info1 静态（D） Network1	Network2	Info1 动态（DD） Network1	Network2	Info2 静态（D） Network1	Network2	Info2 动态（DD） Network1	Network2	Info3 静态（D） Network1	Network2	Info3 动态（DD） Network1	Network2
Network	-0.0010*** (-4.22)	-0.0014*** (-9.66)	-0.0015*** (-4.29)	-0.0020*** (-10.18)	-0.0007** (-2.18)	-0.0013*** (-7.34)	-0.0014*** (-3.11)	-0.0020*** (-7.55)	-0.0010*** (-4.60)	-0.0014*** (-11.08)	-0.0016*** (-4.69)	-0.0022*** (-11.55)
Info	0.0007*** (27.23)	0.0007*** (37.57)	0.0014*** (37.42)	0.0014*** (37.38)	0.0015*** (46.59)	0.0015*** (46.49)	0.0023*** (47.94)	0.0023*** (47.84)	0.0020*** (46.93)	0.0020*** (46.87)	0.0025*** (36.19)	0.0025*** (38.95)
Info*Network	-0.0004** (-2.72)	-0.0003** (-2.57)	-0.0013** (-2.51)	-0.0000** (-2.03)	-0.0007** (-2.14)	-0.0007** (-2.01)	-0.0013** (-2.46)	-0.0002** (-2.30)	-0.0001** (-2.13)	-0.0003** (-2.70)	-0.0031*** (-2.86)	-0.0019*** (-3.50)
Average	-0.0421*** (-90.58)	-0.0420*** (-90.45)	-0.0831*** (-117.91)	-0.0830*** (-117.78)	-0.0434*** (-73.70)	-0.0434*** (-73.59)	-0.0879*** (-99.26)	-0.0879*** (-99.15)	-0.0425*** (-93.07)	-0.0424*** (-92.94)	-0.0856*** (-123.20)	-0.0855*** (-123.06)
Averedu	-0.0344*** (-78.93)	-0.0343*** (-78.81)	-0.0515*** (-75.98)	-0.0514*** (-75.86)	-0.0261*** (-44.99)	-0.0261*** (-44.89)	-0.0406*** (-45.36)	-0.0406*** (-45.26)	-0.0337*** (-77.74)	-0.0337*** (-77.62)	-0.0514*** (-76.16)	-0.0514*** (-76.04)
Avercore	-0.0035*** (-24.99)	-0.0035*** (-24.79)	0.0050*** (23.66)	0.0050*** (23.86)	-0.0025*** (-13.75)	-0.0025*** (-13.59)	0.0020*** (7.30)	0.0020*** (7.45)	-0.0037*** (-26.96)	-0.0037*** (-26.75)	0.0041*** (19.85)	0.0042*** (20.04)
Averpub	0.0038*** (77.57)	0.0038*** (77.66)	0.0072*** (79.37)	0.0073*** (79.47)	-0.0023*** (-35.31)	-0.0023*** (-35.39)	0.0044*** (36.02)	0.0044*** (36.01)	0.0037*** (78.85)	0.0037*** (78.94)	0.0076*** (84.14)	0.0076*** (84.23)

续表

| 变量 | Info1 | | | | Info2 | | | | Info3 | | | |
| | 静态（D） | | 动态（DD） | | 静态（D） | | 动态（DD） | | 静态（D） | | 动态（DD） | |
	Network1	Network2	Network1	Network2	Network1	Network2	Network1	Network2	Network1	Network2	Network1	Network2
Ind	-0.0009*** (-25.94)	-0.0009*** (-25.94)	-0.0012*** (-23.51)	-0.0012*** (-23.50)	-0.0009*** (-21.68)	-0.0009*** (-21.68)	-0.0011*** (-17.43)	-0.0011*** (-17.42)	-0.0009*** (-25.77)	-0.0009*** (-25.77)	-0.0012*** (-22.18)	-0.0012*** (-22.17)
Intercept	0.1218*** (148.98)	0.1217*** (148.76)	0.2008*** (160.62)	0.2005*** (160.41)	0.1184*** (116.75)	0.1189*** (112.23)	0.2082*** (130.39)	0.2079*** (130.20)	0.1216*** (151.28)	0.1216*** (151.06)	0.2048*** (130.39)	0.2046*** (166.16)
Year	Control	Control	Control	Control	Control	Control	Control	Control	Control	Control	Control	Control
F值	23431***	23438***	16536***	16542***	13592***	13596***	9103***	9107***	2376***	23768***	16844***	16850***
Adj_R²	0.03	0.03	0.03	0.03	0.03	0.03	0.03	0.03	0.03	0.03	0.03	0.03
N	12906327	12906327	10612714	10612714	7928609	7928609	6590239	6590239	13204692	13204692	10829688	10829688

注：括号里是 t 值，***、**、* 表示在 1%、5%、10% 的显著性水平下显著。

司间的外部正式信息传递渠道越差，公司间投资差异越大，如果两个公司间的外部正式信息传递渠道越好，公司间投资趋同程度越高。

最后，从表4-6的董事连锁网络关系与信息环境的交互项（Info * Network）的回归结果可以看出，交互项（Info * Network）与静态的投资趋同程度（D）、动态的投资趋同程度（DD）都至少在5%的显著性水平下显著负相关，这表明如果两个公司间的外部信息传递渠道越差，公司间存在董事连锁网络关系时，其信息传递的作用更加突出，公司间的投资差异越小，投资趋同程度更高；反之，如果两个公司间的外部信息传递渠道越好，董事连锁网络关系信息传递的作用就没有那么明显。

以上结果表明：公司正式的信息传递水平渠道越好，对董事连锁网络关系这一非正式信息传递渠道的需求降低，董事连锁网络关系对公司间投资趋同的影响能力越弱；正式信息传递渠道越差，对董事连锁网络关系这一非正式信息传递渠道的需求越高，董事连锁网络关系对公司间投资趋同的影响能力越强。这一结果也比较稳定，说明公司董事连锁网络关系这一非正式信息传递渠道与分析师等正式信息传递渠道呈现的是替代的关系而非互补的关系。

（2）内部董事与独立董事的区别。考虑到内部董事和外部董事在信息获取、专业知识等不同的影响，内外部董事可能带来不同的信息环境，本章进一步检验独立董事连锁网络关系和非独立董事连锁网络关系对配对公司间投资趋同的影响。本章只选取了拥有董事直接连锁网络关系的配对样本（因为董事间接连锁网络关系涉及了两个以上的公司，较难判定其董事连锁网络的类型）。董事直接连锁网络关系类型哑变量（Type）的定义为：如果配对公司的连锁董事都是独立董事则为1，否则为0。

从表4-7可以看出，董事直接连锁网络关系类型（Type）与静态的投资趋同程度（D）、动态的投资趋同程度（DD）都在5%的显著性水平下显著正相关，这说明非独立董事连锁网络关系对公司间投资趋同的影响更大，可能是因为如果两个公司之间的连锁董事不全是独立董事时，存在某些董事至少在一个公司担任内部董事，这些内部董事相对于独立董事可能更能接触到公司内部关于投资的信息，能更多地获得有关投资具体的制定、实施情况信息等，更能发挥董事连锁网络的信息传递的功能，使得其在促进两个公司间的投资趋同时发挥更大的作用。这表明独立董事连锁网络关系和非独立董事连锁网络关系对公司间投资趋同的影响存在显著区别。

表 4 - 7　　　　　　　　独立董事与内部董事的董事连锁网络作用差异

变量	静态（D）	动态（DD）
Type	0. 0011 ** （2. 08）	0. 0017 ** （2. 09）
AverAge	- 0. 0301 *** （- 2. 62）	- 0. 0494 *** （- 2. 83）
AverEdu	- 0. 0119 （- 1. 10）	- 0. 0276 * （- 1. 66）
AverCore	- 0. 0012 （- 0. 37）	- 0. 0001 （- 0. 02）
AverPub	0. 0011 （0. 96）	0. 0034 （1. 50）
Ind	0. 0002 （0. 30）	- 0. 0002 （- 0. 19）
Inercept	0. 0985 *** （5. 01）	0. 1585 *** （5. 29）
Year	Control	Control
F 值	29 ***	21 ***
Adj_R^2	0. 03	0. 02
N	20196	17208

注：括号里是 t 值，***、**、* 表示在 1%、5%、10% 的显著性水平下显著。

（3）董事网络与其他政策趋同。考虑到公司的政策战略除了投资政策外，还有很多其他的重要政策。本章进一步检验董事网络对公司成本管理政策趋同（S&GA Convergence）、现金持有政策趋同（CASH Convergence）、债务融资政策趋同（LEV Convergence）、研发投入政策趋同（RD Convergence）和利息偿付政策趋同（Interest Convergence）的影响。各个政策趋同指标的计算类似投资趋同，先通过回归计算出各个公司政策的残差，其中第一阶段的回归结果如表 4 - 8 所示，而后通过两两配对计算得出。为了缩减篇幅，本章设置董事网络综合哑变量（Network_D），即 t 年配对公司是否具有直接或间接连锁关系，存在直接或间接连锁关系为 1，否则为 0。董事网络综合强度变量（Network_C），即 t 年配对公司形成直接和间接董事连锁网络关系的强度之和的对数。

表4-8　　　　　其他公司政策趋同第一阶段回归结果

Variable	SG&A Ratio	Cash Ratio	Leverage Ratio	R&D Ratio	Interest Coverage
Log_Asset	-0.315 *** (-18.31)	0.280 *** (14.51)	-0.386 *** (-12.32)	0.010 * (1.80)	5.979 *** (3.08)
Log_Asset2	0.007 *** (20.55)	-0.006 *** (-15.96)	0.011 *** (17.35)	-0.000 * (-1.83)	-0.157 *** (-3.93)
Tobin's Q	0.017 *** (5.98)	0.004 (1.24)	0.022 *** (4.41)	0.001 (1.11)	-0.792 ** (-2.55)
Tobin's Q * Log_Asset	-0.020 *** (-3.06)	-0.007 (-0.92)	-0.068 *** (-5.73)	-0.002 (-1.49)	2.238 *** (3.08)
Cash Flow	-0.111 *** (-11.51)	0.271 *** (24.06)	-0.314 *** (-19.06)	0.016 *** (4.59)	4.786 *** (4.28)
Constant	4.115 *** (23.95)	-2.742 *** (-13.79)	5.031 *** (15.76)	-0.060 (-1.04)	-98.744 *** (-5.08)
Year	Y	Y	Y	Y	Y
Observations	18865	18929	18929	2889	18724
Adjusted R – squared	0.31	0.17	0.20	0.18	0.04
F Value	250.15 ***	93.34 ***	167.99 ***	71.81 ***	20.10 ***

注：括号里是 t 值，***、**、* 表示在 1%、5%、10% 的显著性水平下显著。

从表4-9可以看出，董事网络综合哑变量（Network_D）、董事网络综合强度变量（Network_C）与静态的公司成本管理政策趋同（S&GA Convergence）、债务融资政策（LEV Convergence）和研发投入政策趋同（RD Convergence）显著负相关，但对于现金持有政策趋同（CASH Convergence）和利息偿付政策趋同（Interest Convergence）没有动态趋同影响。从表4-10可以看出，董事网络综合哑变量（Network_D）、董事网络综合强度变量（Network_C）与静态的和研发投入政策趋同（RD Convergence）显著负相关，但对于公司成本管理政策趋同（S&GA Convergence）、债务融资政策趋同（LEV Convergence）、现金持有政策趋同（CASH Convergence）和利息偿付政策趋同（Interest Convergence）没有动态趋同影响。这表明董事网络对于公司政策的影响主要是在投资政策和研发投入政策上，而这两项政策往往是保密性较强的，而通过董事网络则方便了其他公司进行效仿和学习。

表 4－9　董事连锁网络与其他公司政策静态趋同

静态（D）

Variable	S&GA Convergence	CASH Convergence	LEV Convergence	RD Convergence	Interest Convergence
Network_D	-0.002*** (-4.11)	-0.000 (-0.21)	-0.001* (-1.88)	-0.000*** (-2.79)	0.085* (1.80)
Network_C	-0.002*** (-4.99)	0.000 (0.08)	-0.002** (-2.00)	-0.000** (-2.39)	0.108* (1.74)
AverAge	0.002 (1.52)	0.009*** (6.00)	-0.036*** (-15.05)	0.000 (1.47)	-3.602*** (-24.64)
AverEdu	-0.019*** (-19.50)	0.034*** (32.14)	-0.059*** (-37.04)	-0.001*** (-4.79)	-2.075*** (-20.21)
AverCore	-0.015*** (-45.17)	-0.003*** (-7.09)	-0.025*** (-45.60)	-0.001*** (-20.17)	-0.674*** (-19.03)
AverPub	0.010*** (47.51)	-0.043*** (-158.92)	0.022*** (60.53)	0.003*** (151.54)	-4.073*** (-158.38)
Sameind	-0.003*** (-8.80)	-0.002*** (-4.15)	-0.001** (-2.06)	-0.000*** (-10.53)	-0.499*** (-13.81)

续表

静态（D）

Variable	S&GA Convergence		CASH Convergence		LEV Convergence		RD Convergence		Interest Convergence	
Constant	0.149*** (24.53)	0.149*** (24.52)	0.108*** (17.35)	0.108*** (17.35)	0.437*** (45.13)	0.437*** (45.13)	0.004*** (5.89)	0.004*** (5.90)	34.479*** (58.14)	34.479*** (58.14)
Year	Y	Y	Y	Y	Y	Y	Y	Y	Y	Y
Observations	14257247	14257247	14309620	14309620	14309620	14309620	10937993	10937993	14095513	14095513
Adjusted R-squared	0.43	0.43	0.43	0.43	0.49	0.49	0.41	0.41	0.32	0.32
F Value	3341.08***	3341.41***	5868.13***	5868.11***	1436.88***	1436.91***	75621.82***	75621.81***	6197.95***	6197.92***

注：括号里是 t 值，***、**、* 表示在 1%、5%、10% 的显著性水平下显著。

表4-10　　董事连锁网络与其他公司政策动态趋同

动态（DD）

Variable	S&GA Convergence	CASH Convergence		LEV Convergence		RD Convergence		Interest Convergence	
Network_D	-0.000 (-0.46)	-0.000 (-1.08)		0.001* (1.90)		-0.000* (-1.66)		-0.067 (-1.03)	
Network_C	-0.001 (-1.10)		-0.000 (-0.08)		0.001 (1.27)		-0.000** (-2.06)		-0.104 (-1.23)
AverAge	-0.121*** (-86.15)	-0.050*** (-42.54)	-0.050*** (-42.55)	-0.105*** (-74.89)	-0.105*** (-74.88)	-0.001*** (-4.08)	-0.001*** (-4.08)	-12.304*** (-61.51)	-12.304*** (-61.51)
AverEdu	0.025*** (27.49)	0.014*** (17.24)	0.014*** (17.24)	0.015*** (14.91)	0.015*** (14.92)	0.002*** (15.60)	0.002*** (15.60)	-0.064 (-0.45)	-0.064 (-0.45)
AverCore	-0.001** (-2.05)	0.013*** (41.13)	0.013*** (41.11)	0.030*** (81.15)	0.030*** (81.16)	0.000*** (5.30)	0.000*** (5.31)	0.244*** (4.95)	0.244*** (4.95)
AverPub	0.027*** (95.38)	-0.037*** (-126.63)	-0.037*** (-126.63)	0.005*** (15.14)	0.005*** (15.14)	0.003*** (157.64)	0.003*** (157.64)	-6.117*** (-113.55)	-6.117*** (-113.55)
Sameind	-0.003*** (-7.91)	-0.003*** (-10.53)	-0.003*** (-10.53)	-0.003*** (-8.19)	-0.003*** (-8.19)	-0.000*** (-10.34)	-0.000*** (-10.34)	-0.348*** (-6.91)	-0.348*** (-6.91)

续表

动态（DD）

Variable	S&GA Convergence		CASH Convergence		LEV Convergence		RD Convergence		Interest Convergence	
Constant	0.465*** (81.97)	0.465*** (81.96)	0.274*** (57.65)	0.274*** (57.66)	0.394*** (68.78)	0.394*** (68.78)	-0.000 (-0.06)	-0.000 (-0.06)	66.012*** (81.10)	66.010*** (81.10)
Year	Y	Y	Y	Y	Y	Y	Y	Y	Y	Y
Observations	11804274	11804274	11880852	11880852	11880852	11880852	9958026	9958026	11721970	11721970
Adjusted R-squared	0.18	0.18	0.11	0.11	0.04	0.04	0.26	0.26	0.17	0.17
F Value	5782.70***	5782.68***	5618.22***	5618.06***	4243.21***	4243.05***	71709.67***	71709.75***	2578.41***	2578.45***

注：括号里是 t 值，***，**，*表示在1%、5%、10%的显著性水平下显著。

4.5.4　稳健性检验

（1）内生性处理。对于可能存在的内生性问题，最好的方法就是找到一个外生的冲击事件作为自然实验，本章则以董事死亡作为外生事件，通过双重差分模型（DID approach）来检验董事死亡伴随的董事网络关系是否影响公司的投资信息传递效果：本书手工整理了样本区间去世的董事，并剔除因跳楼等非自然死亡的董事，共得到 61 名去世的董事，其中具有董事连锁网络关系的有 10 名。本章从所有配对样本中选取包含这些去世的董事生前所任职公司的配对样本，设置去世董事连锁网络关系变量（C），分别按去世董事有无直接连锁网络关系设置哑变量（C1）：具有董事直接连锁网络关系的为 1，否则为 0；按去世董事有无间接连锁网络关系设置哑变量（C2）：具有董事间接连锁网络关系的为 1，否则为 0；以董事死亡的时间为零点，设置董事死亡与否哑变量（After）：董事死亡后的年份为 1，董事死亡前的年份为 0。

首先，本章以董事死亡的时间为零点，按有无直接董事连锁网络关系分组，画出董事死亡前后 3 年的静态投资的差异[①]。如图 4 - 3 所示，在董事死亡前有董事直接连锁网络关系的配对样本的投资差异程度都低于没有董事连锁网络关系的配对样本；但在董事死亡后，有董事直接连锁网络关系的配对样本的投资差异程度明显增大，甚至超过没有董事连锁网络关系的配对样本。从去世董事这一外生的事件里说明董事网络连锁关系的确影响了配对公司间的投资的趋同，当有连锁网络关系的董事死亡后，配对公司关于投资等信息沟通的"媒介"消失了，投资的差异明显增大；而没有连锁网络关系的董事死亡前后，其配对公司的投资差异程度区别不大。其次，本章分别选取董事死亡前后 1 年、2 年和 3 年的区间，进行回归分析，结果如表 4 - 11 所示，交互项（After * C1）和交互项（After * C2）都显著为正，这表明在董事死亡后，有直接或间接连锁网络关系的董事其所在的配对公司的投资差异显著增大，投资趋同程度降低。综上所述，图 4 - 3 和表 4 - 8 的结果都说明本章的结果不受内生性影响。

---

① 有无直接连锁网络关系的董事死亡与动态投资差异、有无间接连锁网络关系的董事死亡与静态投资差异和有无间接连锁网络关系的董事死亡与动态投资差异的趋势类似，篇幅所限，未放入正文。

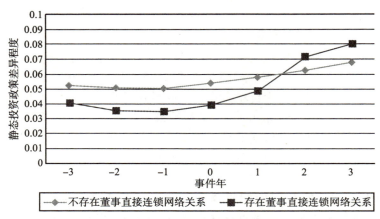

图 4 - 3　有无直接连锁网络关系的董事死亡与静态投资差异

（2）其他稳健性检验。除了以董事死亡作为内生性检验之外，本章还进一步检验配对公司间的董事连锁网络关系从有到无、从无到有的变化，对配对公司间投资趋同的影响。本章选取了前1年拥有董事连锁网络关系且本年没有董事连锁网络关系的配对样本，设置董事连锁网络关系断裂哑变量（Break），分别设置董事直接连锁网络关系断裂（B1）哑变量：前1年拥有董事直接连锁网络关系为0，本年董事直接连锁网络关系断裂为1；设置董事间接连锁网络关系断裂（B2）哑变量：前1年拥有董事间接连锁网络关系为0，本年董事间接连锁网络关系断裂为1。为检验董事连锁网络关系从无到有的变化对配对公司间的投资趋同的影响，本章选取了前1年没有董事连锁网络关系且本年拥有董事连锁网络关系的配对样本，设置董事连锁网络关系产生哑变量（Link），分别设置董事直接连锁网络关系产生（L1）哑变量：前1年没有董事直接连锁网络关系为0，本年董事直接连锁网络关系产生为1；设置董事间接连锁网络关系产生（L2）哑变量：前1年没有董事间接连锁网络关系为0，本年董事间接连锁网络关系产生为1。未报告的结果显示，董事直接连锁网络关系的断裂（B1）、董事间接连锁网络关系的断裂（B2）与动态的投资趋同程度（DD）显著正相关，这说明当配对公司间的董事（直接或间接）连锁网络关系断裂时，动态的投资的差异增大，趋同程度降低。董事直接连锁网络关系的产生（L1）、董事间接连锁网络关系的产生（L2）与静态和动态的投资趋同程度基本上呈现显著负相关的关系，这说明当配对公司间的董事（直接或间接）连锁网络关系产生时，配对公司的投资的差异变小。

表4-11 基于董事死亡外生事件的双重差分（DID）检验

区间 变量	[t-1, t+1]				[t-2, t+2]				[t-3, t+3]			
	静态（D）		动态（DD）		静态（D）		动态（DD）		静态（D）		动态（DD）	
	直接（C1）	间接（C2）	直接（C1）	间接（C2）	直接（C1）	间接（C2）	直接（C1）	间接（C2）	直接（C1）	间接（C2）	直接（C1）	间接（C2）
After	0.0187 *** (22.26)	0.0239 *** (25.23)	-0.0084 *** (-6.03)	0.0005 (0.40)	0.0127 *** (18.71)	0.0135 *** (19.58)	0.0077 *** (7.49)	-0.0007 (-0.74)	0.0110 *** (20.05)	0.0142 *** (26.91)	0.0103 *** (11.53)	0.0032 *** (3.93)
C	-0.0230 *** (-3.20)	0.0034 (0.53)	-0.0075 (-0.27)	-0.0072 (-0.66)	-0.0156 * (-1.83)	-0.0067 (-1.32)	-0.0168 (-0.64)	-0.0154 * (-1.84)	-0.014 (-1.47)	-0.0084 * (-1.90)	-0.0206 (-0.96)	-0.0068 (-0.89)
After * C	0.0294 ** (2.34)	0.0262 ** (2.04)	0.0496 * (1.65)	0.0252 * (1.92)	0.0332 ** (2.28)	0.0257 ** (2.37)	0.0499 * (1.71)	0.0306 ** (2.56)	0.0282 * (1.72)	0.0239 ** (2.53)	0.0540 ** (2.16)	0.0271 ** (2.3)
Average	-0.1608 *** (-9.56)	-0.1228 *** (-6.47)	0.1313 *** (4.82)	-0.0244 (-1.12)	-0.0553 *** (-4.65)	-0.1008 *** (-7.76)	-0.1212 *** (-6.39)	-0.1320 *** (-8.03)	-0.0651 *** (-6.32)	-0.0927 *** (-8.53)	-0.0411 ** (-2.40)	-0.0511 *** (-3.41)
Averedu	-0.1435 *** (-11.35)	-0.1406 *** (-10.27)	0.1108 *** (5.83)	0.1956 *** (10.83)	-0.1031 *** (-11.79)	-0.1166 *** (-12.78)	0.1507 *** (10.27)	0.2203 *** (16.32)	-0.0046 (-0.62)	-0.0354 *** (-4.59)	0.0367 *** (2.92)	0.0892 *** (7.57)
Avercore	-0.1878 *** (-40.74)	-0.2010 *** (-39.99)	-0.1267 *** (-21.13)	-0.0998 *** (-18.14)	-0.1251 *** (-40.64)	-0.1224 *** (-37.75)	-0.1433 *** (-32.67)	-0.1041 *** (-25.52)	-0.1276 *** (-48.49)	-0.1200 *** (-44.52)	-0.0847 *** (-21.34)	-0.0649 *** (-17.62)
Averpub	-0.0202 *** (-12.93)	-0.0182 *** (-11.30)	0.0223 *** (9.17)	0.0084 *** (3.73)	-0.0049 *** (-4.45)	-0.0031 *** (-2.76)	0.0252 *** (13.62)	0.0135 *** (7.87)	0.001 (1.00)	-0.0004 (-0.44)	0.0251 *** (14.82)	0.0079 *** (5.07)

续表

区间变量	[t-1, t+1]				[t-2, t+2]				[t-3, t+3]			
	静态 (D)		动态 (DD)		静态 (D)		动态 (DD)		静态 (D)		动态 (DD)	
	直接 (C1)	间接 (C2)	直接 (C1)	间接 (C2)	直接 (C1)	间接 (C2)	直接 (C1)	间接 (C2)	直接 (C1)	间接 (C2)	直接 (C1)	间接 (C2)
Ind	-0.0028 ** (-2.57)	-0.0017 (-1.46)	-0.0010 (-0.62)	-0.0009 (-0.65)	-0.0026 *** (-3.19)	-0.0022 *** (-2.67)	0.0003 (0.21)	0.001 (0.92)	-0.0042 *** (-5.83)	-0.0038 *** (-5.27)	-0.0013 (-1.17)	0.0005 (0.49)
Intercept	0.6650 *** (22.48)	0.6153 *** (18.53)	0.0183 (0.40)	0.2018 *** (5.69)	0.3759 *** (18.4)	0.4518 *** (20.52)	0.3963 *** (12.69)	0.3663 *** (13.53)	0.3120 *** (18.27)	0.3820 *** (20.84)	0.2550 *** (9.12)	0.2669 *** (10.94)
Year	Control	Control	Control	Control	Control	Control	Control	Control	Control	Control	Control	Control
F值	395 ***	365 ***	336 ***	222 ***	372 ***	419 ***	304 ***	259 ***	538 ***	519 ***	331 ***	349 ***
Adj_R^2	0.07	0.07	0.07	0.04	0.04	0.04	0.04	0.03	0.05	0.05	0.04	0.04
N	108557	99563	71551	88679	187890	179081	131478	160697	231617	236702	172723	208808

注：括号里是 t 值，***、**、* 表示在 1%、5%、10% 的显著性水平下显著。

本章还用比德尔等（Biddle，2009）模型和陈等（2010）模型来衡量公司的异质性投资，进而计算配对公司的投资趋同的因变量，研究结果基本不变；本章还用董事连锁网络关系强度替换董事连锁网络关系哑变量作为解释变量，本章的研究结果也基本不变。本章还用综合董事连锁网络关系指标①替换董事连锁网络直接或间接关系的变量作为解释变量，本章的研究结果也基本不变。本章也用其他代理变量衡量信息环境，研究结果也基本不变。由于篇幅限制，结果并未报告，留存备索。

4.6　本　章　小　结

组织间的社会联系是趋同社会学习的重要渠道，作为经济体中的一份子，公司的投资也必然嵌入其所在社会网络中，受到网络中其他成员的影响。然而以往多数研究过于强调单个公司自身的基于成本—收益原则而独立的投资决策（即经济视角），而较少考虑这种网络关系带来的作用（即社会网络视角），这种社会网络对公司决策的具体交流和模仿的渠道也并不清楚，从而可能导致董事的执行效果不清晰，形成所谓的"董事会之谜"（蔡宁等，2015）。本章则检验了公司之间投资趋同所产生的可能微观渠道：董事连锁网络。

公司的投资决策由董事会做出，而董事处在复杂和动态的社会环境中，学习效应的存在使得董事的决策受到镶嵌在网络中的与投资相关的信息传递和影响。本章在分析董事连锁网络关系对信息传递的可能性和机理的基础上，研究董事连锁网络关系对公司间投资的趋同影响。通过2002～2013年的A股上市公司两两配对的样本进行实证检验，本章的研究结果发现，如果两个公司之间存在董事连锁网络关系，两个公司可以通过董事连锁网络关系进行与投资相关的信息传递，促进公司间投资的趋同。考虑正式信息传递渠道的影响，本章发现公司正式的信息传递渠道越好，对董事连锁网络关系这一非正式信息传递渠道的需求降低，董事连锁网络关系对公司间投资趋同的影响能力越弱；正式信息传递渠道越差，对董事连锁网络关系这一非正式信息传递渠道的需求越高，董事连锁网络关系对公司间投资趋同的影响能力越强，公司董事连锁网络关系这一非正式信息传递

---

① 综合指标：t−1年如果配对公司是否具有直接或间接连锁关系，存在直接或间接连锁关系为1，否则为0。

渠道与分析师等正式信息传递渠道呈现的是替代的关系而非互补的关系。进一步，我们还发现这种趋同结果主要体现在内部董事网络之中；除了投资政策趋同，董事网络还带来了成本管理政策趋同、债务融资政策趋同和研发投入政策趋同。通过董事死亡这一外生事件进行双重差分的内生性检验，发现与没有连锁网络关系的配对公司相比，具有董事连锁网络关系的配对公司在其董事死亡前的投资明显更加趋同，但在其董事死亡后，配对公司间的投资差异显著增大。此外，由于独立董事和非独立董事在信息传递作用上存在的差异，本章发现非独立董事连锁网络关系对公司间投资趋同的影响更大；董事连锁网络关系的产生与断裂对公司间投资的趋同也具有显著的影响。本章结论的主要启示是：社会网络的影响能够让本章对董事对公司政策的影响有系统性和可预测的作用，从而导致各类公司活动的趋同。本章的结论将不仅为董事网络的理论研究和"社会网络和公司行为"的研究提供进一步的经验证据，也为董事连锁网络与公司间各种战略行为的趋同提供新的研究视角。

第 5 章

董事网络与信息传递后果：
基于股价同步性的证据

5.1 概　　述

本章同时结合直接和间接的连锁董事网络关系和基于董事网络中心度的网络嵌入性视角，从资本市场股价同步性视角研究董事网络与公司信息传递的经济后果。中国的股价同步性现象十分明显，默克等（Morck et al.，2000）、金和迈尔斯（Jin and Myers，2006）基于 40 个国家的研究发现，中国的股价同步性程度位居前两位。而在中国的资本市场里，A 股上市公司的董事会已经形成一个基于连锁董事而构成的网络。但目前关于董事网络对中国资本市场股价同步性影响的研究仍较少，这就忽略了董事网络的信息传递效应。弗拉卡西（2008）发现公司决策的信息会通过不同公司的共享董事互相传播，强调了董事在信息传递中的重要性，可见独立董事网络为公司以及公司之间创造了一种非正式的信息渠道。肯纳和托马斯（2009）用公司间交叉持股、集团控制以及共享董事来表征公司间的关联关系，发现由于公司间交流渠道的畅通，互相合作可能性增加，进而基于信息累积的公司基本面情况的相关程度增大，两个公司在资本市场中则更可能同涨同跌，股价同步性提高。那么，在信息环境较差的中国资本市场里，董事网络对资本市场的股价同步性会有何影响呢？对信息环境不同的地区又有何不同的影响呢？本章将对此展开研究。

本章在前面几章分析董事连锁网络关系带来的有关会计政策和投资研发政策趋同等基础上，以 2000 ~ 2012 年的 A 股上市公司为样本，检验了董事网络对股价同步性的影响。结果发现：如果两个公司之间具有董事连锁网络关系，那么两个公司之间的股价同步性也更高。公司的董事网络嵌入性更高，其与整个资本市场的股价同步性也更高。进一步的研究还发现，相比于信息环境差的地区，信息环境好的地区的董事连锁网络关系以及董事网络嵌入性对股价同步性的影响更加明显。内部董事连锁网络关系对公司间股价同步性的影响更大，内部董事更能发挥董事连锁网络的信息传递功能。

　　本章的后续安排如下：5.2 节是文献综述，5.3 节是制度背景和研究假设，5.4 节是研究设计，5.5 节是实证结果，5.6 节是本章小结。

5.2　文　献　综　述

　　社会学和企业管理领域的学者从网络关系视角研究连锁董事现象，形成了资源依赖理论（Pfeffer and Salancik，1978）、共谋理论（Koenig et al.，1979）和金融控制理论（Eisenbeis and McCall，1978）等。但近几十年一直没有过多的发展，正如米儒池（Mizruchi，1996）所说，现有研究对连锁董事的认识还相当有限，特别是连锁董事的产生原因和经济后果。随后公司财务领域从知识传递角度进行探讨，发现如果一家企业以前采用了某一商业实践，那么联结公司随后也会采用那一实践，比如"毒丸"计划和金降落伞计划（Davis and Greve，1997）、政治选举贡献（Mizruchi，1992）、并购类型（Haunschild，1993）、事业部组织形式（Palmer et al.，1993）和并购支付溢价（Haunschild，1994）等，都是通过连锁董事关系进行的传播。巴蒂斯顿（2003）通过假设董事基于羊群效应来制定决策，构建模型研究了决策如何在公司间通过连锁董事形成的网络传播。发现董事网络传递的信息会影响董事之间的决策行为。比爵克等（2009）研究了董事会联系在解释具有争议性的股票期权倒签实践中的扩散作用。发现如果有董事成员以前在其他公司从事过类似的倒签行为，公司倒签股票期权的可能性会大大增加。康和谭（2008）认为股票期权授予的自愿性费用化可能由董事连锁导致的社会影响和学习（social influence and learning）所驱动：如果公司的内部董事与其他进行过股票期权授予的自愿性费用化决策的公司连锁，或者与曾经投资过财务舞弊公司的机构投资公司的董事会连锁，那么公司越可能自愿费用化股票期权。邱等（2013）检验了盈余管理是否通过董事网络在公司间传递。发现如果一个公司与另外一个公司通过连锁董事相连，而相连公司在当年或前两年内发生过财务重述事件，那么这个公司发生财务重述的概率也更大。这种传导效应在连锁董事的职位为董事长、审计委员会成员，特别是审计委员会主任的时候更强。斯图亚特和严（2010）以公司董事曾经在进行过私募股权融资的公司担任董事或者管理层，作为是否具有私募股权融资背景连锁董事的代理指标，发现有私募股权融资背景的连锁董事所在的公司更容易成为私募股权投资的目标。法利纳（Farina，2009）指出董事会成员的外部联系如连锁董事还可以为公司获取关键性资源，研究发现银行董事是董事网络中最重要的行动者而且拥有更多的银行业连锁董事能增加企业的价值。肯纳和托马斯（2009）通过对智利上市公司的考察，发现利用交叉持股、共同控制以及连锁董事建立起相互联系的上市公司的股票价格更可能出现同涨同跌的现象，即存在更高的股价同步性（synchronicity），这意味着这些公司的股价中包含了更多与其关联公司的相关信息，从而降低了对其自身特有信息的反映。

综上所述，现有文献对于董事网络与股价同步性影响的研究较少。从信息传递视角的研究尚未引起更多的关注，特别是在信息制度环境较差的中国，董事网络带来的信息传递和政策趋同是否会导致公司股价同步性仍是一个疑问。

5.3 制度背景和研究假设

"股价同步性"（return synchronicity/comovement）是指单个公司股票价格的变动与其他公司或者市场平均变动之间的关联性，即所谓的股价"同涨同跌"现象。默克等（2000）认为股价同步性反映了公司特质信息纳入股价的程度，同步性越高，股价中包含的公司特质信息越少，股价同步性越高。后续股价同步性研究中，诸多学者认为由于股价非同步性反映的是公司特质信息，所以股价同步性与股价信息含量负相关（Durnev et al.，2003；李增泉，2005；游家兴等，2006；朱红军等，2007）。但也有研究发现在市场噪声比较多的时候以及信息不透明的公司中，股价同步性正向地反映股票市场的信息效率（Lee and Liu，2007；Dasgupta，2008；王亚平等，2009）。也有研究从投资者的非理性心理解释股价同步性（West，1988；Teoh et al.，2006；许年行等，2011）。此外，公司间基本面的趋同也会导致股价的同步性，肯纳和托马斯（2009）用公司间交叉持股、集团控制以及共享董事来表征公司间的关联关系，发现由于公司间交流渠道的畅通，互相合作可能性增加，进而基于信息累积的公司基本面情况的相关程度增大，两个公司在资本市场中则更可能同涨同跌，股价同步性提高。李增泉等（2011）发现依赖关系进行交易的上市公司的股价中包含的公司特有信息将减少，体现为更高的股价同步性。所以对本项目来说，股价同步性是检验董事网络信息传递经济后果的一个非常好的研究行为。

而董事网络则为公司之间的信息传播和获取提供了重要的途径。亚当斯和费雷拉（2007）、达钦等（2010）试图从信息获取角度来区分独立董事的治理效果。达钦等（2010）和阿姆斯特朗等（Amstrong et al., 2010）均认为如果掌握的公司信息越多，独立董事的治理效果越好。阿姆斯特朗等（2010）强调了信息在董事会形成中的重要作用。伦克等（Lenck et al., 2008）发现当董事面临更大的信息获得和处理成本时，他们更不可能成为有效的建议者和监督者，也更不可能被邀请进入董事会。阿姆斯特朗等（2011）认为独立董事需要增量的机遇公司层面的信息来有效地发挥他们的监督和建议职能，发现在较低信息处理成本的公司中，独立董事比例的增加能带来信息不对称的减少。拉维纳和萨皮恩泽尔（Ravina and Sapienza, 2010）通过比较独立董事与公司内部高管对公司股票买卖收益的差别来间接衡量独立董事获得的内部信息，发现独立董事（至少在好的时间段）是能够获得公司内部信息的。曹等（Cao et al., 2011）借鉴拉维纳和萨皮恩泽尔（2010）的独立董事获得内部信息的指标，考察了独立董事与公司高管的社会联系（现在或者以前在除目标公司之外的其他公司同时任职；在同一个非营利组织共同任职；在同一所高校毕业）对独立董事从公司高管获得私有信息的能力，发现独立董事能依靠与管理层的特殊社交关系获得内部消息，以增进信息沟通，这种现象在信息获取成本高（信息环境差）的情况下更加显著，从而说明独立董事可以不处于信息劣势，而且能通过社交网络获得一定的信息优势。马苏里斯和莫布斯（Masulis and Mobbs, 2011）则指出现有大部分研究都把内部董事看成一个同质的群体（homogeneous group），所以推定其导致了代理成本。由于内部董事在外面担任董事席位可以提供更多的关于其他公司的有价值资源以及公司层面的信息，从而作者则认为内部董事的外部劳动力市场为区分内部董事治理效果提供了很好的方法。

首先，如果两个公司通过董事互相联结，那么公司间各自的私有信息就会通过直接或者间接的董事连锁网络关系来相互传递，进而基于信息的各种公司政策的趋同度增加（除了上述几章提及的会计政策和公司财务决策等，还有诸如现金持有、融资渠道和行为等各种信息的共享与传播），从而使两个公司间的特质信息更加趋同，基于信息累积的公司基本面情况的相关程度增大，这种公司间特质信息的趋同在资本市场中的表现便是公司两两之间的股价同步性提高。其次，如果从两两公司间的董事连锁网络关系视角拓展到整个上市公司整体董事网络角度，如果某公司的董事处于整个董事网络的中心位置，那么与市场中的其他上市公司的联结和互动都强于不处在中心位置的公司董事，所以如果公司网络嵌入性高，那么与整个市场的股价同步性 R^2 也越高，即从整个资本市场来看，如果公司的董事网络嵌入性较强，那么应该能看到与市场的股价同步性的增强。这意味着资本市场中的投资者认可了其作为信息的传递渠道。

基于此，本章提出以下两个假说：

H1：如果两个公司之间具有（直接或间接的）董事连锁网络关系，那么互相的股价同步性将增强。

H2：如果公司的董事网络嵌入性较高，那么该公司相对于市场的股价同步性更高。

5.4 研 究 设 计

5.4.1 研究模型和变量定义

（1）为了检验董事连锁网络关系与公司间两两股价同步性的影响。在对偶模型中，两两公司的股价同步性是两个公司的股票价格在同一周内向同一个方向变动的数量。借鉴肯纳和托马斯（2009），本书对公司与公司两两之间的股价同步性衡量模型如下：

$$\text{Fre}_{i,j} = \frac{\sum_t (n_{i,j,t}^{\text{up}} + n_{i,j,t}^{\text{down}})}{T_{i,j}}$$

$$\text{Corr}_{i,j} = \frac{\text{Cov}(i, j)}{\sqrt{\text{Var}(i) \cdot \text{Var}(j)}}$$

$\text{Fre}_{i,j}$ 主要关注的是两个公司股价同步方向的数量之和，其中 $n_{i,j,t}^{\text{up}}$ 为两个公司的周股票收益都为正的次数，$n_{i,j,t}^{\text{down}}$ 衡量了周股票收益都为负的次数。$T_{i,j}$为一年中计算$f_{i,j}$所用的两个公司的周数据的数量（考虑到节假日、重大政策等各种因素的停牌，周数量可能少于54）。而$C_{i,j}$同时反映了两个公司的股价收益率在方向和程度上的同步性，其中：$Cov(i, j)$是公司i和公司j的周股票收益率在同一年度内的协方差，$Var(i)$和$Var(j)$分别是公司i和公司j的周股票收益率的方差。在计算出$f_{i,j}$和$C_{i,j}$之后，本章构建回归模型如下：

$$\text{Fre}_{i,j} \text{ or } \text{Corr}_{i,j} = \alpha_0 + \alpha_1 \text{Network}_{i,t} + \text{Controls}_{i,t} + \varepsilon_{i,t} \qquad (5-1)$$

其中 $\text{Network}_{i,t}$为公司董事网络指标，本章用 Network_dummy 和 N2 衡量，N1 为董事直接或者间接连锁网络关系，t 年配对公司是否具有直接或间接连锁关系哑变量，存在直接或间接连锁关系为 1，否则为 0；Network 为董事网络强度变量，等于 t 年配对公司形成直接和间接董事连锁网络关系的强度之和的对数。本章将控制两公司是否属于同一行业、规模差异、收益差异等基本面特征。

（2）为了检验董事网络嵌入性对公司相对于整个市场的股价同步性的影响。某个公司个体对整个市场股价同步性的衡量则借鉴杜奈等（Durnev，2003）、王亚平等（2009）、许年行等（2011），构建如下模型：

$$r_{i,t} = \beta_0 + \beta_1 r_{m,t} + \beta_1 r_{I,t} + \eta_{i,t}$$

$$\text{SYN}_i = \ln\left(\frac{R_i^2}{1 - R_i^2}\right)$$

其中，$r_{i,t}$为个股i第t周的收益率，$r_{m,t}$为市场指数第t周的收益率，$r_{I,t}$为行业I第t周的收益率，度量方法为：$r_{I,t} = \dfrac{\sum_{j \in I} w_{j,t} \times r_{j,t}}{\sum_{j \in I} w_{j,t}}$，其中$w_{j,t}$为股票$j$在行业$I$中的权重，用 A 股流通市值来度量。将每个年度的研究期间定义为该年度 5 月第一个交易日至次年度 4 月最后一个交易日。R^2为回归模型中的拟合系数，可以理解为公司股票价格的变动被市场波动所解释的部分。并对R^2进行对数化使之呈正态分布，SYN_i即为股价同步性的衡量指标。

$$\text{SYN}_i = \alpha_0 + \alpha_1 \text{Network}_{i,t} + \text{Controls}_{i,t} + \varepsilon_{i,t} \qquad (5-2)$$

本章用公司 t−1 年的网络中心度来表征董事网络嵌入性（$\text{Network}_{i,t}$）。参照默克等（2000）和李增泉等（2005）的研究，控制变量选取如下：非正常应计利润、分析师跟踪人数、周换手率（成交股数与流通股本的比值）、最终控制人性质、第一大股东持股比例、投资者保护程度、公司规模、ROE、MB、行业、年份。具体变量定义如表 5 - 1 所示。

表 5 - 1　　　　　　　　　　变量定义

变量名称	符号	变量定义
Pair Level（配对层面）		
Co-movement（同步性指标）	Fre	t 年配对公司的股价同步方向的数量之和，借鉴肯纳和托马斯（2009）
	Corr	t 年配对公司的股价收益率在方向和程度上的同步性，借鉴肯纳和托马斯（2009）
Board Network（董事网络指标）	Network_dummy	t 年配对公司是否具有直接或间接连锁关系哑变量，存在直接或间接连锁关系为 1，否则为 0
	Network	t 年配对公司形成直接和间接董事连锁网络关系的强度之和的对数
	Direct_Network_dummy	t 年配对公司是否具有直接连锁关系哑变量，存在直接连锁关系为 1，否则为 0
	Indirect_Network_dummy	t 年配对公司是否具有间接连锁关系哑变量，存在路径为 2 的间接连锁关系为 1，否则为 0
	Direct_Network	t 年配对公司形成直接董事连锁网络关系的强度的对数
	Indirect_Network	t 年配对公司形成路径为 2 的间接董事连锁网络关系的强度的对数
	Direct_Type	t 年配对公司的直接董事连锁网络全部都是由独立董事形成的为 1，否则为 0
	Indirect_Type	t 年配对公司的间接董事连锁网络全部都是由独立董事形成的为 1，否则为 0
Information Environment（信息环境指标）	Info_mean	t 年配对的两个公司的分析师跟踪总人数小于所有配对公司分析师跟踪人数的均值则为 1（信息环境差），否则为 0
	Info_median	t 年配对的两个公司的分析师跟踪总人数小于所有配对公司分析师跟踪人数的中位数则为 1（信息环境差），否则为 0

变量名称	符号	变量定义
Board Network Broken（董事网络断裂指标）	After_D	配对公司的连锁董事死亡后的期间为1，死亡前为0
	Nerwork_C	曾因死亡的连锁董事而存在董事网络关系的配对样本为1，否则为0
	Direct_Break_2001	2001年配对公司董事网络直接关系断裂的为1，否则为0
	Inirect_Break_2001	2001年配对公司董事网络间接关系断裂的为1，否则为0
	Network_Break_2001	2001年配对公司董事网络直接或间接关系断裂的为1，否则为0
Control Variable（控制变量）	AverAge	t年配对公司董事长、总经理和董事的平均年龄的自然对数
	AverEdu	t年配对公司董事长、总经理和董事的平均教育水平的自然对数
	AverCore	t年配对公司董事长、总经理和董事的平均人数的自然对数
	AverPub	t年配对公司的上市平均年龄的自然对数
	Sameind	t年配对公司如果在同一行业则为1，否则为0
	Year	年度哑变量
	Pair	每两个公司形成一个配对
Firm Level（公司层面）		
Co-movement（同步性指标）	SYN	借鉴等（Durnev，2003）、王亚平等（2009）、许年行等（2011），衡量某个公司个体与整个市场的股价同步性
Board Network（董事网络指标）	Score_Median	董事网络中心度中位数
	Score_Mean	董事网络中心度均值
	Score_Min	董事网络中心度最小值
	Score_Max	董事网络中心度最大值

续表

变量名称	符号	变量定义
Control Variable （控制变量）	Size	公司规模
	Lev	资产负债率
	Roe	净资产收益率
	MB	市值账面比
	Abs_DA	修正琼斯模型的操作性应计的绝对值
	Analyst	分析师跟踪人数
	Fshr	第一大股东持股比例
	Turnoverrate	周平均换手率
	Soe	国企为1，否则为0

5.4.2　样本和数据

本章的样本为 2000~2012 的 A 股上市公司。样本筛选过程如下：第一步，从 CSMAR、WIND 数据库里寻找董事资料和财务数据，对董事的信息进行手工区分整理，对所有董事的背景资料进行一一核对，根据董事的背景等信息，手工区分同名的董事是否为同一个人，并赋予唯一的代码；第二步，通过对每个董事所在的公司进行两两配对，剔除重复值后得到具有直接连锁关系的配对公司样本，产生直接连锁关系变量；第三步，在具有直接连锁关系的配对公司样本的基础上得到具有间接连锁关系的配对公司样本，产生间接连锁关系变量；第四步，对每个公司进行两两配对得到所有的配对公司样本，将其与第二步和第三步的具有董事连锁网络关系的样本进行合并后，得到本章最终的配对公司的样本。在剔除了金融类、ST、董事资料、投资趋同程度等数据缺失的样本后，共有配对公司层面的观测为 16382137 个，配对的样本分布如表 5-2 所示；公司层面的观测共为 11199 个。本章对连续变量进行了上下 1% 的 winsorize 缩尾处理。

表 5-2　　　　　　　　　　　　　配对样本分布

Year	Full	Network_dummy = 0	Network_dummy = 1
(1)	(2)	(3)	(4)
2000	537296	536173	1123
2001	637267	636030	1237

续表

Year	Full	Network_dummy = 0	Network_dummy = 1
(1)	(2)	(3)	(4)
2002	710106	706721	3385
2003	783770	778030	5740
2004	900094	893390	6704
2005	903915	897354	6561
2006	971696	965342	6354
2007	1109806	1102075	7731
2008	1220732	1211545	9187
2009	1363052	1351342	11710
2010	1923651	1910684	12967
2011	2550505	2537074	13431
2012	2770247	2744694	25553
Total	16382137	16270454	111683

5.5 实 证 结 果

5.5.1 描述性统计和相关系数分析

首先，主要变量的描述性统计如表 5 - 3 所示：从表 5 - 3 可以看出股价同步性（Fre）的均值为 0.659，最小值为 0.000，最大值为 1.000；股价同步性（Corr）的均值为 0.026，最小值为 - 4.546，最大值为 2.273；这些说明中国资本市场的两两公司之间股价同步性存在较大的差异。主要解释变量董事连锁网络关系和董事连锁网络关系强度的均值小于 0.1%，这说明一旦把每个公司置身于公司网络之中，通过董事连锁网络关系和其他公司取得联系的这种网络关系资源是稀缺的，突出了本章研究董事连锁网络关系对配对公司间投资趋同的意义。此外，公司层面的股价同步性和董事网络嵌入性在不同公司之间也存在较大差别。

表 5 - 3 　　　　　　　　　　　**主要样本描述性统计**

Panel A: Pair Level

Variable	N	Mean	Sd	Min	P25	P50	P75	Max
Fre	16382137	0.659	0.098	0.000	0.607	0.667	0.720	1.000
Corr	16308825	0.026	0.018	- 4.546	0.016	0.024	0.032	2.273
Network_dummy	16382137	0.007	0.082	0.000	0.000	0.000	0.000	1.000
Network	16382137	0.005	0.064	0.000	0.000	0.000	0.000	3.258
Direct_Network_dummy	16382137	0.002	0.041	0.000	0.000	0.000	0.000	1.000
Direct_Network	16382137	0.001	0.030	0.000	0.000	0.000	0.000	2.565
Indirect_Network_dummy	16382137	0.005	0.073	0.000	0.000	0.000	0.000	1.000
Indirect_Network	16382137	0.004	0.057	0.000	0.000	0.000	0.000	3.091
Info	15440236	0.086	0.281	0.000	0.000	0.000	0.000	1.000
AverAge	16382137	3.855	0.053	3.539	3.821	3.858	3.892	4.106
AverEdu	16382137	1.135	0.066	0.669	1.099	1.117	1.179	1.459
AverCore	16382137	2.892	0.166	2.303	2.773	2.890	2.996	3.466
AverPub	16382137	1.854	0.670	- 0.693	1.609	2.015	2.303	3.091
Sameind	16382137	0.077	0.266	0.000	0.000	0.000	0.000	1.000

Panel B: Difference Tests (Pair Level)

	Network_dummy = 0			Network_dummy = 1			MeanDiff	WALD CHI2
	N	Mean	Median	N	Mean	Median		
Fre	16270454	0.659	0.667	111683	0.667	0.667	- 0.008 ***	542.570 ***
Corr	16197457	0.026	0.024	111368	0.027	0.025	- 0.001 ***	245.787 ***
Info	15330504	0.086	0.000	109732	0.059	0.000	0.028 ***	1051.027 ***
AverAge	16270454	3.855	3.858	111683	3.869	3.871	- 0.014 ***	4633.913 ***
AverEdu	16270454	1.135	1.117	111683	1.149	1.135	- 0.014 ***	2428.772 ***
AverCore	16270454	2.892	2.890	111683	2.950	2.944	- 0.059 ***	8259.819 ***
AverPub	16270454	1.853	2.015	111683	1.969	2.079	- 0.116 ***	3413.645 ***
Sameind	16270454	0.076	0.000	111683	0.116	0.000	- 0.039 ***	2421.714 ***

Panel C：Firm Level

Variable	N	Mean	Sd	Min	P25	P50	P75	Max
SYN	11199	-0.046	0.880	-2.621	-0.532	-0.004	0.506	1.799
Score_Median	11199	3.544	2.760	0.000	1.000	3.000	5.750	9.000
Score_Mean	11199	4.040	2.747	0.000	1.750	4.000	6.250	9.000
Score_Min	11199	4.018	2.760	0.000	1.500	4.000	6.250	9.000
Score_Max	11199	2.771	2.146	0.000	1.000	2.250	4.000	9.000
Size	11199	21.360	1.268	18.820	20.520	21.180	22.010	25.820
Lev	11199	0.476	0.239	0.049	0.311	0.469	0.619	1.533
Roe	11199	0.061	0.184	-1.016	0.026	0.074	0.127	0.595
MB	11199	0.685	0.305	0.130	0.504	0.675	0.832	2.362
Abs_DA	11199	0.066	0.066	0.000	0.020	0.045	0.088	0.315
Analyst	11199	14.100	15.410	0.000	3.000	9.000	20.000	72.000
Fshr	11199	38.890	16.490	8.960	25.840	36.910	51.280	76.950
Turnoverrate	11199	58.280	45.090	4.529	23.320	45.890	81.280	204.700
Soe	11199	0.614	0.487	0.000	0.000	1.000	1.000	1.000

其次，主要控制变量的 Pearson 相关性分析如表 5 -4 所示：董事连锁网络关系、董事连锁网络关系强度与股价同步性（Fre，Corr）都在 1% 的显著性水平下显著正相关，也就是说配对的董事连锁网络关系提高了两两公司之间的股价同步性，初步验证了本章的假设。其他控制变量间的 Pearson 相关系数未报告，但均在 0.5 以下，说明各控制变量间不存在严重的多重共线性。

表 5 -4 主要变量相关性分析

Variable	Fre	Corr	Network_dummy	Network	Direct_Network_dummy	Direct_Network	Indirect_Network_dummy	Indirect_Network
Fre	1							
Corr	0.510 ***	1						
Network_dummy	0.012 ***	0.013 ***	1					

续表

Variable	Fre	Corr	Network_dummy	Network	Direct_Network_dummy	Direct_Network	Indirect_Network_dummy	Indirect_Network
Network	0.012 ***	0.013 ***	0.969 ***	1				
Direct_Network_dummy	0.007 ***	0.008 ***	0.501 ***	0.507 ***	1			
Direct_Network	0.007 ***	0.009 ***	0.495 ***	0.514 ***	0.988 ***	1		
Indirect_Network_dummy	0.011 ***	0.011 ***	0.884 ***	0.871 ***	0.075 ***	0.077 ***	1	
Indirect_Network	0.011 ***	0.011 ***	0.858 ***	0.898 ***	0.088 ***	0.094 ***	0.971 ***	1

注：括号里是 t 值，***、**、* 表示在 1%、5%、10% 的显著性水平下显著。

5.5.2　回归分析

主要回归结果见表 5 - 5 ~ 表 5 - 7。

表 5 - 5　　　　　　　　董事网络综合指标回归结果

Variable	Co - movement			
	Fre		Corr	
Network_dummy	0.002 *** (4.53)		0.000 *** (5.45)	
Network		0.003 *** (5.39)		0.001 *** (6.44)
AverAge	0.032 *** (26.29)	0.032 *** (26.28)	0.004 *** (19.59)	0.004 *** (19.58)
AverEdu	0.005 *** (5.44)	0.005 *** (5.43)	− 0.001 *** (− 8.91)	− 0.001 *** (− 8.92)
AverCore	0.006 *** (19.39)	0.006 *** (19.37)	0.002 *** (39.48)	0.002 *** (39.46)
AverPub	− 0.001 *** (− 5.39)	− 0.001 *** (− 5.39)	0.002 *** (99.21)	0.002 *** (99.22)

续表

Variable	Co – movement			
	Fre		Corr	
Sameind	0. 002 *** (7. 11)	0. 002 *** (7. 11)	0. 000 *** (8. 52)	0. 000 *** (8. 52)
Constant	0. 449 *** (92. 73)	0. 449 *** (92. 74)	− 0. 005 *** (−6. 60)	− 0. 005 *** (−6. 59)
Pair FE & Year FE	Y	Y	Y	Y
Observations	16382137	16382137	16308825	16308825
Adjusted R – squared	0. 18	0. 18	0. 36	0. 36
F Value	63028. 19 ***	63028. 66 ***	187960. 75 ***	187959. 92 ***

注：括号里是 t 值，*** 、** 、* 表示在 1% 、5% 、10% 的显著性水平下显著。

首先，表 5 – 5 列出了配对层面董事连锁网络综合指标的回归结果：董事连锁网络关系、董事连锁网络关系强度与股价同步性都显著正相关，这说明了当配对公司间存在董事连锁网络关系时，公司之间的股价同步性程度更高。

其次，表 5 – 6 列出了配对层面董事连锁直接网络和间接网络的回归结果：无论是董事直接连锁网络关系还是董事间接连锁网络关系与股价同步性都显著正相关，这说明当配对公司间存在董事（直接或间接）连锁网络关系时，公司之间的股价同步性程度更高。

最后，表 5 – 7 列出了公司层面董事网络嵌入程度的回归结果：董事网络中心度中位数、董事网络中心度均值、董事网络中心度最小值、董事网络中心度最大值都与股价同步性显著正相关，这说明了公司的董事网络嵌入程度越高，公司与整个资本市场之间的股价同步性程度更高。

综上所述，表 5 – 5 ~ 表 5 – 7 的结果均验证了本章的假说。结果表明：一方面，董事连锁网络关系形成了两个信息之间交流的"媒介"，促进了两个公司间信息的无形交流共享，增加公司之间的股价同步性。另一方面，具有连锁网络关系的董事在董事连锁网络中的整体实力较强，如果公司的董事网络嵌入程度更高，和其他公司之间的信息共享可能更多，导致其和整个资本市场更高的股价同步性。

表5-6　董事直接（间接）网络回归结果

Variable	Co-movement							
	Fre				Corr			
Direct_Network_dummy	0.002*** (2.72)				0.000** (2.43)			
Indirect_Network_dummy		0.002*** (4.01)				0.000*** (5.53)		
Direct_Network			0.004*** (2.88)				0.001*** (2.74)	
Indirect_Network				0.003*** (4.83)				0.001*** (6.20)
AverAge	0.032*** (26.30)	0.032*** (26.29)	0.032*** (26.30)	0.032*** (26.29)	0.004*** (19.61)	0.004*** (19.59)	0.004*** (19.61)	0.004*** (19.58)
AverEdu	0.005*** (5.46)	0.005*** (5.44)	0.005*** (5.46)	0.005*** (5.44)	-0.001*** (-8.88)	-0.001*** (-8.91)	-0.001*** (-8.88)	-0.001*** (-8.91)
AverCore	0.006*** (19.44)	0.006*** (19.41)	0.006*** (19.44)	0.006*** (19.39)	0.002*** (39.54)	0.002*** (39.48)	0.002*** (39.53)	0.002*** (39.47)
AverPub	-0.001*** (-5.40)	-0.001*** (-5.39)	-0.001*** (-5.40)	-0.001*** (-5.39)	0.002*** (99.21)	0.002*** (99.21)	0.002*** (99.21)	0.002*** (99.22)

续表

Variable	Co-movement							
	Fre				Corr			
Sameind	0.002*** (7.11)	0.002*** (7.11)	0.002*** (7.11)	0.002*** (7.11)	0.000*** (8.52)	0.000*** (8.53)	0.000*** (8.52)	0.000*** (8.53)
Constant	0.449*** (92.71)	0.449*** (92.73)	0.449*** (92.71)	0.449*** (92.73)	-0.005*** (-6.64)	-0.005*** (-6.60)	-0.005*** (-6.64)	-0.005*** (-6.60)
Pair FE & Year FE	Y	Y	Y	Y	Y	Y	Y	Y
Observations	16382137	16382137	16382137	16382137	16308825	16308825	16308825	16308825
Adjusted R-squared	0.18	0.18	0.18	0.18	0.36	0.36	0.36	0.36
F Value	63026.41***	63028.04***	63026.53***	63028.31***	187957.07***	187957.64***	187957.28***	187956.17***

注：括号里是 t 值，***、**、* 表示在 1%、5%、10% 的显著性水平下显著。

118

表5-7　　　　　　　　　　董事网络嵌入性回归结果

Variable	SYN			
	Score_Median	Score_Mean	Score_Min	Score_Max
Network_Score	0. 005 * （1. 88）	0. 005 * （1. 93）	0. 007 ** （2. 22）	0. 005 * （1. 94）
Size	0. 137 *** （15. 33）	0. 137 *** （15. 27）	0. 136 *** （15. 11）	0. 137 *** （15. 26）
Lev	- 0. 412 *** （ - 10. 67）	- 0. 412 *** （ - 10. 67）	- 0. 412 *** （ - 10. 67）	- 0. 412 *** （ - 10. 67）
Roe	- 0. 317 *** （ - 6. 24）	- 0. 317 *** （ - 6. 24）	- 0. 316 *** （ - 6. 23）	- 0. 317 *** （ - 6. 24）
MB	0. 066 * （1. 71）	0. 066 * （1. 71）	0. 068 * （1. 76）	0. 066 * （1. 71）
Abs_DA	- 0. 663 *** （ - 6. 10）	- 0. 662 *** （ - 6. 09）	- 0. 661 *** （ - 6. 08）	- 0. 662 *** （ - 6. 09）
Analyst	- 0. 000 （ - 0. 53）	- 0. 000 （ - 0. 53）	- 0. 000 （ - 0. 51）	- 0. 000 （ - 0. 52）
Fshr	- 0. 002 *** （ - 4. 40）	- 0. 002 *** （ - 4. 41）	- 0. 002 *** （ - 4. 32）	- 0. 002 *** （ - 4. 41）
Turnoverrate	- 0. 000 *** （ - 2. 66）	- 0. 000 *** （ - 2. 66）	- 0. 000 *** （ - 2. 63）	- 0. 000 *** （ - 2. 66）
Soe	0. 106 *** （7. 03）	0. 106 *** （7. 03）	0. 105 *** （6. 93）	0. 106 *** （7. 03）
Constant	- 2. 584 *** （ - 14. 36）	- 2. 583 *** （ - 14. 34）	- 2. 564 *** （ - 14. 19）	- 2. 582 *** （ - 14. 33）
N	11199	11199	11199	11199
R2_A	0. 08	0. 08	0. 08	0. 08
F	33. 33 ***	33. 38 ***	33. 44 ***	33. 41 ***

注：括号里是 t 值，***、**、* 表示在1%、5%、10%的显著性水平下显著。

5.5.3　进一步分析

（1）董事网络、信息环境与股价同步性。如果一个地区的信息环境很差，董事网络对股价同步性的影响可能会被抑制，虽然前一章的研究发现在制度环境差的地区，董事网络带来的政策趋同效用更加明显，但信息环境较差的地区本来公司的特质信息就较少，该地区的股价同步性本来就很高，董事网络对股价同步性的影响可能较小。但如果一个地区的信息环境很好，该地区的股价同步性本来就较低，一旦两个公司之间存在董事网络，两个公司间的特质信息将可能更加趋同，公司之间的股价同步性将更可能出现明显提高。而分析师作为市场的中介之一，在企业和市场之间扮演着非常重要的信息传递渠道的角色。因此，本章以分析师人数作为公司信息环境的代理变量，主要回归结果见表5-8。

从表5-8的回归结果可以看出：交互项与股价同步性显著负相关，这表明相比于信息环境差的地区，信息环境好的地区的董事连锁网络关系以及董事网络嵌入性对股价同步性的影响更加明显。

（2）董事类别、信息环境与股价同步性。考虑到内部董事和外部董事在信息获取、专业知识等不同的影响，内外部董事可能带来不同的信息环境，本章进一步检验独立董事连锁网络关系和非独立董事连锁网络关系对配对公司间股价同步性的影响。本章只选取了拥有董事直接连锁网络关系的配对样本（因为董事间接连锁网络关系涉及了两个以上的公司，较难判定其董事连锁网络的类型），主要回归结果见表5-9。

从表5-9可以看出，董事直接连锁网络关系类型与股价同步性都显著负相关；而且其结果主要存在于信息环境好的样本里。这说明非独立董事连锁网络关系对公司间股价同步性的影响更大，可能是因为如果两个公司之间的连锁董事不全是独立董事时，存在某些董事至少在一个公司担任内部董事，这些内部董事能够了解到公司层面更多的信息，更能发挥董事连锁网络的信息传递的功能。这表明独立董事连锁网络关系和非独立董事连锁网络关系对公司间股价同步性的影响存在显著区别。

表 5 – 8　董事网络、信息环境和股价同步性

Variable	Info – median		Info – mean	
	Fre	Corr	Fre	Corr
Network_dummy	0.002 *** (4.84)	0.000 *** (5.05)	0.002 *** (4.88)	0.000 *** (5.21)
Network_dummy * Info	-0.009 *** (-3.82)	-0.000 (-0.24)	-0.007 *** (-3.67)	-0.000 (-0.81)
Network	0.003 *** (5.75)	0.001 *** (6.05)	0.003 *** (5.80)	0.001 *** (6.20)
Network × Info	-0.011 *** (-4.01)	-0.000 (-0.73)	-0.010 *** (-3.90)	-0.000 (-1.18)
Info	-0.002 *** (-13.22)	-0.002 *** (-91.76)	-0.003 *** (-19.45)	-0.002 *** (-105.86)
AverAge	0.027 *** (20.79)	0.004 *** (18.11)	0.027 *** (20.66)	0.004 *** (17.78)
AverEdu	0.005 *** (5.65)	-0.001 *** (-4.20)	0.005 *** (5.62)	-0.001 *** (-4.37)
AverCore	0.008 *** (26.59)	0.002 *** (44.24)	0.008 *** (26.47)	0.002 *** (43.80)

续表

Variable	Info - median				Info - mean			
	Fre		Corr		Fre		Corr	
AverPub	-0.003*** (-13.26)	-0.003*** (-13.25)	0.002*** (67.83)	0.002*** (67.83)	-0.003*** (-15.27)	-0.003*** (-15.27)	0.002*** (60.58)	0.002*** (60.58)
Sameind	0.002*** (5.37)	0.002*** (5.37)	0.000*** (5.96)	0.000*** (5.95)	0.002*** (5.34)	0.002*** (5.33)	0.000*** (5.90)	0.000*** (5.90)
Constant	0.553*** (103.84)	0.553*** (103.85)	-0.004*** (-5.02)	-0.004*** (-5.01)	0.555*** (104.16)	0.555*** (104.17)	-0.004*** (-4.13)	-0.004*** (-4.12)
Pair FE & Year FE	Y	Y	Y	Y	Y	Y	Y	Y
Observations	15440236	15440236	15375476	15375476	15440236	15440236	15375476	15375476
Adjusted R - squared	0.21	0.21	0.43	0.43	0.17	0.17	0.37	0.37
F Value	40427.87***	40427.74***	111268.04***	111268.74***	51180.37***	51181.03***	170041.25***	170040.26***

注：括号里是 t 值，***、**、* 表示在 1%、5%、10% 的显著性水平下显著。

表5-9 董事类别、信息环境和股价同步性

Variable	Full Fre	Full Corr	Info=0 Fre	Info=0 Corr	Info=1 Fre	Info=1 Corr
Direct_Type	−0.019** (−2.45)	−0.004** (−2.24)	−0.014* (−1.77)	−0.004* (−1.78)	−0.009 (−1.22)	−0.001 (−1.08)
Indirect_Type	−0.005*** (−3.50)	−0.002 (−0.26)	−0.002 (−0.24)	−0.004** (−2.36)	−0.004 (−0.57)	−0.000 (−0.29)
AverAge	0.173*** (3.52)	0.176*** (4.80)	0.184*** (3.53)	0.173*** (4.56)	0.040 (0.85)	−0.016** (−2.47)
AverEdu	0.02 (0.71)	−0.017 (−0.81)	0.003 (0.09)	−0.014 (−0.62)	−0.092*** (−2.92)	−0.012** (−2.54)
AverCore	0.037*** (3.47)	0.048*** (6.38)	0.036*** (3.40)	0.048*** (6.20)	0.005 (0.38)	−0.001 (−0.50)
AverPub	0.009* (1.95)	0.014*** (4.11)	0.006 (1.20)	0.017*** (4.33)	−0.005** (−2.10)	−0.002*** (−3.29)
Sameind	0.007 (0.79)	0.004 (0.54)	0.01 (1.01)	0.001 (0.07)	0.009 (1.23)	0.002** (2.28)

续表

Variable	Full				Info = 0				Info = 1			
	Fre		Corr		Fre		Corr		Fre		Corr	
Constant	-0.162 (-0.86)	0.198*** (6.70)	0.103*** (2.75)	-0.168 (-1.18)	-0.173 (-0.87)	-0.162 (-1.10)	0.143*** (3.38)	0.220*** (6.89)	0.644*** (2.60)	0.609*** (3.40)	0.032 (0.85)	0.106*** (4.20)
Pair FE & Year FE	Y	Y	Y	Y	Y	Y	Y	Y	Y	Y	Y	Y
Observations	28103	87180	28016	87413	25578	81306	25538	81197	1714	4909	1674	4789
Adjusted R-squared	0.19	0.16	0.13	0.19	0.19	0.18	0.12	0.15	0.00	0.00	0.01	0.01
F Value	10.85***	9.20***	4.14***	25.75***	8.89***	25.69***	2.88***	8.11***	1.17	2.50**	3.63***	6.23***

注：括号里是 t 值，***、**、* 表示在 1%、5%、10 的显著性水平下显著。

5.5.4　稳健性检验

对于可能存在的内生性问题，最好的方法就是找到一个外生的冲击事件作为自然实验，本章则以董事死亡作为外生事件，通过双重差分模型（DID approach）来检验董事死亡伴随的董事网络关系是否影响公司的股价同步性：本章手工整理了样本区间去世的董事，并剔除因跳楼等非自然死亡的董事，共得到 61 名去世的董事，其中具有董事连锁网络关系的有 10 名。本章从所有配对样本中选取包含这些去世的董事生前所任职的公司的配对样本，设置去世董事连锁网络关系变量（Nerwork_C），曾因死亡的连锁董事而存在董事网络关系的配对样本为 1，否则为 0；以董事死亡的时间为零点，设置董事死亡与否哑变量（After_D）：董事死亡后的年份为 1，董事死亡前的年份为 0。本章分别选取董事死亡前后 1 年、2 年和 3 年的区间，进行回归分析，主要回归结果见表 5 - 10。从表 5 - 10 可以看出，交互项都显著为负，这表明在董事死亡后，之前有直接或间接连锁网络关系的董事其所在的配对公司的股价同步性的显著降低。

表 5 - 10　　　　　　　　　　稳健性检验 1

Variable	Window = [-1；+1]		Window = [-2；+2]		Window = [-3；+3]	
	Fre	Corr	Fre	Corr	Fre	Corr
After_D	- 0. 009 *** (- 18. 20)	- 0. 004 *** (- 58. 69)	- 0. 009 *** (- 24. 10)	- 0. 008 *** (- 126. 84)	- 0. 009 *** (- 25. 51)	- 0. 010 *** (- 163. 09)
Nerwork_C	- 0. 004 (- 0. 65)	- 0. 001 (- 1. 47)	- 0. 008 * (- 1. 72)	- 0. 001 (- 0. 58)	- 0. 012 *** (- 2. 97)	- 0. 002 *** (- 3. 13)
Nerwork_ C × After_D	- 0. 022 ** (- 2. 58)	- 0. 003 ** (- 2. 40)	- 0. 015 ** (- 2. 14)	- 0. 004 *** (- 3. 58)	- 0. 012 * (- 1. 76)	- 0. 001 (- 1. 25)
AverAge	- 0. 021 *** (- 3. 91)	- 0. 015 *** (- 19. 15)	0. 029 *** (7. 38)	- 0. 014 *** (- 20. 04)	0. 033 *** (9. 12)	- 0. 013 *** (- 18. 91)
AverEdu	- 0. 078 *** (- 20. 95)	- 0. 008 *** (- 14. 77)	- 0. 051 *** (- 17. 91)	- 0. 001 ** (- 2. 16)	- 0. 059 *** (- 23. 37)	- 0. 009 *** (- 19. 25)

续表

Variable	Window = [−1；+1]		Window = [−2；+2]		Window = [−3；+3]	
	Fre	Corr	Fre	Corr	Fre	Corr
AverCore	0.003 ** (1.99)	−0.001 *** (−6.50)	−0.011 *** (−9.56)	−0.005 *** (−23.43)	−0.016 *** (−15.58)	−0.007 *** (−37.49)
AverPub	−0.004 *** (−8.34)	−0.000 (−0.23)	−0.001 *** (−4.01)	0.001 *** (16.51)	0.001 ** (2.33)	0.002 *** (38.76)
Sameind	0.014 *** (16.15)	0.002 *** (13.12)	0.013 *** (18.30)	0.002 *** (17.57)	0.012 *** (18.37)	0.002 *** (17.46)
Constant	0.845 *** (41.78)	0.099 *** (34.34)	0.655 *** (44.24)	0.097 *** (37.90)	0.660 *** (49.25)	0.108 *** (43.98)
Pair FE	Y	Y	Y	Y	Y	Y
Observations	132797	132461	224982	224418	286344	285567
Adjusted R−squared	0.01	0.03	0.01	0.07	0.01	0.09
F Value	170.40 ***	631.81 ***	184.53 ***	2327.31 ***	238.29 ***	3859.14 ***

注：括号里是 t 值，***、**、* 表示在 1%、5%、10% 的显著性水平下显著。

除了以董事死亡作为内生性检验之外，本章还进一步检验配对公司间的董事连锁网络关系从有到无的变化，对配对公司间股价同步性的影响，主要回归结果见表 5−11。从表 5−11 可以看出，董事直接连锁网络关系的断裂与股价同步性显著负相关，这说明当配对公司间的董事（直接或间接）连锁网络关系断裂时，之前有直接或间接连锁网络关系的董事其所在的配对公司的股价同步性显著降低。

表 5−11   稳健性检验 2

Variable	Co−movement			
	Fre		Corr	
Direct_Break_2001	−0.009 (−1.10)		−0.001 (−1.11)	

续表

Variable	Co-movement					
	Fre			Corr		
Inirect_ Break_2001	−0.011 * (−1.83)			−0.001 ** (−2.14)		
Network_ Break_2001		−0.010 ** (−2.13)			−0.001 * (−1.87)	
AverAge	0.113 * (1.73)	0.183 *** (3.49)	0.158 *** (3.77)	0.009 (1.41)	0.008 (1.49)	0.010 ** (2.50)
AverEdu	0.287 (1.01)	0.201 (0.76)	0.221 (1.06)	0.049 (1.60)	0.048 * (1.79)	0.050 ** (2.32)
AverCore	−0.016 (−0.64)	−0.043 ** (−2.26)	−0.029 * (−1.91)	−0.003 (−1.21)	−0.001 (−0.81)	−0.002 (−1.07)
AverPub	−0.008 (−1.06)	−0.020 *** (−2.88)	−0.015 *** (−2.83)	−0.003 *** (−3.46)	−0.003 *** (−4.58)	−0.003 *** (−5.68)
Sameind	0.012 (1.18)	0.012 (1.23)	0.011 (1.52)	0.001 (0.99)	0.001 (1.20)	0.001 (1.25)
Constant	−0.048 (−0.12)	−0.124 (−0.36)	−0.099 (−0.35)	−0.058 (−1.34)	−0.053 (−1.54)	−0.066 ** (−2.35)
Pair FE	Y	Y	Y	Y	Y	Y
Observations	482	685	1135	482	685	1135
Adjusted R-squared	0.01	0.03	0.02	0.03	0.04	0.04
F Value	1.26	4.32 ***	4.98 ***	3.32 ***	5.01 ***	7.77 ***

注：括号里是 t 值，***、**、* 表示在 1%、5%、10% 的显著性水平下显著。

最后，本书还将所有解释变量和控制变量滞后一期，以避免同期性偏见，回归结果见表 5 - 12，本章的主要结果依然存在。以上的这些结果都说明本章的结果不受内生性影响。

表 5 - 12 　　　　　　　　　　　**稳健性检验 3**

Variable	Co - movement			
	Fre		Corr	
Network_dummy_1	0.001 *** (3.63)		0.001 *** (8.90)	
Network_1		0.002 *** (4.21)		0.001 *** (9.44)
AverAge_1	0.008 *** (7.28)	0.008 *** (7.28)	0.003 *** (12.47)	0.003 *** (12.47)
AverEdu_1	0.020 *** (26.40)	0.020 *** (26.40)	0.003 *** (30.92)	0.003 *** (30.92)
AverCore_1	0.013 *** (46.50)	0.013 *** (46.49)	0.001 *** (32.95)	0.001 *** (32.93)
AverPub_1	- 0.004 *** (- 34.10)	- 0.004 *** (- 34.10)	0.000 *** (15.85)	0.000 *** (15.85)
Sameind_1	0.005 *** (16.35)	0.005 *** (16.35)	0.001 *** (14.22)	0.001 *** (14.22)
Constant	0.552 *** (124.93)	0.552 *** (124.93)	0.000 (0.45)	0.000 (0.46)
Pair FE & Year FE	Y	Y	Y	Y
Observations	16250474	16250474	16241670	16241670
Adjusted R - squared	105606.16 ***	105606.38 ***	287358.22 ***	287354.77 ***
F Value	0.20	0.20	0.42	0.42

注：括号里是 t 值，***、**、* 表示在 1%、5%、10% 的显著性水平下显著。

5.6　本章小结

　　在信息环境较差的中国资本市场里，中国整体的股价同步性程度较高，而且在中国的资本市场里，董事网络已经是一个普遍的现象。但目前的研究忽略了董事网络的信息传递效应。本章对此展开了相关的研究。

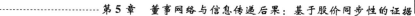
　　本章以 2000～2012 年的 A 股上市公司为样本，检验了董事网络对股价同步性的影响。结果发现：如果两个公司之间具有董事连锁网络关系，那么两个公司之间的股价同步性也更高。公司的董事网络嵌入性更高，其与整个资本市场的股价同步性也更高。进一步的研究还发现，相比于信息环境差的地区，信息环境好的地区的董事连锁网络关系以及董事网络嵌入性对股价同步性的影响更加明显。内部董事连锁网络关系对公司间股价同步性的影响更大，内部董事更能发挥董事连锁网络的信息传递的功能。在经过内生性检验后，本章的结论依旧不变。

第6章

董事网络与信息传递后果：
基于商业信用的证据

6.1 概　　述

　　本章基于董事的结构洞网络位置来衡量企业所处的网络嵌入性，从产品竞争市场"供应商—客户"关系中的谈判地位出发，用商业信用作为公司在竞争中的优势程度，研究董事网络与公司信息传递的经济后果。企业的经济行为嵌入社会网络（Granovetter，1985），其经营活动置身于一定的竞争场域（competitive arena），因此，在市场竞争中企业获得的竞争优势不仅是资源优势，更重要的是关系优势，这种关系优势能带来信任的产生、社会资源的获取和交易成本的降低（Burt，1992）。所以企业所处社会网络的结构位置差异对其经营的竞争力有直接影响，已有研究发现中国的企业家们积极地拓展自己在外部环境中的结构洞位置以获取有利的资源（Yang，2004）。而商业信用是企业在产品市场竞争中获取竞争优势的一个重要体现，成为检验企业获得的网络优势能否转化为经营效率的极佳"土壤"。商业信用作为基于信任关系达成的债务契约，会因交易双方的网络结构位置差别而导致谈判能力的区别。在社会网络中一个重要的因素便是网络结构的嵌入性，伯特（1992）首次提出了"结构洞"概念，认为在社会网络中某些个体之间存在无直接联系或关系间断的现象，从网络整体来看，好像网络结构中出现了洞穴。在结构洞存在的情况下将无直接联系的两者联结起来的第三者拥有信息优势和控制优势，从而对企业在市场中的竞争行为具有重要作用。但遗憾的是社会网络特别是结构洞视角与商业信用的交叉研究一直被学者忽略①，本章则试图对此展开探讨。

由于社会网络中的组织悬浮于由各种关系网络组成的环境中，其资源获取的渠道主要来自于所嵌入个人的具体网络，所以依据社会网络中"社会交互作用的度量可基于具体的行为人为基础进行建模"的论述（Jackson，2008），本章通过对企业决策具有重要影响的董事/高管的个体共同任职关系构建网络，基于此研究企业结构洞网络位置与商业信用的关系。本章利用2001~2011年A股上市公司数据构建了企业通过董事之间共同任职关系产生的董事网络，通过网络约束系数计算了不同企业的"结构洞"网络位置，进而研究了处于不同"结构洞"网络位置的上市公司获取商业信用以及使用商业信用成本的差别，实证结果发现，企业在所处的网络结构洞越丰富，能够获取的商业信用就越多，从而增强了其在产品市场上的竞争优势；同时结构洞越丰富的企业"商业信用—现金持有"敏感性越低，即商业信用的使用成本越低；进一步研究发现，结构洞位置对商业信用获取和使用成本的影响在竞争更为激烈的行业以及市场发展更充分的地区更加显著，这说明商业信用作为一种基于市场的契约，企业网络位置对其的作用在市场化因素下更强。此外本章还发现，结构洞网络位置对商业信用的影响更多地存在于信息环境较差、规模较大、上市年龄较久的公司中，且更多地存在于货币政策宽松时期。

本章可能的创新如下：首先，以往研究商业信用的文献基本上基于单个企业自身的属性特征角度，本章则从企业所处社会网络这种企业间的视角，从社会学的结构洞网络位置出发进行研究，不但发现结构洞网络位置能增强商业信用的获取，而且能降低其使用成本，还发现结构洞作用的发挥依赖于市场化的契约因素，从而有效拓展了现有商业信用文献。其次，社会网络和公司财务的交叉研究是国际领域近几年的热点（Engelberg et al.，2012；Cai and Sevilir，2012；Fracassi and Tate，2012；Larcker et al.，2013），但已有研究多数基于网络关系视角（如是否具有某种网络关系）

① 从社会学角度来看，社会网络同时包含了决策主体互动的网络关系和网络结构两部分（Granovetter，1992）。网络关系视角没有特别区分关系的产生是强联结关系还是弱联结关系，只是关注关系的有无和数量，但网络结构视角特别是结构洞位置把关系的类型进行了区分，更多地强调某个个体居于不同性质组织中的"桥梁连接"地位而获取的信息优势（两个组织的信息并不雷同，是差异化的信息）和控制优势（中介位置所产生的不同个体如果需联系必须经过处于中介位置的个体）。企业由董事联结而带来的网络结构嵌入性，注重的是个体在网络中的战略结构位置，强调的是"中介"和"桥梁"的作用。特别是"结构洞"这一在社会网络研究中非常频繁的网络结构位置类型。著名社会学教授（Granovetter，2005）也认为在很多情况下在竞争中最重要的不是某一类型的网络关系"质量"，而是出于不同网络中的"桥"的位置。也有学者发现公司网络对业绩的影响是通过结构洞网络结构而非直接网络关系而产生的（Zaheer and Bell，2005）。

来研究，而现有基于组织和战略等领域的网络结构文献大多基于某一个较小的样本，容易产生对企业所处的网络位置的"人为割裂"。本章则较早地从网络的"结构嵌入性"视角切入，用我国上市公司的大样本数据进行研究，并发现了企业所处"结构洞"位置的区别对公司财务行为具有显著影响。此外，结论还具有现实意义，在近几年资本市场和宏观经济的低迷时期，商业信用无论是作为替代性的融资方式还是市场竞争的手段，对企业的经营都至关重要，本章的结论意味着企业可以通过扩展自身在社会网络中的战略位置来获取商业信用优势，从而能在市场竞争中获得先机。

本章的后续安排如下：6.2节是文献综述，6.3节是制度背景和研究假设，6.4节是研究设计，6.5节是实证结果，6.6节是本章小结。

6.2 文 献 综 述

社会网络包含网络结构位置和网络关系强度两种视角。首先，从网络结构视角研究企业的文献主要集中于创新创业、战略和组织领域，已有研究发现企业在组织间网络中和管理层网络中的位置影响了企业的战略和绩效（Walker et al.，1997）、创新与创业（Rodan，2010）、市场份额（Baum et al.，2005；Shipilov et al.，2006）、专利数量（Ahuja，2000）、知识转移（Reagans and McEvily，2003）等。杨（Yang，2004）则指出在转型经济国家中特别是中国，企业家积极地拓展自己在外部环境中的结构洞位置以获取有利的资源。姚小涛和席酉民（2008）发现高层管理人员的咨询网络结构洞越多，企业应对行业正常变动的优势越明显。钱锡红等（2010）发现位于网络中心并占有丰富结构洞的企业在创新方面将更具优势。刘冰等（2011）采用中心度指标和结构洞指标对企业的网络位置进行测量，发现不同类型的冗余资源均与企业多元化程度显著正相关，而网络位置所发挥的调节作用却因冗余资源的类型而有所区别。上述文献大多基于某一个较小的样本，这容易产生对企业所处网络位置的"人为割裂"问题。其次，从网络关系强度角度的研究正在成为公司财务的热点[①]，如：弗拉卡西和泰特（2012）定义了公司董事和CEO在公司外的网络联系，并发现权力越大的CEO越可能任命与自己有网络联系的董事。恩格尔伯

[①] 详细的文献综述请参考：陈运森、谢德仁、黄亮华：《董事的网络关系与公司治理研究述评》，载《南方经济》2012年第12期，第84～93页。

格等（Engelberg et al.，2012）发现如果银行高管与公司高管有校友关系，那么企业获得的银行利率更低，未来业绩也更好，从而认为社会网络关系带来了更多的信息或更好的监督。拉克尔等（2013）发现拥有更处于中心位置的董事会能赚取更高的股票回报。陈运森和谢德仁（2011，2012）则用中国资本市场数据验证了居于网络中心位置的独立董事能提高公司的投资效率和高管激励。然而，上述文献诸如弗拉卡西和泰特（2012）、恩格尔伯格（2012）、拉克尔等（2013）更多的是偏重于对网络关系的存在性和强度的探讨（即是否存在网络关系，或者用网络中心度衡量的网络关系强度如何。国内的一些文献也基本如此，例如：陈运森和谢德仁，2011），而对网络结构的研究不足，也尚未有研究深入探讨企业结构洞网络位置对公司财务行为特别是商业信用的影响。然而，尽管从网络位置视角研究会计、公司财务和治理方面的文献较少，但作为社会网络的一个重要组成部分，这一分支显然不可忽视，格兰诺维特（2005）和杰克逊（2008）强调了网络结构位置对包括公司财务机制在内的企业经济后果的重要作用。米切尔（Mitchell，2005）发现了在公司组织内部 CEO 所占据的结构洞位置对公司治理效率具有重要影响，同时他也强调公司成员的结构洞位置是公司治理研究中的一个被忽略的因素（missing link in corporate governance），肖等（Shaw et al.，2005）则选择了结构洞位置（企业员工网络结构的一种）来探讨员工离职、社会资本散失对企业业绩的影响。查希尔和贝尔（Zaheer and Bell，2005）还发现公司网络对业绩的影响是通过结构洞网络结构而非直接网络关系产生的。因此本章尝试从企业结构洞位置与商业信用关系的视角来研究社会网络对公司财务行为的影响。

现有的商业信用研究集中于对替代性融资和买方市场理论的探讨，替代性融资理论认为企业提供和获取商业信用是对银行贷款的一种融资替代，而买方市场理论（Fabbri and Menichini，2010）则认为商业信用大量而普遍地存在主要是与买方（客户）强势、客户信用良好有关，供应商为了促使其产品尽快地销售，愿意为这些客户提供商业信用。余明桂和潘红波（2010）验证了在中国资本市场的商业信用竞争假说，同时发现私有企业比国有企业更多地以商业信用作为产品市场竞争手段。刘凤委等（2009）发现地区间信任差异将导致企业的签约形式显著不同，商业信用模式存在较大差异。陆正飞和杨德明（2011）发现在货币政策宽松期商业信用的大量存在符合买方市场理论，而在货币政策从紧时期替代性融资理论则可以解释我国资本市场商业信用大量存在的原因。刘仁伍和盛文军

（2011）发现在现行银行信贷体系下，非国有企业仍存在一定程度的信贷歧视，而商业信贷机制对于银行信贷体系具有显著的补充作用。吴等（Wu et al.，2012）则指出了应付账款和应收账款的不对称使用成本，并发现金融发展对商业信用使用成本有重要影响。综合来看，从企业间的网络视角研究商业信用获取和使用成本的文献尚缺，本章则从上市公司的大样本数据出发，试图同时结合这两者进行研究。

6.3　制度背景和研究假设

　　社会学家伯特在 1992 年的《结构洞：竞争的社会结构》定义了结构洞，他认为组织和个人的社会网络可以区分成两种类型：一是无洞的结构网络，也就是网络中任何个体与所有其他个体都有直接的联结关系，网络中任何两个个体之间都不存在关系间断的现象；二是有洞的结构网络，即网络中的某些个体与其他部分个体之间没有直接的联结关系，则在某些个体之间就出现了关系间断的现象，从网络整体来看，就好像网络结构中出现了洞穴，这就是"结构洞"。与无洞的密集网络相比，在充满结构洞的稀疏网络中，处于中心位置的行动者更有优势，原因在于关系稠密的网络中有大量的冗余信息，每个行动者所能获取的信息都比较类似，而在关系较为稀疏的网络中，居于结构洞位置的行动者能够得到丰富的异质性信息，有利于该个体通过差异化的信息获取主导地位以及先行优势。同时，"结构洞"给行动者带来的不仅有资源获取优势，还有战略位置优势。伯特（1992）认为联结关系的强弱之分与社会资本的多寡没有必然联系，获取竞争优势的关键是占据交换资源的重要结构位置，具体包括信息优势（information benefits）和控制优势（control benefits）①。
　　本章用结构洞理论来解释企业所处社会网络的战略位置差异，图 6-1 表示五个企业作为一个网络的关联图，实线说明两个企业间有董事进行兼任，具有直接的联结关系，而虚线则没有。在该网络中有五个参与者企业 A、企业 B、企业 C、企业 D、企业 E，其中企业 B、企业 C、企业

---

　　① 信息优势是指位于结构洞位置的行动者能够获得及交换来自多方面的异质信息，成为信息的中介。控制优势则指的是位于结构洞位置的行动者能够将没有联结的其他个体联系起来，占据网络中其他节点相互联系的核心路径，从而可以获取对各种关键资源的流向和资源收益的支配权利。

D、企业 E 之间没有直接联系，但他们分别与企业 A 有直接联系，那么企业 A 在网络中处于核心的战略位置，另外四个企业进行交流必须经过企业 A，因此企业 A 控制了其他企业两两联结的路径。可见，结构洞是非冗余联系人之间的缺口，由于结构洞的存在，结构洞两边的联系人可以带来累加而非重叠的网络收益，而处于结构洞中心位置的企业则起到了关键作用。结构洞理论描绘了一个竞争场域中的社会结构如何为某些行动者创造机会，并由此影响他们之间的关系（Burt，1992），在竞争市场中拥有丰富的结构洞就能获取竞争优势。在衡量企业的结构洞网络位置之前，本章把企业与企业的直接联结关系定义为：企业的董事/高管如果在不同企业互相任职，则认为两个企业拥有直接的联结关系[①]。在以董事的关联关系为联结的企业网络中，每个企业董事会的董事都可以看成一个小团体（clique），每个企业的非兼任董事与其他企业的董事之间就没有直接联系，而是通过连锁董事的关系间接地交流，这样整个企业网络就充满了每个企业董事小网络性质的结构洞。在此情况下结构洞网络位置则是基于董事联结所形成的企业社会网络[②]。这种对个体层面网络输入，然后组织层面网络输出性的定义是现有社会网络研究的通常做法（Jackson，2008；Larcker et al.，2013）。

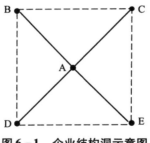

图 6-1　企业结构洞示意图

从社会网络视角来看，结构洞是社会结构中原来没有联系的网络成员之间建立的间接关系以获取信息优势和控制优势，并基于此来定义社会资本，认为在网络成员之间是否有结构洞就决定了信息与机会的潜力。在具

[①] 刘冰等（2011）通过连锁董事构建企业结构洞位置，并与多元化战略相联系。谢德仁和陈运森（2012）通过董事共同任职关系构建了董事网络。

[②] 本书计算的是董事的兼任行为产生的网络，在中国上市公司一般来说总经理/CEO 都在董事会中，所以董事网络中也包含了高级管理层的决策。

有丰富结构洞位置的企业网络中，起到中介作用的就是"桥"，作为桥的节点能够连接分离的企业子网络，起到信息沟通和交流的作用。企业处于"桥"位置的节点，就占据了掌握信息流和商业机会的位置，更容易获得中介利益。这种中介利益体现在控制优势和信息优势中。下面具体结合商业信用的获取和使用行为进行说明。

商业信用是在一定技术水平约束和相应市场竞争环境中企业间彼此达成经营共识的基础上完成的市场化资源配置过程，是一种无抵押的债务契约关系，它的使用导致交易过程中商品与现金的交换在时间上相分离，当期的收入（支出）变成企业未来的现金流入（流出）。企业在产品市场竞争中如果能获得更多的商业信用，就意味着该企业占用了其他企业的现金而获得了无息的"短期融资"，同时也是一种产品市场竞争力的有力体现。而社会网络基于市场中交易各方竞争的博弈，能够反映交易双方的相对谈判地位，以至于在经济社会学领域通过博弈论及其相关理论对社会网络进行度量（Jackson，2008）。所以从本质上说，商业信用契约关系反映的是不同企业的战略谈判位置的区别，如果某个企业在社会网络中位于结构洞的中心位置，意味着相对于同行业的其他公司，它能够更多地获得产品市场竞争中的控制优势和信息优势，这种优势带来的谈判主动地位可以使企业在交易过程中更好地争取有利于自己的商业信用模式。具体来说：第一，商业信用双方的信息对称是这种契约关系产生的关键，从企业面临的整体网络来看，如果某企业处于结构洞中心位置，意味着它（通过董事的沟通交流）占据了网络中不同企业沟通路径的关键，可以获取有关商业信用合约相关的信息优势，这种信息优势可以让其他企业更容易与之达成商业信用关系，从而可以建立起低成本的商业信用关系。第二，买方市场理论认为商业信用之所以大量存在，主要是与买方强势、客户信用良好有关，这种强势体现在控制优势和议价能力（bargaining power）中，结构洞网络位置能够为企业带来对供应链中其他企业的控制优势，而商业信用的产生源于交易谈判时的控制力，如果这种结构洞位置带来的战略控制优势越明显，在与供应商的交易过程中议价能力就越能够得到体现，能够获取的商业信用自然也就越多。第三，商业信用体现的是一种隐性的信任（陈运森和王玉涛，2010），作为没有任何实物担保的商业信用契约，声誉是其合约达成的重要因素，而企业的战略位置能够使企业自身获取这种信任和声誉（陈运森和谢德仁，2011），越处于社会网络的结构洞位置，就越能够获得网络中其他企业的信任以及非正式的影响力。所以综合来看，企业结构洞网络位置带来的信息优势、控制优势和信任优势能够使之获得更多商业信用。

由于本章所研究的企业网络为基于董事直接和间接兼任关系而产生的网络，一般来说，每个企业在不同程度上都同时扮演了供应商、生产者和客户三种角色，实证研究中也较难区分具体类型，而且不同的董事任职情况也很难确定是否是同一产业链条的供应商、生产者和客户，所以本章主要以生产者的视角来检验从供应商处获得的商业信用，且从较为广泛意义的董事网络而非具体的某一产业链条网络的逻辑视角来研究结构洞位置的增量作用。结合前述结构洞网络带来的信息优势、控制优势和信任优势，退一步讲，即使董事的网络关系并没能直接"打通"企业的"供应商—客户"链条（董事网络带来的并非直接的"供应商—客户"关联关系），这也不影响董事网络中结构洞位置对商业信用的作用发挥。原因如下：首先，网络位置的"符号效应"[①] 会让企业的供应商形成这样一种观点，在其他类型网络中掌握信息优势和控制优势的客户企业的经营和财务风险要更低，而且这种董事网络带来的是公司层面总体的信息环境和产品竞争力的体现，能够对本企业（供应商角色）提供的商业信用有保障作用。其次，由于在公司融资中具有网络传递（network transitivity）效果（Uzzi and Gillespie，2002），网络的动态性使得一种类型交易伙伴的网络能够增加与另一类交易伙伴的交易，而能降低与第三方交易形成独特的排他性资源伙伴的需求。这种网络传递效果在本章逻辑中也存在，也许董事网络带来的并非是直接的"供应商—客户"网络，但其他类型的网络所带来的各种交易成本降低能够传递到"供应商—客户"网络关系中，能够增加供应商对客户提供的商业信用。有些学者就发现公司和银行的嵌入网络能够形成独特的治理机制进而鼓励和保护银行的能力，这些可以进一步促进公司跟商业信用供应商的交易（Uzzi and Gillespie，2002）。再其次，从反面来讲，由于客户的结构洞位置能够带来各类资源，万一这种类型的企业在商业信用合约中违约而率先破坏稳定的信用关系，这种声誉的受损会通过其核心的结构位置传染到不同的合约相关方，会损失除了商业信用之外的其他各

---

① 林（Lin，2002）认为社会网络带来的声望具有符号效用。行动者即使不能使用或动员镶嵌于社会网络中的这些资源，它们也有很大的"符号感"，即让别人知道自己的社会资本，可以很好地改善自己的地位和社会声望。基尔达夫和克拉克哈特（Kilduff and Krackhardt，1994）也发现如果个体被认为在组织中拥有一位声名显赫的朋友，会提升该个体作为好的工作执行者的声望，尽管实际上拥有这样的朋友可能并没有这样的效果，这就是认知平衡理论（cognitive balance theory）的体现。

类社会资本，从而对企业自身的影响巨大，所以这种网络传染效应让处于结构洞位置的企业不得不遵守商业信用的合约，即这种企业所处的核心结构洞位置而带来的正面和反面影响都能够给企业带来更多的商业信用获取。

基于此，本书提出本章的第一个假说[①]：

H1a：企业所处的董事网络中结构洞越多，企业所能获得的商业信用就越多。

在市场中企业获取商业信用是一种竞争地位的体现，获取商业信用越多，就意味着在短期内占用供应商的资金越多。但是，在企业获取商业信用的同时需要提供一定的预期性现金以备将来的信用偿还责任，原因在于：延期的商业信用偿还是有成本的，比如未来可能的现金折扣减少、受到延期支付惩罚、对信用声誉损害（信用评级降低）伴随的机会成本，以及未来供应商增加的产品卖出价格。为了避免可能的延期支付成本和现金折扣减少，将要持有部分储备性现金。实际上，在现实资本市场中存在各种"摩擦"、行业调整、宏观政策变更以及客户自身经营状况等诸多会导致客户未来的现金返还预期产生不确定的因素，这些因素的不确定都会影响到未来的现金流出（还款），根据现金持有的动机理论，出于风险预防和交易成本的考虑企业需额外持有多余现金（Lins et al.，2010）。此外，有的企业为了享受一定的现金折扣，也会持有一定的现金以在截止日之前进行信用支付。本章把因使用商业信用而导致的现金持有增加的行为称作商业信用的使用成本，企业对商业信用的使用会对企业自身流动性产生压力，从而导致"商业信用—现金敏感性"提高（Wu et al.，2012）。

类似于上述"结构洞位置与商业信用获取"逻辑，企业所处的结构洞网络位置产生的信息优势和控制优势能使企业获得交易各方的信任，降低交易的不确定性，不仅可以获取更多商业信用，也可以有效降低商业信用使用的成本。具体的，首先，商业信用的成本风险源于其本质是基于信任关系所达成的债务契约，契约的签订不仅会产生直接的交易成本，还可能伴随违约的风险成本（Williamson，1998；Fabbri and Menichini，2010）。

---

① 需要指出的是，社会资本的获取可以通过闭合网络（network closure）和结构洞位置（structural position）两种网络机制来获取，科尔曼（Coleman，1994）认为在一个闭合网络中强联结关系能带来规范和信任。如果是此逻辑占主导，则跟本书的假说相反，但是本书想强调的是，闭合网络逻辑的产生需要依赖网络中紧密相连的强联结网络关系特征，属于群体内社会资本的来源，而上市公司之间以及上下游之间是群体外特征，更多地属于松散的非正式的非闭合性网络，公司与公司之间并非紧密相连的强联结关系，所以在此背景下基于弱连接关系的结构洞逻辑更多地运用在本章逻辑中。尽管如此，本书想指出的是，本章逻辑中更多的体现是结构洞位置，但可能依然存在网络闭合的逻辑，需要实证结果的检验。

而从商业信用获取和使用的视角，由于商业信用的获取需要付出流动性成本，这种商业信用成本从本质上说是一种信息不对称和不确定的体现，企业的战略核心位置能够降低由信息不确定产生的商业信用的使用成本。商业信用的使用成本体现的是在交易过程中的交易成本，供应商和客户之间的交易网络决定了市场对企业的约束，基于各种嵌入在公司权威下受约束的交易背景，企业的网络结构关系使得交易更加方便，否则这些交易的可谈判性会受到约束。从而在网络中处于结构洞优势地位的企业，就能够利用在网络中的控制力来降低交易费用。其次，结构洞位置丰富的公司还可以通过降低自身的流动性风险来保证商业信用的使用。如果结构洞位置越丰富，意味着企业可以获得更多的外部融资，或者即使现阶段不用获得这种融资，但其潜在的"资金蓄水池"能够降低对现金的持有，居于结构洞核心位置的企业可以降低企业未来的流动性预期，进而就不用更多地持有现金。基于此提出第二个假说：

H1b：企业所处的董事网络中结构洞越多，企业的"商业信用—现金持有"敏感性越低。

波多尼和巴伦（Podolny and Baron，1997）提出了结构洞的权变观点，认为结构洞位置是否能转化为社会资本要依赖于具体的网络内容即参与者之间关系的性质。本章所定义的企业间网络与商业信用行为在实质上都属于一种交易网络，体现的是企业之间的交易性质如何影响他们在市场上行动的认识（Jackson，2008），所以如果交易的平台越市场化，则结构洞网络位置发挥的作用越强。商业信用的使用及其所需承担的流动性成本与市场有很大的关系，由于市场化色彩的配置过程会使厂商和客户之间自然地形成一种契约关系（Peterson and Rajan，1997），从而能够同时为企业战略位置和商业信用的使用提供"土壤"，这种市场因素的体现可以从市场中的行业竞争程度和地区市场深化水平来分析。

首先，结构洞作用的发挥依赖于企业所处的行业竞争程度。第一，在垄断性行业中，企业可以利用自身的垄断地位获得产业链中的优势地位，进而获取商业信用。此时，对于处于垄断地位的行业而言，企业基于董事的网络类型就属于低自主性网络，即通过董事个体所处网络获得信息和控制优势对企业行为的影响降低，从而更少地依赖于通过董事兼任而形成的网络的作用发挥（也即：企业通过自身垄断地位就可以轻易获得商业信用，从而结构洞位置的作用就不明显）。但是，在竞争激烈的行业中，由于不同企业都不能通过自身的固有垄断地位来取得显著优于其他企业的回报，那么基于董事网络的结构洞位置就更能给企业带来涉及商业契约的信息和控制利益，即在此背景下董事网络的结构自主性更强（structural autonomy），企业更可以通过个体掌握的社会网络来获得更具竞争性的优势位置，从而结构洞位置的作用更加明显。第二，商业信用的竞争假说认为商业信用可以作为竞争市场中的一种竞争手段，当供应商面对的同行业竞争者较多时，企业能够很容易找到替代性的供应商，从而使得企业商业信用的获取在竞争激烈的行业中更加敏感。同时，由于行业竞争激烈，企业在获得商业信用之后也更增加了自身的流动性风险，张会丽和吴有红（2012）就发现产品市场竞争和超额现金持有具有关联关系，而此时社会网络的结构位置优势在竞争的市场中便更能得到体现，在产品市场竞争高的行业，结构洞关键位置使得企业能够获得更多的商业信用，同时也会使"商业信用—现金持有"策略更加敏感。

其次，结构洞网络的形成是企业在市场中的自发行为，而商业信用政策也是市场交易的结果。如果企业所处地区的市场深化和发育程度越好，那么结构洞网络位置对商业信用的影响也越大。科尔曼（Coleman，1990）就认为网络关系中的规范与惩罚制度的建立要基于这种合约是否发生于一个可信赖的环境之中。当企业所在地区的市场深化水平更高的时候，企业与利益相关者签订和执行各种合约具有良好的公共履约环境（陈运森和王玉涛，2010），在这种背景下基于市场交易网络的商业信用行为也更加市场化，从而更有利于结构洞网络位置的作用发挥。基于此提出另两个假说：

H2a：在产品市场竞争越强的行业，结构洞网络位置对商业信用获取及使用成本的影响越大。

H2b：在市场化水平越高的地区，结构洞网络位置对商业信用获取及使用成本的影响越大。

6.4　研　究　设　计

6.4.1　研究模型和变量定义

为研究结构洞位置与商业信用的关系，本章同时考虑商业信用的获取和使用成本，构建模型如下：

$$TC_{it} = \alpha_0 + \alpha_1 CI_{it} + \sum Controls_{it-1} + \varepsilon \qquad (6-1)$$

$$CASH_{it} = \beta_0 + \beta_1 CI_{it} + \beta_2 CI_{it} \times TC_{it} + \beta_3 TC_{it}$$
$$+ \sum Controls_{it-1} + \delta \qquad (6-2)$$

其中，模型（6-1）用来检验结构洞网络位置与商业信用获取的关系，模型（6-2）用来检验结构洞位置对商业信用的使用成本的影响（Wu et al.，2012）。借鉴伯特（1992）、查希尔和贝尔（2005），本章用模型（6-3）进行结构洞的计算①：

$$C_{ij} = (p_{ij} + \sum_q p_{iq} p_{jq})^2 \qquad (6-3)$$

其中，i 为整体上市公司网络中的某个企业个体，j 表示网络中的其他企业，q 表示另一个企业个体，即：q≠i, j。P_{ij} 等于企业 i 到企业 j 的直接连带关系的强度（如果某董事同时在 i 和 j 任职，那么就认为这两个公司有直接连带关系），衡量的是企业 i 在企业 j 中的直接关系投资，而 $\sum_q p_{iq} p_{jq}$ 等于从企业 i 到企业 j 的所有通过企业 q 的路径中，非直接连带关系的强度之和，衡量的是企业 i 在企业 j 身上的间接关系投资，而 C_{ij} 是企业 i 与企业 j 接触联系所需关系投资的约束程度②，即"约束指数"，这能够有效地测量企业结构洞的匮乏程度。因为"约束指数"的最大值为 1，为方便起见，学者们常用 1 与"约束指数"的差来衡量结构洞的丰富程度（Burt，1992；Zaheer and Bell，2005）：$CI_i = 1 - C_{ij}$，如果 CI_i 越大，就表明网络约束越小，网络结构洞越丰富。所以本章也通过 CI 指标来衡量企业的结构洞丰富程度。

本章使用了四类商业信用指标（TC）：TC1 为第 t 年末（应付账款 + 应付票据）/总资产，考虑到企业在获取商业信用的同时也在提供商业信用，所以 TC2 考虑了商业信用获取净值，为第 t 年末（应付账款 + 应付票据 - 应收账款 - 应收票据）/总资产，同时商业信用的提供涉及行业差异，所以本章也用行业调整后的 TC1_adj 和 TC2_adj 来进行衡量，且在分样本章中主要以综合的 TC2_adj 为研究变量。借鉴吴等（2012），CASH 定义为：第 t 年末货币资金/（总资产 - 货币资金）。本章预测模型（6-1）中 α_1 为正，即企业结构洞网络位置越强，能够获取的商业信用越多，预测模

---

① 详细的结构洞计算方法请参见第 1 章内容。

② 在衡量结构洞的众多指数中，"网络约束指数"（network constraint index）是最受关注并应用最广泛的。它是一个高度概括性的指数。"约束指数"越高，表明企业拥有的结构洞越少，企业所处的网络位置就越边缘，因此"约束"通常与绩效呈反向关系（Burt，2004）。

型（6-2）中的交叉项 β_2 为负，即结构洞网络位置越强，"商业信用—现金持有"的正相关关系越弱。借鉴现金持有的相关文献（Lins et al.，2010；Wu et al.，2012），本书控制了公司规模、杠杆水平、成长性、投资、经营现金流、最终控制人等主要的公司治理变量以及公司基本状况变量，同时也设置 POST 变量控制 2007 年《物权法》实施对商业信用融资的影响（Wu et al.，2012）。2007 年《物权法》及按其要求制定的《应收账款质押登记办法》使得银行可为企业商业信用合约抵押提供更加丰富和有针对性的应收账款金融产品，降低企业对应收账款回收的技术难度，减少了企业未来现金流的不确定性，从而影响了企业的商业信用行为。当然 2007 年上市公司实行了新准则，而且股权分置改革基本完成，所以 POST 变量也控制了这些方面的可能影响。为了降低机械性相关，本章对控制变量进行了滞后一期处理，详细的变量定义参见表6-1。在回归分析中，本章区分行业竞争程度（HHI）和市场化程度（MKT），进而分析结构洞网络位置与商业信用获取及使用成本的关系在市场化权变因素中的差别作用。

表6-1　　　　　　　　　　　　　　变量定义表

变量名称	符号	变量定义
网络约束系数	CI	"结构洞"衡量指标，方法见前述，通过（Pajek）软件计算
商业信用	TC1	第 t 年末（应付账款＋应付票据）/总资产
	TC1_adj	经行业中位数调整后的第 t 年末（应付账款＋应付票据）/总资产
	TC2	第 t 年末（应付账款＋应付票据－应收账款－应收票据）/总资产
	TC2_adj	经行业中位数调整后的第 t 年末（应付账款＋应付票据－应收账款－应收票据）/总资产
现金	CASH	第 t 年末货币资金/（总资产－货币资金）
公司规模	SIZE	第 t-1 年末总资产的自然对数
杠杆水平	LEV	第 t-1 年末总负债/总资产
成长性	MB	第 t-1 年市场价值/账面价值
投资	INV	第 t-1 年（固定资产＋在建工程＋无形资产＋长期投资）/总资产[①]
经营现金流	OCF	第 t-1 年经营现金净流量/总资产
最终控制人	SOE	哑变量，如果企业最终控制人为国有则取1，否则为0

---

① 2006 年新准则之后长期投资＝持有至到期投资＋可供出售金融资产＋长期股权投资净额。

续表

变量名称	符号	变量定义
物权法前后哑变量	POST	哑变量，如果年份在 2007 年及之后则取 1，否则为 0
行业竞争程度	HHI	赫芬达尔指数哑变量，如果高于所有行业中值则为 1，否则为 0
市场化程度	MKT	哑变量，如果市场化指数高于同年度中值则为 1，否则为 0
行业/年份	IND/YEAR	行业参照 2001 年证监会行业分类标准，制造业为二级行业分类标准，其他为一级行业分类标准。样本区间为 11 年，故设 10 个年度哑变量

6.4.2 样本和数据

本章选取了 2001～2011 年共 11 年的样本区间，在剔除金融行业公司样本、公司董事资料缺失样本以及其他财务和公司治理数据缺失的样本后，共获得 12167 个公司/年份观测值（不同变量缺失值不同，在不同的模型中进入回归模型的样本量有所不同）。在计算企业所处结构洞位置时，由于是基于董事的网络联结关系，首先，对于每个公司每一年的样本搜集董事会的所有董事作为基础信息。其次，对每一个董事赋予独一无二的代码；在整理出干净和独特的上市公司董事数据库后，构建"董事—董事"一模矩阵，矩阵勾勒了不同董事之间的联结关系，如果董事 i 和董事 j 在至少同一个公司任职，那么矩阵（i，j）的值为 1，否则为 0。在这些处理之后用大型社会网络分析软件 Pajek 计算结构洞位置的"网络约束指数"指标。为消除极端值影响，本章对主要连续变量上下 1% 进行了 Winsorize 处理；同时对公司层面做了聚类（Cluster）调整；统计和回归分析用（SAS）软件。

6.5 实证结果

6.5.1 描述性统计和相关系数分析

变量描述性统计如表 6 - 2 所示：网络约束系数的均值为 0.273（中位

数为 0.047），最大值和最小值相差 0.896，表明不同公司的结构洞丰富程度差异较大，这方便了本书对此进行的研究。商业信用获取（TC1）的均值为 0.118，说明应付账款和应付票据占到了总资产的近 12%，商业信用的使用成为上市公司产品市场竞争的重要手段。CASH 平均达到了 0.21，这反映了上市公司的现金持有占总资产比重也较大，如何有效管理现金成为企业的一个重要问题。

表 6 - 2   描述性统计

变量	N	均值	中位数	最大值	最小值	标准差
CI	12167	0.273	0.047	0.896	0.000	0.298
CASH	12163	0.207	0.142	1.716	0.006	0.227
TC1	12167	0.118	0.091	0.392	0.002	0.096
TC1_adj	12167	0.022	0.001	0.266	−0.111	0.084
TC2	12167	−0.010	−0.004	0.235	−0.360	0.113
TC2_adj	12167	0.003	0.002	0.240	−0.286	0.103
SIZE	12164	21.302	21.204	24.214	19.126	1.075
LEV	12164	0.516	0.511	1.172	0.074	0.218
MB	12096	1.587	1.276	5.049	0.855	0.867
INV	12156	0.451	0.445	0.860	0.033	0.209
OCF	12164	0.049	0.048	0.237	−0.159	0.079
SOE	12140	0.644	1.000	1.000	0.000	0.479
POST	12167	0.379	0.000	1.000	0.000	0.485
HHI	12167	0.257	0.000	1.000	0.000	0.437
MKT	12167	0.728	1.000	1.000	0.000	0.445

图 6 - 2 则显示了不同结构洞丰富程度企业的商业信用获取对比情况，如果把企业按照 CI 分为高低两组（以中位数为标准，实际上与以平均值为标准的结果类似），本章发现如果企业拥有丰富的结构洞，则能够获取的商业信用要远远高于稀疏结构洞的企业，这一趋势初步验证

了 H1a 假说。

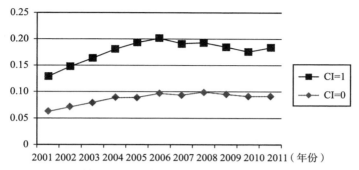

图 6－2　不同结构洞丰富程度企业的商业信用获取（中位数）趋势

6.5.2　回归分析

模型（6－1）和模型（6－2）的回归结果在表6－3中，前四列显示的是企业结构洞丰富程度与商业信用获取额的关系，当因变量为 TC1 和 TC1_adj 时，CI 与 TC 在5%的显著性水平下显著正相关，若同时考虑商业信用获取和商业信用提供后的净额（TC2 和 TC2_adj），CI 系数接近显著。考虑到 TC2_adj 是"经行业中位数调整后的第 t 年末（应付账款＋应付票据－应收账款－应收票据）/总资产"，同时考虑了商业信用净额以及行业调整，是本章研究中较为全面的一个指标，所以本章后续使用了 TC2_adj 作为细分样本的主要研究指标；5～8列显示的是企业结构洞丰富程度与商业信用使用成本的关系，当自变量为四个 TC 变量的任意一个，CI 的系数都显著为负（分别在5%和1%的显著性水平下显著），而9～12列则列示了行业调整后的现金持有作为因变量（CASH_adj）的结果，除了自变量为 TC1_adj 时的交叉项系数不显著，其他三个交叉项系数都在5%或1%的显著性水平下显著为负。5～12列的结果说明企业丰富的结构洞位置显著降低了"商业信用—现金"的敏感度。从表6－3的结果来看，总体上 H1a 假说和 H1b 假说得到验证。

表6-3　结构洞网络位置与商业信用回归结果

变量	1	2	3	4	5	6	7	8	9	10	11	12
	因变量：TC				因变量：CASH				因变量：CASH_adj			
	TC1	TC1_adj	TC2	TC2_adj	TC1	TC1_adj	TC2	TC2_adj	TC1	TC1_adj	TC2	TC2_adj
TC					0.021 (0.39)	0.014 (0.25)	0.398*** (11.59)	0.406*** (11.72)	-0.021 (-0.38)	0.0093 (0.85)	0.39*** (11.45)	0.40*** (11.79)
CI×TC					-0.216** (-2.39)	-0.258** (-2.53)	-0.187*** (-2.81)	-0.187*** (-2.90)	-0.20** (-2.27)	-0.013 (-0.23)	-0.18*** (-2.72)	-0.18*** (-2.88)
CI	0.006** (2.38)	0.006** (2.37)	0.003 (1.60)	0.003 (1.51)	0.028* (1.79)	0.008 (0.73)	-0.001 (-0.14)	0.001 (0.14)	0.028* (1.81)	-0.25** (-2.47)	-0.0000012 (-0.00)	0.0028 (0.27)
SIZE	0.005*** (5.97)	0.005*** (6.33)	0.015*** (7.15)	0.015*** (7.16)	-0.006 (-1.56)	-0.006 (-1.52)	-0.012*** (-2.91)	-0.012*** (-2.93)	-0.0064 (-1.58)	-0.0063 (-1.55)	-0.012*** (-2.93)	-0.012*** (-2.97)
LEV	0.128*** (37.06)	0.125*** (36.58)	0.074*** (7.72)	0.076*** (8.18)	-0.203*** (-9.17)	-0.203*** (-9.20)	-0.242*** (-11.21)	-0.243*** (-11.27)	-0.20*** (-9.18)	-0.20*** (-9.20)	-0.24*** (-11.22)	-0.24*** (-11.30)
MB	-0.008*** (-6.99)	-0.007*** (-5.98)	-0.003 (-1.40)	-0.003 (-1.15)	0.026*** (4.71)	0.026*** (4.72)	0.028*** (4.98)	0.028*** (4.91)	0.025*** (4.39)	0.025*** (4.40)	0.026*** (4.65)	0.026*** (4.59)
INV	-0.100*** (-24.09)	-0.101*** (-24.51)	0.042*** (4.06)	0.042*** (4.10)	-0.412*** (-17.08)	-0.413*** (-17.06)	-0.418*** (-18.23)	-0.418*** (-18.25)	-0.41*** (-16.83)	-0.41*** (-16.82)	-0.41*** (-18.04)	-0.41*** (-18.07)

续表

变量	1	2	3	4	5	6	7	8	9	10	11	12
	因变量: TC				因变量: CASH				因变量: CASH_adj			
	TC1	TC1_adj	TC2	TC2_adj	TC1	TC1_adj	TC2	TC2_adj	TC1	TC1_adj	TC2	TC2_adj
OCF	0.077*** (7.95)	0.079*** (8.29)	0.152*** (9.48)	0.146*** (9.18)	0.474*** (10.40)	0.475*** (10.40)	0.415*** (9.48)	0.417*** (9.49)	0.46*** (10.10)	0.46*** (10.11)	0.40*** (9.20)	0.40*** (9.19)
SOE	0.010*** (6.37)	0.010*** (6.34)	0.008* (1.88)	0.008* (1.88)	0.019** (2.43)	0.019** (2.42)	0.016** (2.09)	0.015** (2.08)	0.020** (2.54)	0.020** (2.53)	0.016** (2.21)	0.016** (2.19)
POST	0.014*** (3.92)	0.002 (0.61)	0.044*** (8.51)	0.016*** (3.16)	0.058*** (5.80)	0.057*** (5.74)	0.005 (0.51)	0.016 (1.47)	0.023** (2.17)	0.022** (2.05)	0.015 (1.59)	0.030*** (3.08)
CONS	-0.053*** (-2.80)	-0.100*** (-5.41)	-0.425*** (-9.16)	-0.386*** (-8.44)	0.551*** (5.82)	0.551*** (5.81)	0.709*** (7.38)	0.699*** (7.30)	0.38*** (4.06)	0.38*** (4.04)	0.54*** (5.65)	0.53*** (5.58)
Year/Ind	√	√	√	√	√	√	√	√	√	√	√	√
R - sqr	0.338	0.160	0.218	0.096	0.224	0.224	0.246	0.246	0.179	0.179	0.203	0.203
F - Value	175.98	65.61	38.18	13.10	20.15	20.22	20.61	20.69	16.14	16.16	18.53	18.88
Obs.	12103	12103	12064	12064	12101	12101	12062	12062	12100	12100	12061	12061

注：括号内为 t 值，*，**，***分别表示在 10%、5% 和 1% 的显著性水平下显著；结果经过公司层面的聚类（Cluster）调整。

从市场化动因的权变视角来进一步研究结构洞网络位置与商业信用的关系结果如表6-4和表6-5所示①，其中表6-4显示的是区分产品市场竞争程度的结果，前两列为区分 HHI 之后的结构洞丰富程度与商业信用获取结果，当 HHI =0 时 CI 的系数并不显著，当 HHI =1 时 CI 系数显著为正（系数为0.023，在1%的显著性水平下显著），两者的差异为0.019，邹检验进一步说明两者差异在5%的显著性水平下显著，说明当产品市场竞争激烈时，结构洞网络位置对商业信用获取的增加作用更加明显；而后两列为区分 HHI 之后的结构洞网络位置与商业信用使用成本的差异结果，当 HHI =0 时 CI * TC 的系数为 -0.173，但当 HHI =1 时系数为 -0.255，系数差异 -0.082，邹检验显示 F 值在1%的显著性水平下显著，说明当产品市场竞争激烈时，结构洞网络位置对商业信用使用成本的节约作用更加明显。H2a 假说得到验证。

表6-4　　　　　产品市场竞争、结构洞网络位置与商业信用

变量	因变量：TC2_adj			因变量：CASH		
	HHI = 0	HHI = 1	Chow - F	HHI = 0	HHI = 1	Chow - F
TC				0.394 *** (15.35)	0.430 *** (7.98)	
CI × TC				-0.173 *** (-3.04)	-0.255 ** (-2.11)	-0.082 *** (4.24)
CI	0.004 (1.07)	0.023 *** (3.80)	0.019 ** (2.59)	-0.005 (-0.73)	0.026 * (1.86)	
SIZE	0.019 *** (14.74)	0.006 *** (3.42)		-0.009 *** (-3.65)	-0.015 *** (-3.57)	
LEV	0.076 *** (14.48)	0.071 *** (9.16)		-0.223 *** (-22.33)	-0.285 *** (-15.56)	
MB	-0.003 ** (-2.03)	-0.000 (-0.00)		0.029 *** (8.93)	0.029 *** (4.51)	

---

① 篇幅所限，只显示 TC = TC2_adj 的结果，但其他变量结果类似，留存备索。

变量	因变量：TC2_adj			因变量：CASH		
	HHI = 0	HHI = 1	Chow - F	HHI = 0	HHI = 1	Chow - F
INV	0.051*** (8.19)	0.021** (2.16)		-0.393*** (-33.55)	-0.505*** (-22.01)	
OCF	0.156*** (10.86)	0.113*** (5.00)		0.387*** (14.17)	0.480*** (9.07)	
SOE	0.008*** (3.61)	0.003 (0.74)		0.015*** (3.45)	0.014 (1.54)	
POST	0.013** (2.39)	0.017* (1.91)		-0.002 (-0.16)	0.067*** (3.43)	
CONS	-0.470*** (-16.42)	-0.194*** (-4.68)		0.590*** (10.74)	0.941*** (9.71)	
Year/Ind	√	√		√	√	
R - sqr	0.109	0.076		0.221	0.325	
F - Value	39.20	9.00		84.75	49.09	
Obs.	8977	3087		8976	3086	

注：括号内为 t/F 值，*、**、*** 分别表示在 10%、5% 和 1% 的显著性水平下显著；结果经过公司层面的聚类（Cluster）调整。

表 6-5 显示的是区分地区市场深化之后的结果，与表 6-4 类似，当因变量为 TC 时，MKT = 0 时 CI 系数不显著，当 MKT = 1 时 CI 系数在 10% 的显著性水平下显著为正，邹检验发现差异（0.012）在 1% 的显著性水平下显著，说明在市场化程度更高的地区，结构洞网络位置对商业信用获取程度的作用更强；当因变量为 CASH 时，MKT = 0 时 CI × TC 系数不显著，当 MKT = 1 时 CI × TC 系数在 1% 的显著性水平下显著为负（系数为 -0.205），邹检验发现差异（-0.149）在 1% 的显著性水平下显著，说明在市场化程度更高的地区，结构洞网络位置对商业信用的使用成本节约作用更大。H2b 假说得到验证。

表 6 – 5　　　　　　　市场深化、结构洞网络位置与商业信用

变量	因变量：TC2_adj			因变量：CASH		
	MKT = 0	MKT = 1	Chow – F	MKT = 0	MKT = 1	Chow – F
TC				0.346 *** (6.52)	0.411 *** (9.38)	
CI * TC				– 0.056 (– 0.52)	– 0.205 *** (– 2.64)	– 0.149 *** (4.75)
CI	0.010 (0.94)	0.022 * (1.77)	0.012 *** (4.12)	0.007 (0.54)	– 0.007 (– 0.54)	
SIZE	0.020 *** (4.87)	0.013 *** (5.42)		0.000 (0.04)	– 0.017 *** (– 3.53)	
LEV	0.059 *** (3.42)	0.081 *** (7.56)		– 0.188 *** (– 6.04)	– 0.265 *** (– 9.80)	
MB	0.005 (1.21)	– 0.006 ** (– 2.00)		0.030 ** (2.26)	0.028 *** (4.67)	
INV	0.056 *** (2.94)	0.038 *** (3.23)		– 0.333 *** (– 9.93)	– 0.442 *** (– 16.09)	
OCF	0.131 *** (4.24)	0.147 *** (8.10)		0.371 *** (4.80)	0.427 *** (8.12)	
SOE	0.002 (0.24)	0.011 ** (2.33)		0.013 (1.02)	0.019 ** (2.11)	
POST	0.009 (0.87)	0.013 *** (2.81)		0.031 (1.64)	0.061 *** (5.41)	
CONS	– 0.482 *** (– 5.48)	– 0.346 *** (– 6.57)		0.363 * (1.83)	0.816 *** (7.45)	
Year/Ind	√	√		√	√	
R – sqr	0.104	0.102		0.220	0.260	
F – Value	6.32	9.82		10.59	15.93	
Obs.	3282	8782		3281	8781	

注：括号内为 t 值，* 、** 、*** 分别表示在 10% 、5% 和 1% 的显著性水平下显著；结果经过公司层面的聚类（Cluster）调整。

6.5.3 进一步分析

在前述回归分析中发现公司董事网络的结构洞位置会影响公司商业信用的获取和使用，本章通过公司信息环境、公司规模和上市年龄、是否是货币政策紧缩期等进行细分样本研究。

（1）为了进一步从公司层面来探究结构洞网络位置对商业信用及其使用成本的影响，本章区分不同公司信息环境的差异。用分析师跟踪人数作为公司信息环境（Info）的代理变量（Armstrong et al., 2010），若 t 年跟踪该公司的分析师人数位于当年所有分析师跟踪人数中位数以上，则认为公司信息环境较好，即 Info = 1，否则 Info = 0。信息环境、结构洞与商业信用如表 6 - 6 所示，公司信息环境对于结构洞与商业信用数量的关系不显著，但结构洞与商业信用使用成本的负相关关系在 Info = 0 组别中显著（显著性水平为 1%），而在 Info = 1 组别中不显著，说明结构洞位置对商业信用使用成本的作用主要体现在信息环境较差的公司中。由于结构洞位置强调的是对非冗余信息的优势，那么相对于信息环境较差的公司，在信息环境较好的公司中，利益相关者掌握的信息在某种程度上是冗余的公开信息，此时结构洞位置对决策行为的影响就相对较弱；而对于信息环境较差的公司的外部决策者而言，由于公司内部披露的或者外部能低成本获得的信息较少，某种意义上冗余信息的公开程度也较低，那么通过丰富结构洞网络获得的关键性非冗余信息的作用就更加显著。整体而言，结论说明结构洞所体现的信息优势与公司的信息环境是替代关系。

表 6 - 6　　　　　　　　　信息环境、结构洞与商业信用

变量	Info = 0 因变量：TC2_adj	Info = 1 因变量：TC2_adj	Info = 0 因变量：CASH	Info = 1 因变量：CASH
TC			0.41 *** (15.37)	0.39 *** (7.82)
CI × TC			- 0.20 *** (- 3.39)	- 0.091 (- 0.81)
CI	0.0016 (0.46)	0.0087 (1.04)	0.0064 (0.89)	- 0.031 ** (- 1.97)

变量	Info = 0	Info = 1	Info = 0	Info = 1
	因变量：TC2_adj	因变量：TC2_adj	因变量：CASH	因变量：CASH
SIZE	0.014 *** (12.32)	0.018 *** (6.86)	− 0.013 *** (− 5.37)	− 0.0090 * (− 1.80)
LEV	0.072 *** (14.98)	0.095 *** (9.29)	− 0.23 *** (− 23.51)	− 0.29 *** (− 14.56)
MB	− 0.0026 (− 1.62)	− 0.0034 (− 1.01)	0.029 *** (8.87)	0.023 *** (3.66)
INV	0.046 *** (8.05)	0.022 * (1.73)	− 0.44 *** (− 37.35)	− 0.34 *** (− 14.13)
OCF	0.14 *** (10.49)	0.16 *** (5.52)	0.44 *** (16.30)	0.29 *** (5.32)
SOE	0.0083 *** (3.74)	0.0069 (1.41)	0.017 *** (3.86)	0.0097 (1.05)
POST	0.015 *** (3.19)	− 0.020 * (− 1.94)	0.057 *** (5.93)	0.032 (1.51)
CONS	− 0.38 *** (− 14.57)	− 0.43 *** (− 7.20)	0.72 *** (13.56)	0.59 *** (5.24)
Year/Ind	√	√	√	√
R − sqr	0.089	0.135	0.247	0.237
F − Value	28.7	10.4	89.0	18.7
Obs.	6951	5112	6951	5112

注：括号内为 t 值，* 、** 、*** 分别表示在 10% 、5% 和 1% 的显著性水平下显著；结果经过公司层面的聚类（Cluster）调整。

（2）本章还对公司规模（dsize）和上市年龄（dage）进行了检验，按年份和行业计算公司规模的中位数，若该公司的规模位于中位数之上则定义 dsize = 1，否则 dsize = 0；若公司上市年龄为 2 年以上则定义 dage = 1，否则 dage = 0（如果按上市年龄 3 年区分，结果也类似）。分样本的结果如表 6 - 7 所示：结构洞与商业信用获取的关系主要在规模较大的公司中存在；结构洞与商业信用使用成本的关系主要在规模较大的公司和上市年龄较久的公司中存在。可能的原因为：网络作用的发挥会受行动者特质的影响（Burt，1992），而企业的禀赋是结构洞网络作用发挥的"特质性"因素，对于规模较小的公司和年轻的公司而言，供应商更看重的是公司的其他更基本和重要的特质（如公司规模和上市年龄）而非网络位置。在规模较大及比较成熟的公司中，最基本和稳定的"供应商—客户"关系容易建立起来，在此基础上供应商则会进一步考虑公司除基本信任之外的其他缔约所依赖的因素，基于董事网络的结构洞位置便可能是考虑的因素之一，在此背景下董事网络的结构自主性将更强（structural autonomy）。本章的结果发现结构洞位置所体现的供应商—客户的商业信用契约中的作用与公司规模和上市年龄是替代的作用。

表6-7　　结构洞与商业信用：基于公司规模和上市年龄的检验

变量	dsize = 0	dsize = 1	dsize = 0	dsize = 1	dage = 0	dage = 1	dage = 0	dage = 1
	TC2_adj	TC2_adj	CASH	CASH	TC2_adj	TC2_adj	CASH	CASH
TC			0.42 *** (11.89)	0.38 *** (12.90)			0.35 *** (4.28)	0.39 *** (16.21)
CI × TC			-0.11 (-1.33)	-0.27 *** (-4.28)			0.16 (0.85)	-0.19 *** (-3.59)
CI	0.0025 (0.51)	0.0012 * (1.89)	0.0086 (0.78)	-0.0049 (-0.66)	0.0072 (0.92)	0.0015 (0.42)	-0.00014 (-0.01)	0.00085 (0.12)
SIZE	0.021 *** (7.71)	0.0075 *** (4.02)	-0.038 *** (-6.16)	0.0023 (0.72)	0.013 *** (4.11)	0.016 *** (14.18)	-0.0042 (-0.55)	-0.0062 *** (-2.75)
LEV	0.059 *** (10.39)	0.11 *** (14.09)	-0.26 *** (-20.51)	-0.23 *** (-17.32)	0.10 *** (6.15)	0.082 *** (17.63)	-0.48 *** (-12.36)	-0.20 *** (-21.92)
MB	0.00017 (0.08)	-0.012 *** (-4.57)	0.019 *** (4.19)	0.031 *** (6.74)	0.0075 (1.07)	-0.0020 (-1.32)	0.014 (0.86)	0.032 *** (11.09)
INV	0.058 *** (7.64)	0.035 *** (4.68)	-0.44 *** (-26.25)	-0.40 *** (-30.78)	0.051 *** (3.52)	0.047 *** (8.33)	-0.76 *** (-22.42)	-0.35 *** (-32.27)
OCF	0.14 *** (8.24)	0.15 *** (8.79)	0.37 *** (9.72)	0.46 *** (15.67)	0.16 *** (4.82)	0.14 *** (11.09)	0.60 *** (7.39)	0.40 *** (15.84)
SOE	0.0060 ** (2.10)	0.0071 ** (2.54)	0.018 *** (2.81)	0.016 *** (3.31)	0.0059 (1.16)	0.0083 *** (3.80)	0.013 (1.11)	0.019 *** (4.58)

续表

变量	dsize = 0	dsize = 1	dsize = 0	dsize = 1	dage = 0	dage = 1	dage = 0	dage = 1
	TC2_adj	TC2_adj	CASH	CASH	TC2_adj	TC2_adj	CASH	CASH
POST	0.019 *** (2.86)	0.0017 (0.31)	0.039 ** (2.51)	0.037 *** (3.76)	− 0.015 * (− 1.74)	0.012 ** (2.47)	0.030 (1.45)	0.022 ** (2.23)
CONS	− 0.53 *** (− 8.93)	− 0.21 *** (− 5.22)	1.24 *** (9.48)	0.38 *** (5.42)	− 0.37 *** (− 5.29)	− 0.42 *** (− 16.26)	0.83 *** (4.97)	0.51 *** (10.03)
Year/Ind	√	√	√	√	√	√	√	√
R − sqr	0.090	0.087	0.230	0.284	0.109	0.103	0.413	0.217
F − Value	18.0	17.3	49.6	65.5	6.82	35.4	32.6	79.7
Obs.	6033	6030	6031	6030	1571	10492	1571	10490

注：括号内为 t 值，*、**、*** 分别表示在 10%、5% 和 1% 的显著性水平下显著；结果经过公司层面的聚类（Cluster）调整。

（3）由于商业信用及其使用成本与外部经济环境密切相关，借鉴饶品贵和姜国华（2013），设定 MP 为货币政策紧缩阶段虚拟变量，如果年份为 2004 年、2006 年、2007 年和 2010 年，则 MP = 1，否则 MP = 0。结果如表 6 − 8 所示，在货币政策宽松时期（MP = 0 组），结构洞位置与商业信用获取和商业信用使用成本的关系都符合预期，但在货币政策紧缩时期（MP = 1 组）结果不再显著。可能的解释有两个：首先，陆正飞和杨德明（2012）发现在商业信用货币政策宽松时期符合买方市场理论，货币政策紧缩时期更属于替代性融资理论。这说明结构洞与商业信用的结果主要产生在货币政策宽松年份的可能原因是在货币政策宽松时期，商业信用更多地产生于企业正常购销活动，结构洞网络位置而产生的信息优势和控制优势更多地作用于这种基于买方市场理论而产生的商业信用中（本章的主要逻辑即基于买方市场理论的商业信用），然而在货币政策紧缩时期商业信用更多地用于替代性融资，在此情况下由于所有企业都面临资金面上的压力，网络结构不能再发挥优势。其次，与闭合性网络（closure）强调强联结关系所产生的信任和规范不同，结构洞位置更多地体现的是"弱联结"的优势，强调在不同子网络担任"桥梁"的作用。在货币政策紧缩时期，外部的融资环境更加恶化，基于市场的自由交易规则被外界政策所干扰，此时强联结关系产生的网络成员之间的信任则更加重要，结构洞位置的作用相对要弱一些；相反，在货币政策宽松时期，"供应商—客户"的交易行为相对不受外界宏观政策的影响，此时基于非冗余信息的"结构洞"位置则能充分发挥"信息优势"和"控制优势"，即在货币政策宽松时期更能体现结构洞位置的作用。

表6-8　　　　　　　　　　货币政策、结构洞与商业信用

变量	MP = 0	MP = 1	MP = 0	MP = 1
	TC2_adj	TC2_adj	CASH	CASH
TC			0.44 *** (15.10)	0.37 *** (9.28)
CI × TC			−0.25 *** (−3.77)	−0.060 (−0.69)
CI	0.0010 * (1.74)	−0.0042 (−0.95)	0.00075 (0.09)	−0.0083 (−0.88)
SIZE	0.018 *** (13.49)	0.014 *** (11.02)	−0.0078 *** (−2.99)	−0.012 *** (−4.39)
LEV	0.063 *** (10.77)	0.098 *** (15.90)	−0.23 *** (−20.55)	−0.25 *** (−18.65)
MB	0.0029 (1.62)	0.0030 ** (2.10)	0.040 *** (11.52)	0.019 *** (6.31)
INV	0.015 ** (2.47)	0.0077 (1.19)	−0.40 *** (−33.41)	−0.39 *** (−28.18)
OCF	0.15 *** (9.30)	0.11 *** (6.15)	0.39 *** (12.26)	0.52 *** (13.74)
SOE	0.0051 * (1.88)	0.0075 ** (2.57)	0.015 *** (2.92)	0.017 *** (2.81)
CONS	−0.44 *** (−15.04)	−0.37 *** (−13.03)	0.58 *** (10.25)	0.71 *** (11.51)
Ind	√	√	√	√
R − sqr	0.066	0.084	0.223	0.224
F − Value	71.5	65.3	216.6	167.6
Obs.	6915	5148	6914	5147

注：括号内为t值，*、**、***分别表示在10%、5%和1%的显著性水平下显著；结果经过公司层面的聚类（Cluster）调整。

（4）此外，如果结构洞网络位置对企业商业信用的获取和使用有正向作用，那么一个合理的拓展便是未来是否能提升公司业绩体现。本章分别

用了行业调整后的总资产收益率（ROA）、净资产收益率（ROE），以及经大盘调整后的年度股票收益（RET）作为公司业绩的代理变量，结果显示[1]：在未来一年中，无论是 ROA_adj、ROE_adj 还是 RET，都显著正相关（系数在 5% 或 1% 的显著性水平下显著），未来两年后，ROA_adj 系数不显著，ROE_adj 和 RET 显著性降低，而且系数也减少。整体结果说明，结构洞网络位置确实给公司带来了未来业绩的提升。

6.5.4　稳健性检验

为了结论的稳健，本章做了一系列稳健性检验，结果如下。

（1）商业信用政策既包括商业信用获取也包括商业信用提供，在回归结果中，本研究同时考虑了商业信用获取及净获取，在稳健性检验中则用"（应收账款 + 应收票据）/总资产"（TC3）及其行业调整值（TC3_adj）来衡量企业主动提供商业信用的代理变量（Wu et al.，2012），发现结构洞网络位置越丰富的企业，能够主动提供的商业信用也越多，这就更能加强在产品市场竞争中的优势。TC3_adj 的结果见表 6 - 9 的第 1 列和第 2 列，篇幅所限，TC3 结果未报告，与 TC3_adj 结果类似，且与主要检验结果一致。本书也做了 TC1_adj 的细分样本（区分产品市场竞争程度和地区市场环境）研究，结果发现除了在商业信用获取模型中 CI 指标在市场环境好的地区和市场环境坏的地区分样本都不显著之外，其他的结果都符合预期；此外，由于商业信用与银行信用在某种程度上是替代的关系，如果企业结构洞位置越丰富，则通过商业信用占用的资金越多，向银行贷款就越少，基于此，本书用"（应付账款 + 应付票据）/总负债"作为商业信用的替代变量，未报告的结果显示研究结论基本不变。

表 6 - 9　　　　　　　　　　稳健性检验（1）

变量	1	2	3	4	5	6
	TC3_adj	TC3_adj	同期	同期	固定效应模型	
TC		0.045 (0.88)		0.503 *** (22.79)	0.291 *** (11.61)	

---

[1] 篇幅所限，结果未报告，留存备索。

续表

变量	1	2	3	4	5	6
	TC3_adj	TC3_adj	同期	同期	固定效应模型	
CI × TC		− 0. 176 ** (− 2. 05)		− 0. 227 *** (− 4. 49)		− 0. 150 *** (− 3. 06)
CI	0. 009 *** (2. 85)	0. 006 (0. 54)	0. 003 * (1. 73)	− 0. 003 (− 0. 41)	0. 001 (0. 39)	0. 013 * (1. 80)
SIZE	0. 011 *** (10. 90)	− 0. 007 (− 1. 61)	0. 017 *** (17. 47)	− 0. 019 *** (− 9. 32)	− 0. 018 *** (− 10. 16)	− 0. 040 *** (− 10. 01)
LEV	0. 173 *** (42. 20)	− 0. 213 *** (− 9. 53)	0. 073 *** (18. 33)	− 0. 335 *** (− 40. 27)	0. 061 *** (10. 97)	− 0. 102 *** (− 8. 41)
MB	− 0. 007 *** (− 5. 46)	0. 027 *** (4. 77)	− 0. 001 (− 0. 40)	0. 015 *** (5. 57)	− 0. 001 (− 0. 80)	0. 020 *** (6. 76)
INV	− 0. 187 *** (− 37. 99)	− 0. 405 *** (− 16. 29)	0. 052 *** (10. 79)	− 0. 604 *** (− 60. 45)	0. 021 *** (3. 46)	− 0. 340 *** (− 25. 57)
OCF	0. 176 *** (15. 44)	0. 468 *** (10. 32)	0. 189 *** (16. 77)	0. 544 *** (23. 24)	0. 065 *** (6. 51)	0. 248 *** (11. 37)
SOE	0. 013 *** (6. 77)	0. 018 ** (2. 30)	0. 005 ** (2. 57)	0. 002 (0. 43)	− 0. 003 (− 1. 15)	0. 021 *** (3. 16)
POST	− 0. 015 *** (− 3. 74)	0. 021 ** (1. 98)	0. 022 *** (5. 03)	− 0. 006 (− 0. 64)	0. 026 *** (8. 09)	0. 057 *** (7. 96)
CONS	− 0. 211 *** (− 9. 46)	0. 557 *** (5. 90)	− 0. 443 *** (− 20. 31)	1. 031 *** (22. 72)	0. 341 *** (8. 77)	1. 183 *** (13. 86)
Year/Ind	√	√	√	√	√	√
R − sqr	0. 236	0. 222	0. 111	0. 354	0. 061	0. 136
F − Value	106. 63	19. 52	47. 26	196. 92	42. 98	91. 72
Obs.	12098	12096	13681	13678	12064	12062

注：括号内为 t 值，* 、** 、*** 分别表示在 10%、5% 和 1% 的显著性水平下显著；结果经过公司层面的聚类（Cluster）调整。

（2）关于可能的内生性问题，本章做了如下检验[①]：一是主要回归结果中对控制变量进行了滞后一期处理，其实如果所有变量都在 t 期，结果也一致。表 6-9 的第 3 列和第 4 列显示，当因变量为 TC2 时，CI 系数不显著，当因变量为当期的 TC2_adj 时，CI 系数在 10% 的显著性水平下显著正相关，当因变量为 CASH 时，CI×TC 系数在 1% 的显著性水平下显著负相关，支持了 H1a 假说和 H1b 假说。二是本章也进行了公司层面的固定效应模型检验（用 TC2_adj 代替 TC 变量），结果如表 6-9 最后两列所示结果类似。三是借鉴拉克尔（2013）解决内生性的方法，进行了如下处理：首先，为了排除"好公司吸引了具有网络背景的董事，同时也获得了更多商业信用"，进行了董事是否聘任具有网络背景董事的影响因素模型分析，拉克尔（2013）控制了业绩、杠杆水平、成长性、公司规模等公司层面的基本特征变量，本章在此基础上进一步控制了"最终控制人性质、董事会规模、独立董事比率、两职合一"这些公司治理变量，本章认为，公司的现有董事会特征会影响未来董事的聘任决策。基于上述变量，选取 t+1 期 CI 为因变量，本书对结构洞位置的影响因素模型进行了检验，结果见表 6-10，前一期的商业信用（TC）与 CI 的系数并不显著，就说明本章的结果并非是"好的公司同时能提供更多商业信用，也能聘任网络程度高的董事"。此外，ROA 与 CI 的系数显著为负，这说明反而是那些以往业绩不好的、所谓的"差公司"更愿意聘任网络程度高的董事。其次，尽管这类研究无法获取严格意义上的外生变量，但可以把分析限制在那些董事会组成从 t 年到 t+1 年没有变化的公司中，这种类型的公司董事网络结构洞的变化主要来源于网络中其他公司董事的变化或者该公司董事在其他公司任职情况的变化（Larcker et al.，2013），所以，网络结构洞变化更不可能源于公司决定或改变董事会构成而产生的内生选择。加上在中国独立董事是董事网络形成的主要力量（谢德仁和陈运森，2012），本章就单独选取了"独立董事不变、所有董事不变的样本"两类样本进行检验来降低内生性的影响。表 6-11 的结果是在选取"独立董事不变、所有董事不变的样本"的基础上，同时使用了（change）模型（前四列）和 level 模型（后四列），尤其是 change 模型更不受内生性的影响。从前四列的结果可以发现，结构洞网络位置的变化与"商业信用—现金持有"的变化关系显著，但与商业信用获取额的变化不显著，而后四列的结果中，除了在

---

① 正如拉克尔等（2013）在文中所指出的，此类研究并不能排除所有可能的因果解释等内生性问题，只能通过几种方法来试图降低内生性的影响。

"所有董事不变样本"中结构洞位置对商业信用获取不显著，其他三列的结果都符合预期。

表6-10　　　　　　稳健性检验（2）：结构洞的影响因素模型

变量	因变量：下一期 CI
TC	0.024
	(0.92)
ROA	-0.000 ***
	(-9.18)
SIZE	0.001
	(0.40)
LEV	-0.077 ***
	(-6.24)
MB	-0.031 ***
	(-9.69)
SOE	0.029 ***
	(4.91)
BOARD	0.023 ***
	(16.62)
OUT	0.129 ***
	(5.19)
DUAL	-0.022 ***
	(-2.80)
CONS	0.093
	(1.46)
Year/Ind	√
R-sqr	0.060
F-Value	30.35
Obs.	11976

注：括号内为 t 值，*、**、*** 分别表示在 10%、5% 和 1% 的显著性水平下显著；结果经过公司层面的聚类（Cluster）调整。

表6-11　　　　　　　　　　稳健性检验（3）

变量	所有董事不变样本		独立董事不变样本		所有董事不变样本		独立董事不变样本	
	因变量：ΔTC	因变量：ΔCASH	因变量：ΔTC	因变量：ΔCASH	因变量：TC	因变量：CASH	因变量：TC	因变量：CASH
ΔCI	-0.003 (-0.46)	0.005 (0.34)	0.000 (0.01)	0.001 (0.13)				
ΔTC		0.253*** (5.57)		0.246*** (7.83)				
ΔCI*ΔTC		-0.162* (-1.79)		-0.112* (-1.81)				
CI					0.001 (0.15)	0.000 (0.02)	0.010** (2.05)	0.004 (0.46)
TC						0.415*** (8.44)		0.380*** (10.60)
CI×TC						-0.179* (-1.69)		-0.152* (-1.96)
SIZE	-0.003** (-2.19)	-0.007** (-2.19)	-0.003*** (-2.85)	-0.006** (-2.41)	0.014*** (7.02)	-0.010** (-2.46)	0.015*** (9.95)	-0.010*** (-3.28)
LEV	-0.005 (-0.81)	0.071*** (4.91)	0.002 (0.51)	0.059*** (5.77)	0.114*** (13.12)	-0.220*** (-11.68)	0.119*** (18.53)	-0.215*** (-16.36)
MB	0.002 (1.00)	0.007* (1.80)	0.000 (0.12)	0.005* (1.69)	-0.002 (-0.79)	0.033*** (6.04)	-0.005** (-2.42)	0.031*** (7.62)
INV	-0.001 (-0.09)	0.112*** (6.65)	-0.008 (-1.50)	0.112*** (9.11)	0.036*** (3.61)	-0.415*** (-19.56)	0.010 (1.57)	-0.389*** (-25.43)
OCF	-0.062*** (-4.01)	-0.089** (-2.26)	-0.051*** (-4.26)	-0.096*** (-3.35)	0.128*** (5.39)	0.478*** (9.49)	0.155*** (8.59)	0.425*** (11.91)
SOE	0.002 (0.60)	0.008 (1.32)	0.003* (1.74)	0.004 (0.90)	0.002 (0.62)	0.038*** (4.73)	0.004 (1.38)	0.023*** (3.89)
POST	-0.003 (-0.94)	0.015** (2.09)	-0.002 (-1.02)	0.016*** (3.08)	0.031** (2.48)	0.017 (0.66)	0.039*** (11.14)	0.025 (1.28)

续表

变量	所有董事不变样本		独立董事不变样本		所有董事不变样本		独立董事不变样本	
	因变量：ΔTC	因变量：ΔCASH	因变量：ΔTC	因变量：ΔCASH	因变量：TC	因变量：CASH	因变量：TC	因变量：CASH
CONS	0.066** (2.39)	0.039 (0.56)	0.063*** (2.97)	0.027 (0.53)	-0.395*** (-8.69)	0.607*** (6.25)	-0.403*** (-12.65)	0.624*** (8.98)
Year/Ind	√	√	√	√	√	√	√	√
R-sqr	0.014	0.045	0.009	0.039	0.118	0.243	0.130	0.234
F-Value	1.68	5.11	1.98	8.12	11.63	26.46	104.70	47.02
Obs.	3149	3147	5848	5846	2998	2998	5592	5592

　　注：括号内为 t 值，*、**、*** 分别表示在 10%、5% 和 1% 的显著性水平下显著；结果经过公司层面的聚类（Cluster）调整。

　　（3）为了检验社会网络分析常用的网络中心度指标（主要衡量网络的关系性特征）与结构洞指标（主要衡量网络的结构嵌入性特征）对商业信用获取和使用的作用差异，本章借鉴弗里曼（1979）、沃瑟曼和浮士德（1994）、拉克尔（2013）介绍的网络中心度指标，按照谢德仁和陈运森（2012）的定义，基于所有董事的兼任关系（与本章所定义的董事网络一致）计算了公司董事网络的程度中心度、中介中心度、接近中心度和特征向量中心度的综合指标 Cen[①]。并进行以下三类分析：首先，通过网络中心度指标和结构洞指标的相关系数分析得知：Cen 与 CI 的 Pearson 相关系数为 0.52、Spearman 相关系数为 0.54，说明两者相关性并不是非常高。其次，本章把 Cen 作为控制变量放入模型，结果显示无论是商业信用获取模型还是商业信用使用模型，Cen 本身并不显著，且对 CI 的结果影响不大，结果见表 6-12 的前两列（两个模型中 Cen 的 t 值分别为 -0.24 和 1.41）。再次，如果把网络中心度（Cen）代替结构洞（CI）放入模型中，对商业信用获取（TC）的系数不显著（t 值为 -0.04），当因变量为现金持有（CASH）时，Cen×TC 的系数甚至是显著为正的（t 值为 1.82），结果见表 6-12 的后两列。上述三类检验说明从实证的角度来看，结构洞指标和网络中心度指标存在差异，结构洞指标对商业信用的影响要强于网络中心度指标，与查希尔和贝尔（2005）的发现类似。这也从实证

---

① 详细计算方法请参见谢德仁和陈运森（2012）。

161

的角度突出了结构洞网络位置对商业信用的重要作用①。

表 6 – 12　　　　　　　　结构洞指标与网络中心度指标的对比分析

变量	(1) 因变量：TC2_adj	(2) 因变量：CASH	(3) 因变量：TC2_adj	(4) 因变量：CASH
TC		0.41 *** (11.73)		0.33 *** (11.19)
Cen	− 0.00019 (− 0.24)	0.0024 (1.41)	− 0.000033 (− 0.04)	0.0018 (1.22)
CI	0.0034 * (1.69)	− 0.0061 (− 0.53)		
CI × TC		− 0.19 *** (− 2.93)		
Cen * TC				0.017 * (1.82)
SIZE	0.015 *** (7.07)	− 0.013 *** (− 3.13)	0.015 *** (7.28)	− 0.015 *** (− 3.50)
LEV	0.075 *** (8.11)	− 0.24 *** (− 11.26)	0.077 *** (8.52)	− 0.25 *** (− 11.94)
MB	− 0.0025 (− 1.02)	0.028 *** (4.84)	− 0.0026 (− 1.08)	0.027 *** (4.74)
INV	0.042 *** (4.06)	− 0.42 *** (− 18.28)	0.042 *** (4.17)	− 0.44 *** (− 18.81)
OCF	0.15 *** (9.13)	0.41 *** (9.41)	0.15 *** (9.42)	0.43 *** (10.06)
SOE	0.0074 * (1.84)	0.015 ** (2.03)	0.0080 ** (2.03)	0.013 * (1.73)

---

① 如果本章逻辑更多地体现在闭合网络逻辑中，那么网络中心度指标（主要衡量闭合网络的强度）可能更加显著，然而表 6 – 9 的结果显示，网络中心度指标并不显著，再一次说明在本章商业信用的逻辑主要基于结构洞位置而非闭合网络；同时，后续进一步研究中发现的结构洞位置的作用更多体现在信息环境较差的公司以及货币政策宽松时期的结果也验证了这一结论。

续表

变量	（1）	（2）	（3）	（4）
	因变量：TC2_adj	因变量：CASH	因变量：TC2_adj	因变量：CASH
POST	0.013 ***	0.013	0.014 ***	0.028 ***
	（3.35）	（1.24）	（3.08）	（2.88）
CONS	－ 0.39 ***	0.72 ***	－ 0.39 ***	0.77 ***
	（－8.45）	（7.45）	（－8.74）	（7.89）
Year/Ind	√	√	√	√
R － sqr	0.092	0.243	0.093	0.257
F － Value	14.2	23.3	18.5	22.1
Obs.	12032	12030	12521	12495

注：括号内为 t 值，* 、** 、*** 分别表示在 10% 、5% 和 1% 的显著性水平下显著；结果经过公司层面的聚类（Cluster）调整。

（4）本章主要研究发现结构洞网络关系对商业信用具有影响，那么在那些具有典型商业信用链条的行业、董事网络构成跨行业的公司是否结果依然存在？本章通过三方面检验并对此进行探讨：一是由于本章的主要逻辑是基于董事网络的结构洞位置所能获得的信息优势和控制优势，那么对于那些同时位于不同行业的兼任董事所产生的董事网络样本中应该也能够观察到，为了进一步研究公司产生网络联结的直接动因—连锁董事—是否处于不同的行业是否同样有结果，本章单独选取了兼任董事跨行业的两类细分样本：如果公司有董事在其他公司同时任职且所任职公司与该公司不属于同一行业则 interind = 1；如果公司的所有兼任董事所任职公司与该公司都不属于同一行业则 interindall = 1，其中第二个指标范围限制更加严格。两个子样本的结果显示本章的结论不会发生变化，见表 6 - 13 的前四列，第 1 列和第 3 列显示 CI 在 10% 的显著性水平下显著正相关，第 2 列和第 4 列显示 CI × TC 在 1% 的显著性水平下显著负相关［未报告的结果显示 interind = 0 和 interindall = 0 两组样本的细分结果也存在，同时本章也对存在兼任董事的那些公司样本（结构洞网络位置的发起者）进行了检验，结果也依然存在］。二是由于商业信用隐含的一个因素是不同行业上下游之间的关系，但现有基于大样本数据的商业信用研究都无法直接找出两两对应的商业信用契约公司。龚柳元和毛道维（2007）发现，位于产业价值链上游的资源类及下游销售类行业拥有一些关键资源，这些行业中的

表 6 – 13　　细分行业和细分董事的结果

变量	interind = 1 因变量：TC2_adj	interind = 1 因变量：CASH	interindall = 1 因变量：TC2_adj	interindall = 1 因变量：CASH	indall = 1 因变量：TC2_adj	indall = 1 因变量：CASH	interindall = 1&indall = 1 因变量：TC2_adj	interindall = 1&indall = 1 因变量：CASH
TC		0.44 *** (14.22)		0.45 *** (12.71)		0.42 *** (14.68)		0.44 *** (10.01)
CI × TC		−0.23 *** (−3.71)		−0.21 *** (−2.76)		−0.21 *** (−3.17)		−0.16 * (−1.88)
CI	0.0067 * (1.83)	0.0047 (0.57)	0.0091 * (1.87)	0.0078 (0.78)	0.0037 * (1.75)	0.0053 (0.64)	0.0051 * (1.73)	0.017 (1.32)
SIZE	0.015 *** (11.93)	−0.013 *** (−4.99)	0.016 *** (10.34)	−0.016 *** (−5.00)	0.015 *** (10.69)	−0.0064 ** (−2.38)	0.017 *** (7.81)	−0.0073 * (−1.81)
LEV	0.078 *** (14.50)	−0.25 *** (−23.53)	0.080 *** (12.78)	−0.26 *** (−19.90)	0.10 *** (16.36)	−0.22 *** (−18.61)	0.095 *** (10.33)	−0.25 *** (−14.43)
MB	−0.0024 (−1.34)	0.025 *** (7.16)	0.00056 (0.28)	0.027 *** (6.50)	−0.0037 * (−1.80)	0.027 *** (7.20)	0.0024 (0.85)	0.024 *** (4.50)
INV	0.043 *** (6.71)	−0.42 *** (−33.58)	0.047 *** (6.33)	−0.45 *** (−29.43)	0.025 *** (3.53)	−0.45 *** (−34.73)	0.050 *** (4.79)	−0.45 *** (−22.95)

续表

变量	interind = 1 因变量: TC2_adj	interind = 1 因变量: CASH	interindall = 1 因变量: TC2_adj	interindall = 1 因变量: CASH	indall = 1 因变量: TC2_adj	indall = 1 因变量: CASH	interindall = 1&indall = 1 因变量: TC2_adj	interindall = 1&indall = 1 因变量: CASH
OCF	0.14*** (9.22)	0.41*** (13.93)	0.13*** (7.51)	0.40*** (11.09)	0.17*** (10.01)	0.47*** (14.55)	0.13*** (5.19)	0.41*** (8.36)
SOE	0.0084*** (3.42)	0.011** (2.21)	0.010*** (3.51)	0.014** (2.37)	0.012*** (4.22)	0.0046 (0.90)	0.016*** (3.98)	-0.0073 (-0.95)
POST	0.0082 (1.36)	0.026** (2.04)	0.0086 (1.24)	0.055*** (3.86)	0.0096 (1.49)	0.025** (2.12)	-0.0076 (-0.77)	0.078*** (4.19)
CONS	-0.39*** (-13.70)	0.73*** (12.86)	-0.41*** (-11.89)	0.82*** (11.57)	-0.39*** (-12.41)	0.57*** (9.64)	-0.43*** (-9.25)	0.60*** (6.73)
Year/Ind	√	√	√	√	√	√	√	√
R-sqr	0.096	0.254	0.100	0.260	0.102	0.235	0.108	0.238
F-Value	25.8	75.9	19.4	56.0	50.3	119.3	24.7	54.9
Obs.	8126	8124	5796	5795	6917	6917	3116	3116

注：括号内为 t 值，*、**、*** 分别表示在 10%、5% 和 1% 的显著性水平下显著；结果经过公司层面的聚类（Cluster）调整。

企业更少提供商业信用，更易成为商业信用净获得者，此外由于制造业的上下游产业链特征也比较明显，本章选取了制造业、资源行业和零售行业三个行业的公司（indall＝1）样本来进行细分研究，结果见表 6－10 的第 5 列、第 6 列（未报告的结果中，本章还把三个样本分别进行检验，在制造业和零售业的结果显著）。三是本章同时选取了公司所有兼任董事均处于不同行业（interindall＝1）以及三个细分行业样本（indall＝1）的综合，结果见表 6－13 的最后两列，CI 在 10% 的显著性水平下显著正相关、CI×TC 在 10% 的显著性水平下显著负相关。以上三个检验从实证的细分角度对本章"结构洞网络位置影响商业信用"逻辑形成了进一步佐证。

（5）此外，本章还做了如下稳健性检验（篇幅所限，结果未提供）：一是商业信用变量可能包括公司与关联方之间的业务，为了降低这种行为对研究结果的影响，本章区分了是否与关联公司之间有"商品交易类、提供或接受劳务、资金交易"三种可能影响商业信用合约的两组样本（rpt），若有则 rpt＝1，否则 rpt＝0。结果显示按照关联交易行为分组后结果在两类样本中都依然显著，说明本章的结论不因关联交易而产生影响。二是一般来说，中国公司通常涉及母公司或控股公司的问题，即公司高管同时会在母公司任董事。此时因变量的商业信用与自变量"结构洞"之间的关系，可能是与控股公司向上市公司派驻董事的关系。但是，本章中董事网络的构建是依据于上市公司之间的董事兼任产生的网络，此现象在满足母子公司都是上市公司且母公司派驻董事到子公司两个条件时会出现，但就作者的了解，母子公司都是上市公司的情况较少见，如果再加上第二个条件的公司就会再少些，本章的大样本数据应该不会受此影响。当然为了结果的稳健，本章把当年存在大股东兼任董事[①]（定义为：若公司的董事同时也在第一大股东单位或者实际控制人单位任职则定义为1，否则为0）的公司观测剔除，仅用非大股东兼任董事的公司样本进行回归，主要结果不变。

6.6　本章小结

社会网络理论认为，行动者和他们的行动被视为是相互依赖的，而不

---

① 感谢西南财经大学郑皋娉博士分享此数据。

是相互独立和自治的个体，而且行动者之间的关系是资源转移或"流动"的通道。在产品竞争市场上，企业也处于社会网络之中，但从社会网络特别是网络结构观点来研究企业活动一直被忽视，正如沃瑟曼和浮士德（1994）所说，基于社会网络的社会资本虽然最容易受到忽略，但它却是决定竞争成败的关键因素。从社会网络的结构洞观点来看，核心战略网络能给企业带来控制优势和信息优势，进而增强企业在产品竞争市场中的实力，而商业信用获取和使用作为企业在竞争中的重要体现，成为检验结构洞网络位置对企业竞争影响的极佳视角。本章则通过对企业决策具有重要影响的董事/高管的个体共同任职关系构建社会网络，并基于该网络研究企业结构洞网络位置与商业信用获取和使用的关系。结果发现，企业所处的网络结构洞越丰富，能够获取的商业信用就越多，从而增强了其在产品市场的竞争优势，同时结构洞越丰富的企业"商业信用—现金持有"敏感性越低，即商业信用的使用成本越低；进一步研究发现，结构洞位置与商业信用获取和使用成本的影响在竞争更为激烈的行业以及市场发展更充分的地区更加显著，这说明商业信用作为一种基于市场的契约，企业网络位置对其的作用在市场化因素下更强。此外，本章还发现结构洞网络位置对商业信用的影响更多地存在于信息环境较差、规模较大、上市年龄较久的公司中，且更多地存在于货币政策宽松时期。本章的结论无论对于扩展现有基于企业个体特征为主要切入点的公司财务研究，还是对现实中解决企业如何通过商业信用来获取产品市场竞争优势的关键问题都具有较大的启示意义。

本章也有一些不足。首先，由于商业信用的衡量是基于不同产业链条层级（即不同行业）的一种契约关系，尽管本章在稳健性检验中通过细分样本（考虑董事的跨行业性、具有典型商业信用链条的行业以及两者综合）进行了考虑，但还是不能较为直观地指出公司结构洞网络位置与居于不同产业链条的企业形成的商业信用的直接逻辑关系，这也是多数商业信用文献面临的一个问题，希望在未来研究中能够加以考虑。其次，本章可能存在一定的内生性问题，尽管在稳健性检验中通过多种方法试图降低内生性的干扰，但本书还是没法完全排除该问题的影响，正如拉克尔（2013）所指出的，此类研究并不能排除所有可能的因果解释等内生性问题，只能通过几种方法来试图降低内生性的影响。

第 7 章

董事网络与信息传递后果：
基于企业效率的证据

7.1 概　　述

　　本章基于董事的结构洞网络位置来衡量企业所处的网络嵌入性，从企业的经营效率和投资效率视角来研究董事网络与公司信息传递的经济后果。已有研究发现企业内部资源的异质性会导致企业效率的差别，然而这一视角是一种静态的资源异质性观点，忽略了可能存在的资源利用的外部社会环境，即动态的企业社会网络对企业效率的提升。社会网络同时包含网络关系和网络结构两个维度，伯特（Burt，1979）最早从结构对等性的角度研究在公司利益系统中的利益与由董事连带关系而产生的企业结构地位之间的关系。而在 1992 年的《结构洞：竞争的社会结构》中伯特系统论证了"结构洞"的概念，认为在社会网络中某些个体之间存在无直接联系或关系间断的现象，从网络整体来看，好像网络结构中出现了洞穴，在结构洞的存在下将无直接联系的两者联结起来的第三者则拥有信息优势和控制优势，从而对企业在市场中的竞争行为具有重要作用。这一网络结构理论在管理领域（尤其是战略管理）已有所发展（Walker et al.，1997；Shipilov et al.，2006；钱锡红等，2010；刘冰等，2011）。从资源依赖理论来看，企业的重要财务活动（如经营活动和投资活动）受其所能获得的资源约束影响巨大，陈运森和谢德仁（2011，2012）发现企业董事的网络关系强度能够影响企业资源的获取，但是在竞争中网络结构位置的差别将更直接（通过结构差异带来的控制优势和信息优势）影响各类关键资源的获取，进而影响企业效率，遗憾的是，这种网络结构观点在公司财务领域未有深入研究，本章则试图对此展开探讨。

由于社会网络中组织悬浮于由各种关系网络组成的环境中，其资源获取的渠道主要来自于所嵌入的具体网络，所以某个企业可以通过董事的个体构建与其他企业的董事/高管网络关系形成社会网络，从而对企业决策产生影响。本章利用2001～2011年的A股上市公司数据构建了企业通过董事之间共同任职关系产生的董事网络，通过网络约束系数计算了不同企业的"结构洞"位置，研究了处于不同"结构洞"位置的上市公司其经营效率和投资效率的差别，实证结果发现，企业所处的董事网络结构洞越丰富，企业的经营效率和投资效率越高（主要体现在对投资不足行为的降低），区分行业竞争程度之后的结果发现结构洞位置与企业效率的促进关系更主要发生在竞争激烈的行业中；进一步研究发现，拥有董事网络丰富结构洞的企业在未来的业绩要好于结构洞较少的企业。

本章可能的创新如下：首先，在公司财务领域对企业网络结构位置的探讨并不多见，且现有基于组织和战略等文献大多基于某一个较小的样本，容易产生对企业所处的网络位置的"人为割裂"。本章则较早地使用我国上市公司的大样本数据发现了企业所处"结构洞"的局部网络中心位置的区别对公司财务行为具有显著影响。其次，近几年社会网络和公司财务交叉领域的文献逐渐增加，但很多文献基于董事的个体特征而对网络进行研究（陈运森和谢德仁，2011，2012；谢德仁和陈运森，2012），且主要从"关系嵌入性"来进行研究，认为只要在社会网络中网络关系强度越高，对董事行为的影响便越大，这种观点忽略了战略结构位置在社会网络中的重要性。本章从"结构嵌入性"角度来进行研究，是对社会网络研究的一种扩展。再其次，本章的结论也具有现实意义，在竞争中如果需要提高企业的经营和投资效率，就必须占据企业网络的较核心位置，特别是在宏观经济环境不佳的现有竞争市场中，企业效率的提高不仅依赖于内延式的发展，还必须重视企业所处网络结构位置的差异对企业竞争效率的促进（外涵式发展）作用。

本章的后续安排如下：7.2节是文献综述，7.3节是制度背景和研究假设，7.4节是研究设计，7.5节是实证结果，7.6节是本章小结。

7.2 文 献 综 述

伯特（1992）认为在社会网络中，某些个体之间存在无直接联系或关系间断的现象，从网络整体来看，好像网络结构中出现了洞穴，这就是结构洞（详细分析请见第 1 章内容）。占据结构洞位置有利于获得更多的信息和资源，因而局部不会形成高的集聚性，此时诸多弱连接关系将扮演"桥"的作用而频繁出现，而将无直接联系的两者联结起来的第三者拥有信息优势和控制优势。本章主要探讨通过企业的董事个体构建与其他企业的董事网络关系形成的社会网络①。如图 7–1 所示，假设有 A 和 B 两个子网络，在 A 子网络中，企业 A1、企业 A2、企业 A3、企业 A4 和企业 O1 分别没有直接联系，但分别与企业 A5 有联系，另外 5 个企业必须通过企业 A5 产生联系，因此企业 A5 占据了 10 个结构洞：A1 – A2、A1 – A3、A1 – A4、A1 – O1、A2 – A3、A2 – A4、A2 – O1、A3 – A4、A3 – O1 和 A4 – O1，从而可以通过这种战略结构位置来获取优势，A 子网络便是有洞的网络。但在 B 子网络中，企业 B1、企业 B2、企业 B3、企业 B4 和企业 O1 互相直接联结，B 子网络便是无洞的网络，在无洞网络中信息和资源是重复和冗余的，且互相都不能控制其他企业联结的路径。在 A 子网络和 B 子网络中，企业 O1 起到了至关重要的"桥"的作用，如果没有企业 O1，A 和 B 两个子网络便具有了"结构洞"，两个子网络中其他企业互相连接必须通过企业 O1，所以企业 O1 占据了结构洞中的优势地位，即拥有比企业 A5 更丰富的结构洞。按照结构洞的定义，图 7–1 中的企业 O1 和企业 A5 无疑控制了其他企业相互沟通和交流的关键通道，起到了"桥"的作用，企业 O1 更是联结了不同子网络的沟通关系，属于弱连接关系。在这种社会网络中镶嵌在关键结构洞位置的企业则对各类资源的获取具有优势。

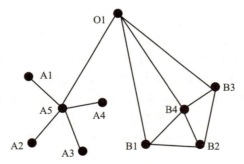

图 7 –1　企业社会网络结构洞示意图

---

①　需指出的是，在产业链中不同类型的结构洞会对企业的财务行为产生不同的后果，但由于每个企业在某种程度上都同时扮演了供应商、生产者和客户三种角色，在实证研究中也较难区分类型，而且不同的董事的任职情况也很难确定是否是同一产业链条的供应商、生产者和客户，所以本章主要从生产者角度来看企业所处的结构洞位置。

在公司财务活动中，竞争是财务效率提高的关键因素，信息获取是财务效率提高的重要途径，而在竞争中获取的控制优势和信息优势镶嵌在网络结构中，正是由于结构洞的存在，没有关系连通的成员相互之间不存在信息互享的渠道，从而他们之间的信息就很有可能是异质的，相互之间的信息也是非冗余的，从而最终可以为拥有这种网络的个人带来信息的多样性以及竞争优势。伯特（1992）把结构洞位置带来的信息收益分为攫取（access）收益、时效性（timing）收益与举荐（referrals）收益：攫取收益在于能够获得有价值的信息，还可以减少企业搜索信息的成本，并促进企业搜索和转移信息过程效率的提高；时效性收益在于可以及早地获得有用的信息；举荐收益在于可以通过各类介绍、接触和推荐获取机会和资源。而控制利益指第三者（broker）居中搭桥（bridge）时，可以决定优先照顾哪一方的利益，信息无疑是控制利益的实质所在。

在具有丰富结构洞位置的企业网络中，起到中介作用的就是"桥"，作为桥的节点能够连接分离的企业子网络，起到信息沟通和交流的作用。企业处于"桥"位置的节点，其中介中心度就很高，在社会网络中，占据了掌握信息流和商业机会的位置，更容易获得中介利益。这种中介利益体现在控制优势和信息优势中，下面具体从企业经营活动和投资活动两个方面展开说明。

7.3　制度背景和研究假设

7.3.1　"结构洞"位置与经营活动效率促进：基于控制优势

企业经营所处的是不完全竞争的市场环境，重要原因之一在于不同战略网络位置的企业所能获得的资源不同，所以企业要想提高经营效率，就必须在"供—产—销"等经营链条各个阶段都提高运营效率，节省交易成本。供应商和消费者之间的交易网络决定了市场对企业的约束，基于各种嵌入在公司权威下受约束的交易背景，企业的网络结构关系使得交易更加方便，否则这些交易的可谈判性会受到约束。从而在网络中处于结构洞优势地位的企业，就能够利用在网络中的控制力来降低交易费用，这种控制优势体现在以下方面：首先，"原材料供应"阶段中企业如果能够利用自身的网络控制位置压低采购成本和采购时间，将加快原材料的周转速度，而在"销售"阶段，由于结构洞网络位置使得企业在销售市场的谈判力增加，从而可以增加销售量、提高销售收入。其次，处于谈判优势地位的企业能够更快地利用自身的地位来收回销售后的资金，从而在整个企业经营链条上都能够节省交易费用，加快经营性资产对资金的转化，进而提高经营效率。此外，在企业经营活动中，实际上面临的最大非效率因素便是企业自身无法控制交易活动带来的不确定性，而恰好在网络中的结构洞位置增加了企业的控制力，降低了这种不确定性。反之，如果企业处在非结构洞核心位置，这种在网络中处于低自主性的企业因为有被排除出核心网络的威胁，也没有与其他竞争者谈判的筹码，所以更倾向于遵从社会结构赋予它的位置特征来行动，即在运营层面各阶段都"受制于人"，承受非核心网络位置带来的诸多交易摩擦和不确定，从而降低经营效率。

当然，在经营活动中处于网络核心位置的企业还可以汇聚多源信息，争取到合作机会。合作企业之间多重的联结导致企业之间的相互依赖，而相互依赖与伙伴之间资源承诺程度又有着直接的关系。资源承诺程度越高，企业间合作的频率就越高，从而提升了合作关系的"质量"。霍斯基森等（Hoskisson et al.，1993）发现网络间企业知识或者信息的交换，使得企业产品差异化的表现更加出色，使得多元化的企业能够更加有效地降低运营成本。综上所述，提出本章的第一个假说：

假说一：结构洞越丰富的企业其经营效率越高。

7.3.2 "结构洞"位置与投资活动效率促进：基于信息优势

结构洞网络位置对投资活动的影响更主要地从其所获得的信息优势角度来发挥作用。由于投资效率一般分为投资过度（主要由管理层机会主义导致）和投资不足（主要由信息不对称导致）。对于那些拥有丰富结构洞的企业而言，其董事可能在其他公司任董事/高管的过程中参与过类似的投资项目决策，或者与其他董事的接触过程中有过同类型投资项目的经验交流，从而更了解投资项目的优势、成长性和投资风险等对投资效率有影响的信息，更重要的是，这种信息优势在于结构洞的形成主要是由弱连接关系所致，在这种情况下企业获取的有关投资方面的信息更多的是非冗余的信息资源，从而避免了不同企业之间的趋同性投资，而提高投资项目的NPV，这是结构洞信息优势的"攫取"收益和"举荐"收益在企业投资决策中的具体体现。此外，由于信息优势容易体现在竞争中的"先机"上[1]，在竞争激

---

[1] 即伯特（Burt，1992）所述"先行一步"的竞争优势。

烈的公司发展环境中，好的投资机会稍纵即逝，如果公司对于此类项目"后知后觉"，待其他很多公司都进行类似投资甚至投资完成之后才开始实施，投资回报就要降低，或者市场被其他公司所抢占而使原本优秀的投资项目 NPV 变为负，所以公司投资决策中对于好的投资项目和机会这种竞争性知识的快速获取就非常重要。如果企业拥有更多的结构洞位置，他们就拥有更多的获取这种投资机会和投资项目知识的渠道和更快速获取此类知识的可能性，从而及时和准确地给经理人恰当的投资建议，获得有效投资的"先行者优势"，这就是结构洞信息优势的"时效性"收益在投资决策中的体现。基于此，本章提出第二个假说：

假说二：结构洞越丰富的企业其投资效率越高。

网络作用的发挥会受行动者特质的影响（Burt，1992），而企业所处的行业竞争程度是企业经营和投资效率的"特质性"因素，所以结构洞作用的发挥依赖于企业所处的行业性质。在垄断性行业中，企业可以借鉴自身的垄断地位获得在经营、投资等财务活动中的优势地位，在此背景下基于董事的网络类型就属于低自主性网络，通过董事个体所处社会网络获得信息和控制的优势就会降低，从而更少地依赖于通过董事兼任而形成的网络的作用发挥，而更多的是通过直接的垄断地位获得谈判优势。但是，在竞争激烈的行业中，由于不同企业都不能通过自身的固有地位来取得显著优于其他企业的回报，基于董事网络的结构洞位置更能给企业带来涉及商业竞争的信息和控制利益，即在此背景下董事网络的结构自主性更强（structural autonomy），为了获得更多的市场份额和投资更有效的项目，在竞争性行业中，企业就更需要通过个体掌握的社会网络来获得更具竞争性的优势位置，在此情况下结构洞位置的作用更加体现，基于此，本章提出第三个假说：

假说三：丰富结构洞位置与经营/投资效率的关系更可能出现在竞争性行业中。

7.4　研　究　设　计

7.4.1　研究模型和变量定义

（1）结构洞网络位置的衡量。结构洞是从社会结构中原来没有联系的网络成员之间建立间接的关系以获取信息优势和控制优势来定义社会资本，认为是否是在网络成员之间有结构洞决定了信息与机会的潜力，所以对结构洞网络位置的衡量是本章的一个关键。详细的衡量方式参加第1章以及第6章内容。

（2）研究模型和变量定义。在计算了结构洞指标之后，结合企业经营效率和投资效率两方面对网络位置与企业效率的促进作用进行研究，本章构建模型如下：

$$OE_{it} = \alpha_0 + \alpha_1 CI_{it} + \sum Controls + \varepsilon \qquad (7-1)$$

$$IE_{it} = \beta_0 + \beta_1 CI_{it} + \sum Controls + \gamma \qquad (7-2)$$

模型（7-1）用来检验假说一，即结构洞网络位置与经营效率的关系。其中，由于资产周转的速度代表了资产经由"供产销"经营链条最后转化为收入资金的效率，特别是与同行业其他公司相比的相对速度更是突出了企业在供应链条上的控制能力，突出了结构洞位置的"控制优势"。所以经营效率用资产周转率原值（turnover）和经行业调整后的资产周转率（turnover_adj）作为分析变量，行业分类参照2001年原证监会行业分类标准，制造业为二级行业分类标准，其他为一级行业分类标准。

模型（7-2）用来检验假说二，即结构洞网络位置与投资效率（IE）的关系。其中，投资效率的计算方法参照理查森（Richardson，2006）的分析方法：

$$INV_t = \alpha_0 + \alpha_1 Q_{t-1} + \alpha_2 Cash_{t-1} + \alpha_3 ListY_{t-1} + \alpha_4 Size_{t-1} + \alpha_5 Lev_{t-1}$$
$$+ \alpha_6 RET_{t-1} + \alpha_7 INV_{t-1} + \varepsilon \qquad (7-3)$$

其中：INV_t 为第 t 年公司资本投资量，等于（固定资产＋在建工程＋无形资产＋长期投资）净值变化量/平均总资产，本章也用现金流量表数据进行了稳健性检验；Q_{t-1} 为第 t-1 年末公司成长机会，等于（每股价格×流通股份数＋每股净资产×非流通股份数＋负债账面价值）/年末总资产（若公司股份全流通，则为（股票年末市值＋负债年末账面价值）/年末总资产）；$Cash_{t-1}$ 为公司现金持有量，为第 t-1 年末货币资金/总资产；$ListY_{t-1}$ 为第 t-1 年末公司上市年龄；$Size_{t-1}$ 和 Lev_{t-1} 分别为第 t-1 年末的总资产自然对数和资产负债率；RET_{t-1} 为第 t-1 年 5 月到 t 年 4 月经市场调整的以月股票回报率计算的年度股票收益；INV_{t-1} 为第 t-1 年的公司资本投资量。为了消除行业不同投资水平和年度宏观因素的变化，本章对模型进行分年度和分行业回归，回归残差若为正，则为投资过度，用 over-

INV 表征，若为负，则为投资不足，用 underINV 表征（为了便于理解，本章在回归分析中对 underINV 乘以 -1，这样 underINV 越大，投资不足越严重）。同时本章对残差取绝对值（absINV），表示公司投资效率，absINV 越大，投资越无效。借鉴李守喜等（2007）、陈运森和谢德仁（2011）、陈运森（2012）、比德尔（2009）及陈等（2011）等文献，本章控制了主要的公司治理变量（股权性质和比例、董事会治理、高管薪酬三个方面）以及公司基本状况（规模和杠杆等基本面、盈利水平、资产状况三个方面）变量，主要原因在于从委托代理理论出发，不同公司治理机制的设置会影响企业效率的提高，而且不同公司的"禀赋"（即公司盈利、资产状况等基本特征）的差别也会影响经营和投资效率，详细的变量定义如表 7-1 所示。在假说三的检验中本章通过赫芬达尔指数衡量行业竞争程度①，以区分在竞争和垄断行业中结构洞网络位置与企业效率促进的不同作用。

表 7-1　　　　　　　　　　　　变量定义表

变量名称	符号	变量定义
网络约束系数	CI	"结构洞"衡量指标，方法见第 1 章和第 6 章内容，通过 Pajek 软件计算
经营效率	OE	第 t 年主营业务收入/平均总资产
投资效率	IE	计算方法参照理查森（2006），同时区分过度投资（overINV）和投资不足（underINV）
董事会规模	Board	第 t 年末董事会成员数量
独立董事比例	Out	第 t 年末独立董事占所有董事比例
高管薪酬	Comp	第 t 年"薪酬最高的前三名高管"薪酬总额的自然对数
两职合一	Dual	若 t 年末董事长和总经理为同一人则为 1，否则为 0
最终控制人性质	Soe	哑变量，最终控制人为国有则取 1，否则为 0
第一大股东持股比例	Shr1	第 t 年末第一大股东持股占所有在外流通股份的比例

---

① 先分年度计算各行业营业收入的 HHI 指数（行业内公司 t 年营业收入占行业内全部公司 t 年营业收入的比例之平方和），然后按照该指数是否高于 t 年所有行业该指数的中值来区分行业竞争程度的高低。

变量名称	符号	变量定义
两权分离度	Sep	第 t 年现金流权和控制权的分离度
公司规模	Size	第 t 年末总资产的自然对数
公司规模哑变量	Dsize	若公司规模处于行业中位数以下则为 1，否则为 0
杠杆水平	Lev	第 t 年末总负债/总资产
盈利水平	Roa/Roe	第 t 年净利润/期末总（净）资产
有形资产	Cata	第 t 年流动资产占总资产的比例
行业/年份	IND/YEAR	行业哑变量参照 2001 年原证监会行业分类标准，制造业为二级行业分类标准，其他为一级行业分类标准。样本区间为 11 年，故设 10 个年度哑变量

7.4.2 样本和数据

本章选取了中国 A 股市场 2001～2011 年共 11 年的样本区间。为了保证网络的完整性，在计算结构洞网络的时候包含了所有 A 股上市公司①，董事资料为手工收集和整理（其中最重要的是对重名现象进行了区别），具体计算方法为：赋予每个董事一个唯一的 ID，在 txt 文档中整理为"公司—董事"的一模矩阵，即如果董事 A 与董事 B 至少在某一个董事会一起任职则赋值为 1，否则为 0，通过"txt2pajek"软件导入 Pajek，然后计算出网络约束指数。在剔除金融行业公司样本、公司董事资料缺失样本以及其他财务和公司治理数据缺失的样本后，共获得 12912 个公司/年份观测值（不同变量缺失值不同，在不同的模型中进入回归模型的样本量有所不同，计算非效率投资时剔除少于 20 个公司的行业）。为消除极端值影响，本章对主要连续变量上下 1% 进行了 Winsorize 处理；同时对公司层面做了聚类（Cluster）调整。对于结构洞位置的"网络约束指数"指标采用大型社会网络分析软件 Pajek，统计和回归分析采用 SAS 软件。

---

① 在计算结构洞指标时本章的初始样本包括所有 A 股上市公司，但没有包括非上市公司，原因在于非上市公司的数据很难收集到，然而相对于战略领域的小样本以及美国等市场采用 S&P1500 家公司样本，本章的网络样本则更全面，在一定程度上可以降低人为地隔断网络联结关系的问题。

7.5　实　证　结　果

7.5.1　描述性统计和相关系数分析

主要变量的描述性统计如表 7 - 2 所示：网络约束系数的均值为 0.262，最大值和最小值相差 0.789，表明不同公司的结构洞丰富程度差异较大，这方便了本章对此进行的研究。经营效率（原始值和调整值的均值分别为 0.676 和 0.102）和投资效率（均值为 0.063）与现有文献均相符。

表 7 - 2　　　　　　　　　　样本描述性统计

变量	N	均值	中位数	最大值	最小值	标准差
CI	13907	0.262	0.000	0.789	0.000	0.295
turnover	16396	0.676	0.557	2.246	0.054	0.485
turnover_adj	16396	0.102	0.000	2.027	- 0.730	0.462
absINV	10415	0.063	0.045	0.278	0.001	0.061
overINV	4952	0.059	0.046	0.148	0.000	0.047
underINV	5463	- 0.059	- 0.044	0.000	- 0.208	0.053
Board	17687	9.306	9.000	15.000	5.000	2.017
Out	17683	0.310	0.333	0.556	0.000	0.121
Comp	16866	13.277	13.356	15.283	10.913	0.951
Dual	17873	0.163	0.000	1.000	0.000	0.369
Soe	14477	0.553	1.000	1.000	0.000	0.497
Shr1	14314	38.516	36.550	100.000	0.160	16.148
Sep	12920	5.539	0.000	53.424	0.000	8.064
Size	17881	21.333	21.198	24.196	19.126	1.105
Lev	17881	0.488	0.485	1.172	0.074	0.227
Roa	17881	0.030	0.035	0.169	- 0.243	0.069
Cata	17881	0.548	0.558	0.971	0.078	0.216

7.5.2 回归分析

为了更便于理解，本章的投资不足变量乘以 − 1，从而 underINV 越大，投资不足越严重。模型（7 − 1）和模型（7 − 2）的回归结果如表7 − 3 所示，前两列显示的是结构洞与企业经营效率的关系，无论是原始的资产周转率还是经行业调整之后的值，结构洞都与其在 5% 的显著性水平下显著正相关，这就验证了假说一，即结构洞越丰富，企业经营效率越高；第 3 ~ 5 列显示的是结构洞与投资效率的相关关系，本章发现当因变量为 absINV 时，系数并不显著，结构洞位置与总体的投资效率并没有显著关系，但当区分投资不足和过度投资之后可以发现，结构洞位置显著降低了企业的投资不足（t 值为 − 2.17，在 5% 的显著性水平下显著负相关），但与过度投资不相关，这种结果产生可能的原因是：企业的结构洞位置给企业带来更多的信息优势，而投资不足行为更多的是因为信息不对称而产生，因此，这种信息优势往往作用于投资不足而非过度投资。控制变量不一而论。

表 7 − 3　　　　　　　　　　网络位置与经营/投资效率促进

变量	turnover	turnover_adj	absINV	（ − 1 ）× underINV	overINV
CI	0.059 ** (2.17)	0.062 ** (2.15)	0.002 (0.67)	− 0.005 ** (− 2.17)	0.007 (1.40)
Board	0.004 (0.73)	0.003 (0.54)	− 0.001 (− 1.33)	− 0.001 ** (− 2.14)	− 0.000 (− 0.46)
Out	− 0.110 (− 0.74)	− 0.141 (− 0.91)	0.026 (1.49)	0.007 (0.52)	0.017 (1.19)
Comp	0.096 *** (7.27)	0.094 *** (6.44)	− 0.003 ** (− 2.51)	− 0.003 *** (− 3.33)	− 0.001 (− 0.71)
Dual	− 0.011 (− 0.46)	− 0.016 (− 0.68)	− 0.000 (− 0.08)	0.001 (0.20)	− 0.001 (− 0.52)
Soe	0.091 *** (4.13)	0.088 *** (3.68)	− 0.006 *** (− 2.78)	− 0.007 *** (− 3.13)	− 0.003 * (− 1.91)
Shr1	0.002 *** (3.37)	0.002 *** (3.40)	0.000 *** (2.68)	0.000 *** (2.82)	0.000 * (1.68)

续表

变量	turnover	turnover_adj	absINV	(−1) × underINV	overINV
Sep	0.001 (1.13)	0.001 (0.97)	−0.000 (−0.59)	−0.000 (−0.32)	−0.000 (−0.94)
Size	0.015 (1.31)	0.020 (1.61)	−0.004 *** (−3.33)	−0.003 *** (−2.95)	−0.003 (−1.57)
Lev	0.249 *** (5.09)	0.257 *** (4.81)	0.001 (0.17)	0.009 ** (2.46)	−0.002 (−0.51)
Roa	1.286 *** (11.07)	1.308 *** (10.65)	−0.024 (−1.62)	0.022 ** (2.11)	−0.031 * (−1.72)
Cata	0.535 *** (9.40)	0.581 *** (9.29)	−0.045 *** (−8.23)	−0.068 *** (−15.85)	−0.024 *** (−5.81)
Cons	−1.678 *** (−6.67)	−2.159 *** (−8.01)	0.211 *** (8.38)	0.209 *** (9.57)	0.135 ** (2.04)
Ind/Year	√	√	√	√	√
R^2_adj	0.319	0.177	0.063	0.106	0.038
F − Value	30.94	13.89	8.81	27.34	3.24
Obs.	9516	9516	6376	3339	3037

注：括号内为 t 值，* 、** 、*** 分别表示在 10% 、5% 和 1% 的显著性水平下显著；结果经过公司层面的聚类（Cluster）调整。

同时，本章区分竞争（HHI =0）和垄断（HHI =1）行业进行对比分析，结果如表 7 - 4 所示：第 1 列和第 2 列显示的是结构洞与经营效率（因变量为经行业调整后的资产周转率）在不同规模组的关系，在产品市场竞争激烈的行业组别中系数在 1% 的显著性水平下显著正相关（系数为 0.071），而在垄断性较强的行业组别中系数不显著，从而说明网络位置与经营效率的正相关关系主要体现在产品市场竞争激烈的行业中；同理，第 3 列和第 4 列显示的是结构洞与投资效率（因变量为投资不足）在不同组别的差异，在竞争激烈行业中 CI 的系数显著负相关，但在垄断行业中系数不显著，说明结构洞网络位置与投资不足的关系同样存在于激烈竞争的行业中，验证了假说三。

表 7 - 4   行业竞争程度、结构洞位置与企业效率促进

变量	HHI = 0	HHI = 1	HHI = 0	HHI = 1
	turnover_adj	turnover_adj	(-1) × underINV	(-1) × underINV
CI	0.071 *** (3.42)	0.020 (0.67)	-0.004 * (-1.74)	-0.006 (-1.31)
Board	0.005 (1.64)	0.000 (0.10)	-0.000 (-0.64)	-0.001 (-1.60)
Out	-0.201 * (-1.77)	-0.038 (-0.24)	0.009 (0.66)	0.002 (0.09)
Comp	0.082 *** (9.85)	0.111 *** (8.84)	-0.000 (-0.25)	0.001 (0.47)
Dual	-0.023 (-1.33)	-0.017 (-0.68)	-0.003 (-1.53)	0.000 (0.11)
Soe	0.090 *** (6.88)	0.088 *** (4.30)	-0.006 *** (-3.55)	-0.000 (-0.09)
Shr1	0.002 *** (6.09)	0.002 *** (3.67)	-0.000 (-0.47)	0.000 ** (1.96)
Sep	0.001 ** (2.04)	0.001 (1.10)	0.000 (1.32)	-0.000 ** (-2.53)
Size	0.029 *** (4.45)	0.003 (0.32)	-0.003 *** (-2.99)	-0.003 ** (-2.44)
Lev	0.249 *** (8.46)	0.151 *** (3.76)	0.011 *** (2.72)	0.014 ** (2.16)
Roa	1.450 *** (15.14)	0.963 *** (7.16)	0.058 *** (4.78)	0.058 *** (2.82)
Cata	0.400 *** (14.07)	0.488 *** (13.45)	-0.035 *** (-9.70)	-0.036 *** (-6.59)
Cons	-2.174 *** (-15.29)	-1.928 *** (-9.66)	0.108 *** (6.22)	0.112 *** (3.87)
Year	√	√	√	√
R^2_adj	0.161	0.154	0.033	0.044
F - Value	66.89	22.91	10.05	4.69
Obs.	6975	2541	2478	861

注：括号内为 t 值，* 、** 、*** 分别表示在 10%、5% 和 1% 的显著性水平下显著；结果经过公司层面的聚类（Cluster）调整。

7.5.3 进一步分析

伯特（1992）认为组织在结构洞位置中获得的控制优势和信息优势能带来投资回报的提高，所以为了进一步检验"结构洞"位置是否真的给企业带来了效率的促进，本章进一步检验了企业在未来 1 ~ 2 年业绩是否能提升，如果具有丰富结构洞网络位置的企业未来业绩更好，则验证了本章的假说（见表 7 – 5）。结果发现，无论是原始的 ROA 还是经行业调整后的 ROA，在未来第 1 年业绩都与网络约束系数呈 5% 的正相关关系，这种相关性在未来第 2 年依然存在（10% 的显著性水平下显著），从而很有力地验证了本章的主要逻辑，即丰富的"结构洞"位置能促进企业效率的增长。

表 7 – 5　　　　　　　网络位置与未来企业业绩

变量	未来第一年业绩		未来第二年业绩	
	ROA	ROE	ROA	ROE
CI	0.0054 ** (2.30)	0.0158 ** (1.99)	0.0046 * (1.82)	0.0148 * (1.80)
Board	0.0002 (0.66)	0.0005 (0.43)	0.0000 (0.03)	0.0005 (0.41)
Out	0.0095 (0.73)	0.0736 (1.64)	− 0.0250 (− 1.39)	0.0375 (0.78)
Comp	0.0117 *** (11.88)	0.0360 *** (10.78)	0.0127 *** (11.14)	0.0347 *** (9.95)
Dual	− 0.0040 ** (− 2.05)	− 0.0130 * (− 1.95)	− 0.0044 * (− 1.78)	− 0.0139 ** (− 2.00)
Soe	− 0.0061 *** (− 3.91)	− 0.0185 *** (− 3.51)	− 0.0068 *** (− 3.89)	− 0.0163 *** (− 2.94)
Shr1	0.0004 *** (8.19)	0.0010 *** (6.91)	0.0004 *** (7.90)	0.0009 *** (5.90)
Sep	− 0.0002 *** (− 2.78)	− 0.0008 *** (− 2.89)	− 0.0001 (− 0.74)	− 0.0002 (− 0.80)
Size	− 0.0023 *** (− 3.01)	0.0056 ** (2.05)	− 0.0032 *** (− 3.38)	0.0034 (1.17)

续表

变量	未来第一年业绩		未来第二年业绩	
	ROA	ROE	ROA	ROE
Lev	− 0.0240 *** (− 7.01)	− 0.0899 *** (− 6.71)	− 0.0278 *** (− 5.09)	− 0.0797 *** (− 5.60)
Cata	0.0031 (0.83)	0.0623 *** (4.81)	− 0.0016 (− 0.43)	0.0492 *** (3.59)
Roa	0.3756 *** (33.95)		0.2042 *** (10.83)	
Roe		0.2364 *** (19.32)		0.1011 *** (7.92)
Cons	− 0.0945 *** (− 5.62)	− 0.6084 *** (− 10.32)	− 0.0573 *** (− 2.75)	− 0.5881 *** (− 9.79)
Ind/Year	√	√	√	√
R^2_adj	0.2659	0.1359	0.1535	0.0877
F − Value	85.23	35.39	39.83	19.92
Obs	8978	8586	8093	7702

注：括号内为 t 值，*、**、*** 分别表示在 10%、5% 和 1% 的显著性水平下显著；结果经过公司层面的聚类（Cluster）调整。

7.5.4 稳健性检验

为了保证结果的可靠性，本章进行了以下稳健性检验：

（1）对于结构洞位置与未来业绩的检验，本章还分别采用了行业调整后的 ROA、ROE，以及经大盘调整后的年度股票收益作为公司业绩的代理变量，结果如表 7 − 6 所示：在未来一年中，无论是 ROA_adj、ROE_adj 还是 RET，都显著正相关（系数在 5% 或 1% 的显著性水平下显著），未来两年后，ROA_adj 系数不显著，ROE_adj 和 RET 显著性降低，而且系数也减少，结果跟主回归分析一致。

表 7 − 6　　　　　　　　　　稳健性检验（1）

变量	未来一年业绩			未来两年业绩		
	ROA_adj	ROE_adj	RET	ROA_adj	ROE_adj	RET
CI	0.005 ** (2.27)	0.015 ** (1.96)	0.485 *** (19.04)	0.004 (1.54)	0.014 * (1.70)	0.084 *** (3.76)

续表

变量	未来一年业绩			未来两年业绩		
	ROA_adj	ROE_adj	RET	ROA_adj	ROE_adj	RET
Board	0. 000 (0. 59)	0. 001 (0. 42)	0. 004 (0. 91)	0. 000 (0. 35)	0. 000 (0. 33)	0. 005 (1. 33)
Out	0. 007 (0. 53)	0. 067 (1. 51)	- 0. 313 ** (- 2. 07)	- 0. 023 (- 1. 56)	0. 034 (0. 73)	- 0. 125 (- 0. 94)
Comp	0. 012 *** (11. 98)	0. 036 *** (10. 99)	- 0. 037 *** (- 3. 33)	0. 012 *** (11. 93)	0. 035 *** (10. 18)	- 0. 012 (- 1. 25)
Dual	- 0. 004 ** (- 2. 27)	- 0. 013 ** (- 2. 05)	0. 044 * (1. 94)	- 0. 006 *** (- 2. 86)	- 0. 015 ** (- 2. 12)	0. 022 (1. 12)
Soe	- 0. 006 *** (- 3. 96)	- 0. 018 *** (- 3. 46)	- 0. 068 *** (- 3. 83)	- 0. 007 *** (- 4. 25)	- 0. 016 *** (- 2. 87)	- 0. 029 * (- 1. 87)
Shr1	0. 000 *** (8. 23)	0. 001 *** (6. 87)	0. 002 *** (3. 41)	0. 000 *** (8. 11)	0. 001 *** (5. 86)	0. 001 (1. 20)
Sep	- 0. 000 ** (- 2. 42)	- 0. 001 *** (- 2. 71)	- 0. 002 ** (- 2. 26)	- 0. 000 (- 0. 60)	- 0. 000 (- 0. 69)	- 0. 000 (- 0. 37)
Size	- 0. 002 *** (- 2. 77)	0. 005 ** (2. 04)	- 0. 070 *** (- 7. 59)	- 0. 002 *** (- 2. 69)	0. 003 (1. 19)	- 0. 041 *** (- 5. 02)
Lev	- 0. 024 *** (- 7. 02)	- 0. 088 *** (- 6. 68)	0. 092 ** (2. 03)	- 0. 023 *** (- 6. 11)	- 0. 077 *** (- 5. 51)	0. 086 ** (2. 16)
Cata	0. 004 (0. 94)	0. 059 *** (4. 66)	- 0. 081 * (- 1. 87)	- 0. 002 (- 0. 51)	0. 047 *** (3. 46)	- 0. 007 (- 0. 19)
Roa	0. 371 *** (33. 47)			0. 195 *** (16. 06)		
Roe		0. 231 *** (19. 14)	0. 017 (0. 45)		0. 099 *** (7. 89)	0. 042 (1. 29)
Cons	- 0. 134 *** (- 7. 97)	- 0. 670 *** (- 11. 53)	2. 512 *** (12. 89)	- 0. 118 *** (- 6. 93)	- 0. 621 *** (- 10. 48)	0. 939 *** (5. 43)
Ind/Year	√	√	√	√	√	√
R²_adj	0. 237	0. 120	0. 553	0. 110	0. 067	0. 697
F - Value	73. 01	30. 74	295. 24	83. 30	14. 96	499. 02
Obs	8978	8586	8630	8093	7702	7842

注：括号内为 t 值，* 、** 、*** 分别表示在 10% 、5% 和 1% 的显著性水平下显著；结果经过公司层面的聚类（Cluster）调整。

（2）对于投资效率的衡量，本章也使用了比德尔等（2009）和陈等（2010）两个模型进行了替代。比德尔等（2009）认为可以直接用公司的资本投资与成长性回归进行替代，进而求出投资效率，模型为 $INV_t = \gamma_0 + \gamma_1 Growth_{t-1} + \delta$，其中 $Growth_{t-1}$ 为营业收入增长率，陈等（2010）同时也考虑了营业收入增长率的非线性关系，模型为：$INV_t = \lambda_0 + \lambda_1 Neg_{t-1} + \lambda_2 Neg * Growth_{t-1} + \lambda_3 Growth_{t-1} + \nu$，其中 Neg_{t-1} 为营业收入增长率是否为负的虚拟变量。两个模型计算出的非效率投资指标（分年度分行业回归的模型残差）分别为 absINV_B 和 absINV_C，分析结果见表 7 – 7 的前两列，本章发现 CI 与 absINV_B 和 absINV_C 都在 5% 的显著性水平下显著负相关，说明结构洞位置与投资效率的关系是稳定的。

（3）对于可能存在的内生性问题，本章使用了工具变量的两个阶段回归。亚当斯和费雷拉（2007）、阿姆斯特朗等（2010）认为董事作用的发挥要依赖于公司的信息环境，本章选取了分析师跟踪人数作为有董事联结产生的结构洞位置的工具变量（陈运森，2011）。第一阶段回归模型检验网络约束指数对前一年公司所跟踪的分析师人数（analyst）的回归，同时控制了前一年董事会人数、独立董事比率、最终控制人性质、第一大股东持股比例、公司规模、总资产周转率以及资产负债率，当然也控制了行业和年份。第二阶段回归得到的是公司结构洞位置预测值（CI_predicted），再加入模型（7 – 1）和模型（7 – 2），具体结果见表 7 – 7：除了 turnover 和 absINV 不显著，因变量为 turnover_adj、absINV_B 和 absINV_C 时 CI_predicted 系数显著且符合预期。

表 7 – 7   稳健性检验（2）

变量	非效率投资		两阶段回归				
	absINV_B	absINV_C	turnover	turnover_adj	absINV	absINV_B	absINV_C
CI	− 0. 008 ** （− 2. 19）	− 0. 008 ** （− 2. 17）					
CI_predicted			0. 025 （0. 25）	0. 436 *** （4. 59）	0. 015 （0. 89）	− 0. 042 ** （− 2. 03）	− 0. 046 ** （− 2. 23）
Board	− 0. 002 *** （− 3. 64）	− 0. 001 （− 1. 59）	− 0. 001 （− 0. 27）	− 0. 011 *** （− 2. 71）	− 0. 000 （− 0. 42）	− 0. 001 （− 0. 71）	0. 000 （0. 08）
Out	− 0. 002 （− 0. 11）	0. 017 （0. 84）	− 0. 240 * （− 1. 92）	− 0. 150 （− 1. 27）	0. 049 ** （2. 35）	− 0. 007 （− 0. 27）	0. 002 （0. 07）

续表

变量	非效率投资		两阶段回归				
	absINV_B	absINV_C	turnover	turnover_adj	absINV	absINV_B	absINV_C
Comp	0.001 (0.56)	−0.001 (−0.47)	0.047*** (4.98)	0.053*** (5.78)	−0.002 (−1.26)	0.001 (0.71)	0.002 (1.04)
Dual	0.004 (1.16)	0.004 (1.36)	0.006 (0.33)	−0.012 (−0.71)	0.000 (0.15)	0.004 (1.06)	0.003 (0.82)
Soe	−0.009*** (−3.56)	−0.009*** (−3.85)	0.115*** (7.81)	0.084*** (5.94)	−0.001 (−0.30)	−0.001 (−0.47)	−0.002 (−0.71)
Shr1	−0.000* (−1.83)	−0.000 (−0.82)	0.001*** (3.41)	0.001*** (3.21)	0.000*** (2.73)	0.000 (0.75)	0.000 (0.78)
Sep	−0.000 (−0.71)	−0.000 (−0.42)	0.005*** (6.56)	0.002*** (3.27)	−0.000 (−0.32)	−0.000 (−0.94)	−0.000 (−0.56)
Size	−0.005*** (−4.53)	−0.005*** (−4.02)	−0.022*** (−2.88)	0.012 (1.63)	−0.003** (−2.46)	−0.002 (−1.19)	−0.002 (−1.34)
Lev	0.048*** (8.20)	0.043*** (8.33)	0.647*** (16.46)	0.633*** (16.44)	0.003 (0.51)	0.021** (2.55)	0.022*** (2.65)
Roa	0.044** (2.33)	0.070*** (4.14)	2.025*** (14.71)	1.694*** (12.74)	0.039* (1.81)	0.001 (0.04)	−0.007 (−0.25)
Cata	−0.028*** (−4.54)	−0.033*** (−5.70)	0.440*** (15.00)	0.555*** (15.75)	−0.049*** (−10.25)	−0.026*** (−4.21)	−0.031*** (−5.09)
Cons	0.267*** (11.30)	0.278*** (11.94)	−0.099 (−0.64)	−1.568*** (−10.03)	0.147*** (5.86)	0.171*** (5.31)	0.159*** (4.97)
Ind/Year	√	√	√	√	√	√	√
R^2_adj	0.042	0.061	0.129	0.156	0.039	0.024	0.025
F − Value	16.82	17.46	74.16	35.58	11.31	5.26	5.38
Obs.	9120	9120	6015	6015	3384	5345	5345

注：括号内为 t 值，*、**、***分别表示在10%、5%和1%的显著性水平下显著；结果经过公司层面的聚类（Cluster）调整。

7.6 本 章 小 结

"结构嵌入性"观认为，社会网络中的不同个体由于位置不同而产生了信息优势差异，具有网络结构位置优势的个体能够获得更多的信息优势和资源控制优势，从而对个体的决策行为产生影响。企业作为经济活动中重要的组织单位，互相之间会通过董事和高管的直接和间接联结关系形成一个社会网络，在网络中处于其他企业之间沟通关键路径中的企业拥有控制优势和信息优势，这种优势会进一步作用于企业的决策效率，并且这种结构洞位置带来的优势后续会提升公司业绩。

本章基于上述逻辑，利用 2001 ~ 2011 年的 A 股上市公司数据构建了企业通过董事之间共同任职关系产生的董事网络，通过社会学软件 Pajek 并计算了不同企业的"结构洞"位置，研究了处于不同"结构洞"位置的上市公司其经营效率和投资效率的差别，实证结果发现，企业在所处的董事网络结构洞越丰富，企业的经营效率和投资效率越高（主要体现在对投资不足行为的降低），区分行业竞争程度之后的结果发现结构洞位置与企业效率的促进关系更主要发生在竞争激烈的行业中；进一步研究发现，拥有董事网络中丰富结构洞的企业在未来的业绩要好于结构洞较少的企业。

结论表明企业经营和投资决策效率的提升受到企业所处社会网络结构位置的影响，本研究呼吁在未来的研究中将企业间网络结构的影响纳入研究框架中，这将有效拓展现有"社会网络和公司财务"交叉研究的文献。

第8章

研究结论

8.1 主要工作和结论

基于社会网络分析方法的董事网络关系研究近几年刚刚受到关注。但现有文献对网络的衡量过于片面，而且研究内容主要基于公司治理能力的变化、政策的改变以及公司业绩的改变，经验证据也并不统一甚至互相矛盾。尤其在中国独特的制度背景下，从信息传递视角的研究尚未引起更多的关注，特别是公司所面临的信息环境是否影响其聘任拥有网络关系的董事，以及聘任之后董事信息传递的各种渠道以及经济后果，尚待进一步深入和系统地研究。本书以社会网络理论为基础，借鉴社会网络分析方法，同时从董事连锁网络关系和董事网络嵌入性两方面衡量董事网络，并从公司信息传递视角出发，系统地研究网络背景董事的聘任与公司信息传递需求、董事网络与公司的具体信息传递渠道以及信息传递后果。本书的主要结论如下。

首先，对董事网络的范围和衡量进行了界定。依据社会网络理论，网络包含直接网络关系和间接的网络关系以及基于关系而产生的结构嵌入性，格兰诺维特（1992）认为决策者受到所处社会关系模式影响，这种模式情景分为与决策主体直接互动的关系网络情景和决策主体所在的社会网络结构情景。所以直接的和间接的连锁董事关系和基于社会网络分析的董事网络嵌入性都是董事网络的一个部分，但现有研究都是把这两者分开检验，尽管可能都是用社会网络理论来进行解释，但两者的割裂使得对检验结果的解释具有片面性。连锁董事作为直接的网络关系理解较为直接，但并未真正衡量董事网络的网络嵌入性，通过网络中心度计算的董事网络嵌入性能够同时考虑网络中心度和网络结构洞位置，但却较为抽象，所以本书同时把连锁董事和董事网络嵌入性纳入一个研究框架并进行研究。董事网络的两个方面是有机统一的，董事网络嵌入性是基于董事连锁网络关系而产生的着重于整体网络的关系强度和结构位置，两者相辅相成。当然两者也有区别，董事网络嵌入性是基于连锁董事现象，但不一定说如果董事自身没有兼任行为就不具有董事网络嵌入性，因为其自身的网络嵌入程度可以通过其他董事的网络关系来间接获得。

其次，基于董事网络信息传递的逻辑分析框架，从信息传递需求（董事网络影响因素）、信息传递渠道（会计政策趋同和公司财务决策趋同）、信息传递效果（股价同步性、商业信用获取和经营投资效率）等三个角度全面系统地检验了公司信息传递需求、董事网络与公司的具体信息传递渠道以及信息传递后果。主要实证结果如下：

从信息传递需求（董事网络影响因素）的角度，本书以董事兼任关系哑变量和董事网络嵌入程度作为董事网络的代理变量，研究了董事网络的影响因素。结果发现，信息环境越复杂，公司越可能聘任具有董事连锁网络关系以及董事网络嵌入性更高的董事。相比于非国有上市公司，国有上市公司越可能聘任具有董事连锁网络关系以及董事网络嵌入性更高的董事。相比于第一大股东持股比例低的公司，第一大股东持股比例越大越不可能聘任具有董事连锁网络关系以及董事网络嵌入性更高的董事。进一步，本书还发现，上市公司的上市年龄越短，公司越可能聘任具有董事连锁网络关系以及董事网络嵌入性更高的董事。公司规模越大、多元化经营程度越高时，公司面临着更强的信息需求，越可能聘任具有董事连锁网络关系以及董事网络嵌入性更高的董事。

从信息传递渠道（会计政策趋同和公司财务决策趋同）的角度，（1）本书结合开发支出的资本化会计处理这一2007年实行新会计准则后的突出变化，利用我国上市公司2007～2012年的企业开发支出会计政策隐性数据，同时结合连锁董事关系本身和个体董事居于董事网络的中心位置程度两个视角，来考察是否由于独立董事之间的连锁网络关系产生会计政策选择的传递学习效应。实证结果发现，在当年执行过开发支出资本化的上市公司中，如果其聘任的独立董事在其他上市公司兼任内部董事或独立董事，那么目标公司将会有更大的概率也选择同样的会计政策；独立董事在其他选择开发支出资本化会计政策的公司兼任董事的频次越大，连锁董事对开发支出会计政策选择的传递效应越明显；独立董事在董事网络中的网络中心度越大，公司也越可能执行开发支出资本化会计政策；进一步研究发现，如果独立董事是审计委员会主任或具有会计背景，这些连锁董事对开发支出会计政策选择的传递效应越明显。（2）本书在分析董事连锁网络关系带来的有关投资行为的信息传递的基础上，以 2002～2013 年的 A 股上市公司为样本，利用对偶模型（pair model）将每一年的所有公司进行两两配对，检验了董事连锁网络对公司投资趋同的影响。结果发现，如果两个公司之间存在董事连锁网络关系，那么投资水平和投资变化都更加趋同，趋同效应随着董事连锁网络的强度增加而增加；公司面临的信息环境越差，信息传递的渠道也越少，董事连锁网络关系对公司间投资水平和投资变化的趋同作用则更加凸显。进一步，我们还发现这种趋同结果主要体现在内部董事网络之中；除了投资政策趋同，董事网络还带来了成本管理政策趋同、债务融资政策趋同和研发投入政策趋同。为控制潜在的内生性，通过董事死亡这一外生事件进行双重差分检验，发现与没有连锁网络关系的配对公司相比，具有董事连锁网络关系的配对公司在其董事死亡前的投资明显更加趋同，但在其董事死亡后，配对公司间的投资差异显著增大。

　　最后，本书从信息传递所产生的经济后果出发，检验了公司董事网络对资本市场中信息解读效率、产品竞争市场中对公司"供应商—客户"的谈判地位和企业效率的影响。具体为：（1）在本书前述几章分析董事连锁网络关系带来的有关会计政策和投资研发政策趋同等基础上，以 2000～2012 年的 A 股上市公司为样本，检验了董事网络对股价同步性的影响。结果发现，如果两个公司之间具有董事连锁网络关系，那么两个公司之间的股价同步性也更高。公司的董事网络嵌入性更高，整个资本市场的股价同步性也会更高。进一步的研究还发现，相比于信息环境差的地区，信息环境好的地区的董事连锁网络关系以及董事网络嵌入性对股价同步性的影响更加明显。内部董事连锁网络关系对公司间股价同步性的影响更大，内部董事更能发挥董事连锁网络的信息传递的功能。（2）本书通过对企业决策具有重要影响的董事/高管的个体共同任职关系构建网络，基于此，研究了企业结构洞网络位置与商业信用的关系。利用 2001～2011 年 A 股上市公司数据构建了企业通过董事之间共同任职关系产生的董事网络，通过网络约束系数计算了不同企业的"结构洞"网络位置，进而研究了处于不同"结构洞"网络位置的上市公司获取商业信用以及使用商业信用成本的差别。实证结果发现，企业所处的网络结构洞越丰富，能够获取的商业信用就越多，从而增强了在产品市场上的竞争优势；同时结构洞越丰富的企业"商业信用—现金持有"敏感性越低，即商业信用的使用成本越低；进一步研究发现，结构洞位置对商业信用获取和使用成本的影响在竞争更为激烈的行业以及市场发展更充分的地区更加显著，这说明商业信用作为一种基于市场的契约，企业网络位置对其的作用在市场化因素下更强。此外，本书还发现，结构洞网络位置对商业信用的影响更多地存在于信息环境较差、规模较大、上市年龄较久的公司中，且更多地存在于货币政策宽松时期。（3）同样利用网络约束系数计算了不同企业的"结构洞"网络位置，研究了处于不同"结构洞"位置的上市公司其经营效率和投资效率的差别。实证结果发现，企业所处的董事网络结构洞越丰富，企业的经营效率和投资效率越高（主要体现在对投资不足行为的降低），区分行业竞争程度之后的结果发现，结构洞位置与企业效率的促进关系更主要发生在竞争激烈的行业中。进一步研究发现，拥有董事网络丰富结构洞的企业在未来的业绩要好于结构洞较少的企业。

综上所述，从公司信息传递视角出发，基于社会网络的直接网络关系、间接网络关系和网络中心度、结构洞位置两种网络嵌入性指标，发现信息环境较差的公司更可能聘任具有网络背景的董事，而且董事网络对公司信息传递有促进效应，使得公司会计政策和财务决策行为更加趋同，最终导致了资本市场股价同步性增加、产品竞争市场商业信用和经营投资效率的提升。从而系统全面地验证了本书的理论逻辑。

8.2　主　要　贡　献

本书的主要贡献和创新性体现在以下三个方面。

研究问题的前沿性。董事的社会网络研究属于社会学和公司财务会计的交叉领域，是国际上近几年的关注热点之一，在国内，相关研究还远远不够。鉴于已有文献对董事网络界定、董事网络对公司行为的影响等问题的研究尚不系统和深入，本项目则拓展了现有研究。

研究视角的新颖性。从公司信息传递视角来研究董事网络的文献还不多，且较不深入和系统。以往研究主要从公司治理动机的视角研究（陈运森，2013），本书则结合中国资本市场信息环境较差的制度背景，从信息传递视角研究董事网络对公司行为的影响，分别从公司信息传递需求、信息传递渠道与信息传递后果三个环环相扣的部分进行系统地深入地挖掘，为后续研究提供了较新的思路和分析视角。

研究设计和方法的先进性：（1）依据社会网络理论，网络包含与决策主体直接互动的关系网络情景和决策主体所在的社会网络结构情景（Granovetter，1992），但现有研究要不只关注基于连锁董事的直接互动关系，更不只关注董事的网络结构，本书则把董事连锁网络关系和董事网络嵌入性同时纳入一个研究框架中，更加全面和系统地界定了董事网络。（2）本书通过社会网络分析方法中的网络中心度分析和结构洞位置分析对董事网络嵌入性进行衡量，这种方法在国内财务和会计领域并不多见。（3）在检验董事网络与公司政策趋同行为时本书使用了 F 检验、对偶模型（pair model）、逻辑回归（logit model）、有序逻辑回归（ordered logit model）和 OLS 模型相互结合的方法，对于公司政策趋同的衡量使用了模型的残差表征等方法。（4）通过董事的意外死亡事件以及工具变量回归等方法降低内生性问题的影响。

8.3　研究不足与后续研究方向

8.3.1　研究不足

首先，本书可能忽略了董事本身的背景特征的影响。不同的董事具有不同的背景和特征（比如具有政治关联的董事、高校背景或者具有行业专长的董事等），知识经验和能力是存在显著差别的，这些差别可能影响公司对其需求的程度不同，也可能导致不同的信息传递效用，进而导致公司政策趋同等程度的不同。其次，公司除了具有董事网络之外，可能还处于其他网络之中，比如高管政治关联的网络、机构投资或者基金网络之中，这些网络也可能影响公司间的信息传递，促进公司间的政策趋同和股价同步性。再其次，本书着重研究了董事网络对信息传递的影响，但并没有深入研究董事网络是如何影响董事会下设的各种专业委员会并发挥作用的，此为本书的另一不足之处。最后，针对本书可能存在的内生性问题，尽管我们在不同的实证检验中分别用了固定效应模型、外生冲击的双重差分模型、工具变量和代理变量法、滞后变量等对此进行控制，但并不意味着内生性问题就得到了完全解决；此外，为了使研究主题集中，我们没有过多地探讨董事网络与其他信息传递机制的交互影响。

上述不足让我们倍觉遗憾，但这也为后续研究提供了可能，创造了动力。

8.3.2　后续研究方向

正是因为上述研究的局限性，可能存在的未来研究方向有以下几个方面。

首先，可以细挖董事的个人背景特征，加入董事背景特征的交互影响或者分组分析，不同背景特征网络对公司间信息传递的效率和效果是否存在显著差别？不同的公司对不同背景特征的董事网络又有怎样的不同需求？这些都是未来值得研究的话题；同时，正因为公司可能存在多种网络，可以将多种网络进行共同研究。不同公司的各种网络的依赖程度是否不同？什么因素决定了公司选择更加依赖某种网络？在多种网络的交织影响下，公司和公司之间，公司和资本市场之间又存在怎样的现象？这也是值得探究的问题。

其次，可以拓宽连锁董事通过董事网络这个信息渠道对目标公司董事会决策影响的范围，比如薪酬方案的制定、业绩指标、激励计划的期限、执行和监督方式等。另外，由于信息环境的不同，上市公司在聘任独立董事时，会不会出于自己未来决策的考虑，有针对性地聘任那些有信息优势、有网络资源，会对自己决策有帮助的董事？这些都可以作为未来研究的内容。

再次，基于最基本的社会网络思想，在"社会网络和公司财务"交叉领域可以适当扩展研究范围，比如从董事之间的兼任网络扩展到会计师事务所内部的个体审计师网络。由于在年度财务报告中必须披露签字注册会计师的名字，从而区别于美国等多数市场的典型中国特色制度背景，在此基础上研究个体审计师的网络效应对审计行为的影响；又比如，从高级领导人的户籍地、出生地、工作经历地等关系来认定上市公司所拥有的政治权力网络及基于此的政治权力距离，从而进一步拓展现有政商网络研究。

参 考 文 献

[1] 陈栋、陈运森：《银行股权关联，货币政策变更与上市公司现金管理》，载《金融研究》2012 年第 12 期。

[2] 陈仕华、马超：《企业间高管联结与慈善行为一致性》，载《管理世界》2011 年第 12 期。

[3] 陈运森：《董事网络与独立董事治理》，经济科学出版社 2013 年版。

[4] 陈运森：《独立董事网络中心度与公司信息披露质量》，载《审计研究》2012 年第 5 期。

[5] 陈运森、李培馨、陈栋：《银行股权关联、融资约束与资本投资行为》，载《中国会计评论》2015 年第 2 期。

[6] 陈运森：《社会网络与企业效率：基于结构洞位置的证据》，载《会计研究》2015 年第 1 期。

[7] 陈运森：《社会网络与商业信用：基于结构洞位置的证据》，载《中国会计与财务研究》2015 年第 1 期。

[8] 陈运森、王玉涛：《审计质量、交易成本与商业信用模式》，载《审计研究》2010 年第 6 期。

[9] 陈运森、谢德仁：《董事网络、独立董事治理与高管激励》，载《金融研究》2012 年第 2 期。

[10] 陈运森、谢德仁、黄亮华：《董事的网络关系与公司治理研究述评》，载《南方经济》2012 年第 12 期。

[11] 陈运森、谢德仁：《网络位置、独立董事治理与投资效率》，载《管理世界》2011 年第 7 期。

[12] 陈运森、郑登津：《董事网络关系、信息桥与投资趋同》，载《南开管理评论》2017 年第 3 期。

[13] 陈运森、郑登津、黄建峤：《非正式信息渠道影响公司业绩吗？基于独立董事网络的研究》，载《中国会计评论》2018 年第 1 期。

［14］费孝通：《乡土中国》，北京出版社 2005 年版。

［15］黄亮华、谢德仁：《IPO 前的业绩压力，现金流约束与开发支出会计政策隐性选择》，载《南开管理评论》2014 年第 6 期。

［16］姜博、郑登津、汤晓燕：《高管持股变动与开发支出会计政策选择》，载《投资研究》2014 年第 12 期。

［17］梁漱溟：《中国文化要义》，上海人民出版社 2005 年版。

［18］刘冰、符正平、邱兵：《资源，企业网络位置与多元化战略》，载《管理学报》2011 年第 12 期。

［19］刘凤委、李琳、薛云奎：《信任、交易成本与商业信用模式》，载《经济研究》2009 年第 8 期。

［20］刘军：《整体网分析讲义》，格致出版社 2009 年版。

［21］刘仁伍、盛文军：《商业信用是否补充了银行信用体系?》，载《世界经济》2011 年第 11 期。

［22］刘永涛、陈运森、谢德仁、郑登津：《董事连锁网络与会计政策趋同：基于开发支出会计政策隐性选择的证据》，载《中国会计评论》2015 年第 1 期。

［23］卢昌崇、陈仕华、Schawlbach J：《连锁董事理论：来自中国企业的实证检验》，载《中国工业经济》2006 年第 1 期。

［24］卢昌崇、陈仕华：《断裂联结重构：连锁董事及其组织功能》，载《管理世界》2009 年第 5 期。

［25］陆瑶、胡江燕：《CEO 与董事间的"老乡"关系对我国上市公司风险水平的影响》，载《管理世界》2014 年第 3 期。

［26］陆正飞、杨德明：《商业信用：替代性融资，还是买方市场?》，载《管理世界》2011 年第 4 期。

［27］罗家德：《社会网分析讲义（第二版）》，社会科学文献出版社 2010 年版。

［28］毛成林、任兵：《公司治理与连锁董事间的网络》，载《中国软科学》2005 年第 12 期。

［29］钱锡红、杨永福、徐网里：《企业网络位置，吸收能力与创新绩效》，载《管理世界》2010 年第 5 期。

［30］任兵、区玉辉、彭维刚：《连锁董事、区域企业连锁董事网与区域经济发展》，载《管理世界》2004 年第 4 期。

［31］任兵、区玉辉、彭维刚：《连锁董事与公司绩效：针对中国的

研究》，载《南开管理评论》2007 年第 1 期。

［32］任兵、区玉辉：《企业连锁董事在中国》，载《管理世界》2001
年第 6 期。

［33］唐雪松、杜军、申慧：《独立董事监督中的动机——基于独立
意见的经验证据》，载《管理世界》2010 年第 9 期。

［34］谢德仁、陈运森：《董事网络：定义、特征和计量》，载《会计
研究》2012 年第 3 期。

［35］谢德仁、陈运森：《金融生态环境、产权性质与负债的治理效
应》，载《经济研究》2009 年第 5 期。

［36］谢德仁：《独立董事是装饰品吗？从报酬委员会和审计委员会
来看》，载《审计研究》2004 年第 6 期。

［37］谢德仁、姜博、刘永涛：《经理人薪酬辩护与开发支出会计政
策隐性选择》，载《财经研究》2014 年第 1 期。

［38］谢德仁、刘永涛：《开发支出会计政策隐性选择与审计师变
更》，工作论文，清华大学经管学院，2013 年。

［39］许罡、朱卫东：《管理当局、研发支出资本化选择与盈余管理
动机——基于新无形资产准则研发阶段划分的实证研究》，载《科学学与
科学技术管理》2010 年第 9 期。

［40］姚小涛、席酉民：《高层管理人员的咨询网络结构洞与企业竞
争优势》，载《管理学家（学术版）》2008 年第 4 期。

［41］余明桂、潘红波：《金融发展、商业信用与产品市场竞争》，载
《管理世界》2010 年第 8 期。

［42］张会丽、吴有红：《超额现金持有水平与产品市场竞争优势：
来自中国上市公司的经验证据》，载《金融研究》2012 年第 2 期。

［43］张敏、姜付秀：《机构投资者、企业产权与薪酬契约》，载《世
界经济》2010 年第 8 期。

［44］宗文龙、王睿、杨艳俊：《企业研发支出资本化的动因研
究——来自 A 股市场的经验证据》，载《中国会计评论》2009 年第 4 期。

［45］Adams, R. B., Ferreira D., A Theory of Friendly Boards. *Journal
of Finance*, 2007, 62 (1), pp. 217 – 250.

［46］Adams, R., Hermalin, B. E. and Weisbach, M. S., "The Role
of Boards Directors in Corporate Governance: A Conceptual Framework and Sur-
vey". *Journal of Economic Literature*, 2010, 48 (1), pp. 58 – 107.

［47］ Ahuja G. , Collaboration Networks, Structural Holes, and Innovation: A Longitudinal Study. *Administrative science quarterly*, 2000, 45, pp. 425 – 455.

［48］ Allen, F. , Qian, J. and Qian, M. , Law, Finance, and Economic Growth in China. *Journal of Financial Economics*, 2005, 77 (1), pp. 57 – 116.

［49］ Andres, C. , Lehmann, M, Is Busy Really Busy? Board Governance Revisited. *Journal of Business Finance and Accounting*, 2013, 40, pp. 1221 – 1246.

［50］ Armstrong, C. S. , Guay, W. R. , Weber, J. P, The Role of Information and Financial Reporting in Corporate Governance and Contracting. *Journal of Accounting and Economics*, 2010, 50 (4), pp. 179 – 234.

［51］ Barnea, A. , Guedj, I, Director Networks. University of Texas at Austin Working Paper, 2009.

［52］ Battiston, S. , Weisbuch, G. and Bonabeau, E. , Decision Spread in the Corporate Board Network. *Advances in Complex Systems*, 2003, 6 (4), pp. 631 – 644.

［53］ Baum J. A. , Rowley T. J. , Shipilov A. V. , Chuang Y. , Dancing with Strangers: Aspiration Performance and the Search for Underwriting Syndicate Partners. *Administrative Science Quarterly*, 2005, 50 (4), 536 – 575.

［54］ Bertrand Marianne. And Schoar A. , Managing with Style: The Effect of Managers on Firm Policies. *Quarterly Journal of Economics*, 2003, 118 (4), pp. 1169 – 1208.

［55］ Biddle G. C, Hilary G. , Verdi. , How Does Financial Reporting Quality Relate to Investment Efficiency? . *Journal of Accounting and Economics*, 2009, 48, pp. 112 – 131.

［56］ Bizjak, J. , Lemmon, M. and Whitby, R. , Option Backdating and Board Interlocks. *Review of Financial Studies*, 2009, 22 (11), pp. 4821 – 4847.

［57］ Bouwman, C. H. S. , Corporate Governance Propagation through Overlapping Directors. *The Review of Financial Studies*, 2011, 24 (7), pp. 2358 – 2394.

［58］ Brown J. L. , Drake K. D. , Network Ties Among Low – Tax Firms.

The Accounting Review, 2014, 89 (2), pp. 483 – 510.

[59] Burt, R. S. , A Structural Theory of Interlocking Corporate Directorates. *Social Networks*, 1979, 1.

[60] Burt, R. S. , Firms, Directors and Time in the Directorate Tie Network. *Social Networks*, 1983, 5.

[61] Burt, R. S. , Measuring Access to Structural Holes. *Official Website of Burt*, *R. S.* http: //faculty. chicagobooth. edu/ronald. burt/teaching/index. html, 2008.

[62] Burt, R. S, *Structure Holes*, *pp. The Social Structure of Competition*. Orlando, pp. Academic Press, 1992.

[63] Bushee, B. J. , The Influence of Instutional Investors on Myopic R&D Investment Behavior. *Accounting Review*, 1998, 73 (3), pp. 305 – 333.

[64] Cai, Y. and Sevilir, M. , Board Connections and M&A Transactions. *Journal of Financial Economics*, 2012, 103 (2), pp. 327 – 349. (2009 to 2012).

[65] Cai Y. , Dhaliwal D. S. , Kim Y. T. , Pan C. , Board Interlocks and the Diffusion of Disclosure Policy. *Review of Accounting Studies*, 2014, 19 (3), pp. 1086 – 1119.

[66] Caldarelli, G. , Catanzaro M, The Corporate Board Networks. *Physica A*, 2004 (338), pp. 98 – 106.

[67] Callimaci, A. , and S. Landry, Market Valuation of Research and Development Spending under Canadian GAAP. *Canadian Accounting Perspectives*, 2004, 3 (1), pp. 33 – 54.

[68] Cazavan – Jeny, A. and T. Jeanjean, The Negative Impact of R&D Capalization: A Value Relevance Approach. *European Accounting Review*, 2006, 15 (1), pp. 37 – 61.

[69] Cazavan – Jeny, A. , T. Jeanjean and P. Joos, Accounting Choice and Future Performance: The Case of R&D Accounting in France. *Journal of Accounting and Public Policy*, 2011, 30 (2), pp. 145 – 165.

[70] Chen F. , Hope O. K. , Li Q. Y. , Wang X. , Financial Reporting Quality and Investment Efficiency of Private Firms in Emerging Markets. *The Accounting Review*, 2011, 86 (4), pp. 1255 – 1288.

[71] Chen, X. , Cheng, Q. , Wang, X. , Does Increased Board Inde-

pendence Reduce Earnings Management? Evidence from Recent Regulatory Reforms. *Review of Accounting Studies*, 2015, 20, pp. 899 – 933.

［72］ Chiu, P. C. , Teoh, S. H. , Tian, F. , Board Interlocks and Earnings Management Contagion. *The Accounting Review*, 2013, 88 (3), pp. 915 – 944.

［73］ Chuluun, T. , Prevost, A. , Puthenpurackal, J. , Board Ties and the Cost of Corporate Debt. *Financial Management*, 2014, 43 (3), pp. 533 – 568.

［74］ Cohen, L. , Frazzini, A. , Malloy, C. The Small World of Investing, pp. Board Connections and Mutual Fund Returns. *Journal of Political Economy*, 2008, 116 (5), pp. 951 – 979.

［75］ Coleman, J. , *Foundations of Social Theory*. Cambridge, Belknap Press of Harvard University Press. 1990.

［76］ Coles, J. L. , Daniel, N. D. and Naveen, L. , Boards: Does One Size Fit All? *Journal of Financial Economics*, 2008, 87 (2), pp. 329 – 356.

［77］ Daley, L. A. and R. L. Vigeland, The Effects of Debt Covenants and Polical Costs on the Choice of Accounting Methods: The Case of Accounting for R&D Costs. *Journal of Accounting and Economics*, 1983, 5, pp. 195 – 211.

［78］ Davis, G. F. , Greve, H. R, Corporate Elite Networks and Governance Changes in The 1980s. *The American Journal Sociology*, 1997, 103 (1), pp. 1 – 37.

［79］ Dechow, P. M. , and R. G. Sloan, Executive Incentives and the Horizon Problem: An Empirical Investigation. *Journal of accounting and Economics*, 1991, 14 (1), pp. 51 – 89.

［80］ Dimaggio, P. J. and Powell, W. W. , The Iron Cage Revisited: Institutional Isomorphism and Collective Rationality in Organizational Fields. *American Sociological Review*, 1983, pp. 147 – 160.

［81］ Duchin, R. , Matsusaka, J. G. , Ozbas, O, When are Outside Directors Effective? . *Journal of Financial Economics*, 2010, 96 (2), pp. 195 – 214.

［82］ Engelberg, J. , Gao, P. and Parsons, C. A. , Friends with Money. *Journal of Financial Economics*, 2012, 103 (1), pp. 169 – 188.

［83］ Fabbri, D. and Menichini, A. , Trade Credit, Collateral Liquidation, and Borrowing Constraints. *Journal of Financial Economics*, 2010, 96 (3), pp. 413 –432.

[84] Fama, E. F, Agency Problems and the Theory of the Firm. *Journal of Political Economics*, 1980, 88 (2), pp. 288 –307.

[85] Fama, E. F. , M. C. Jensen. Separation of Ownership and Control. *Journal of Law and Economics*, 1983 (26), pp. 301 –325.

[86] Fan, J. , Morck, R. and Yeung, B. , Capitalizing China, National Bureau of Economic Research, 2011.

[87] Farina, V, Banks' Centrality in Corporate Interlock Networks, pp. Evidences in Italy. University of Rome "Tor Vergata" Working Paper. 2009.

[88] Fracassi C. and Tate M. , External Networking and Internal Firm Governance. *Journal of Finance*, 2012, 67 (1), pp. 153 –194.

[89] Fracassi, C, Corporate Finance Policies and Social Networks. *Management Science*, 2016, 63 (8), pp. 2420 –2438.

[90] Frankel, J. A. and Romer, D. , Does Trade Cause Growth? . *American Economic Review*, 1999, pp. 379 –399.

[91] Freeman, L. Centrality in Social Networks: Conceptual Clarification. *Social Networks*, 1979, (1), pp. 215 –239.

[92] Granovetter, M. , Economic Action and Social Structure: The Problem of Embeddedness. *American Journal of Sociology*, 1985, 91 (3), pp. 481 –510.

[93] Granovetter, M. , The Impact of Social Structure on Economic Outcomes. *The Journal of Economic Perspectives*, 2005, 19 (1), pp. 33 –50.

[94] Granovetter, M, The Sociological and Economic Approaches to Labor Market Analysis, pp. A Social Structure View. In Mark Granovetter and Richard Swedberg ed. *The Sociology of Economic Life*, Boulder, pp. West View Press, 1992.

[95] Granovetter, M, The Strength of Weak Ties. *American Journal of Sociology*, 1973 (78), pp. 1360 –1380.

[96] Gulati, R. , Network Location and Learning: The Influence of Network Resources and Firm Capabilities On Alliance Formation. *Strategic Management Journal*, 1999, 20 (5), pp. 397 –420.

[97] Haunschild P. R. , Interorganizational Imation: the Impact of Inter-

locks on Corporate Acquision Activy. *Administrative Science Quarterly*, 1993, 38, pp. 564 – 592.

［98］Hermalin, B, Weisbach, M, Boards of Directors as an Endogenously Determined Institution, A Survey of the Economic Literature. *Economic Policy Review*, 2003（9）, pp. 7 – 26.

［99］Hoitash, U, Should Independent Board Members with Social Ties to Management Disqualify Themselves from Serving on The Board? . *Journal of Business Ethics*, 2010.

［100］Horton, J. , Millo, Y. , Serafeim, G. , Paid for Connections Social Networks Executive and Outside Director Compensation. London School of Economics Working Paper, 2009.

［101］Hoskisson R. E. , Hitt M. A. , Hill C. W. L. , Managerial Incentive and Investment in R&D in Large Multiproduct Firms. *Organization Science*, 1993, 4（2）, pp. 325 – 341.

［102］Huang, G. G, Face and Favor, pp. The Chinese Power Game. *The American Journal of Sociology*, 1987, 92, pp. 944 – 974.

［103］Hwang, B. H. , Kim, S, It Pays to Have Friends. *Journal of Financial Economics*, 2009, 93, pp. 138 – 158.

［104］Jackson M. O. , Social and Economic Networks. *Princeton University Press*, 2008.

［105］Jin, L. and Myers, S. C. , R^2 Around the World: New Theory and New Tests. *Journal of Financial Economics*, 2006, 79（2）, pp. 257 – 292.

［106］Kang, E. and Tan, B. R. , Accounting Choices and Director Interlocks: A Social Network Approach to the Voluntary Expensing of Stock Option Grants. *Journal of Business Finance & Accounting*, 2008, 35（9 – 10）, pp. 1079 – 1102.

［107］Khanna, T. and Thomas, C. , Synchronicity and Firm Interlocks in an Emerging Market. *Journal of Financial Economics*, 2009, 92（2）, pp. 182 – 204.

［108］Kilduff, M. and Krackhardt, D. , Bringing the Individual Back in: A Structural Analysis of the Internal Market for Reputation in Organizations. *Academy of Management Journal*, 1994, 37（1）, pp. 87 – 108.

［109］Kilduff , M. , Tsai, W, Social Networks and Organizations. *London, pp. Sage Publications Ltd*, 2003.

［110］Knyazeva, A. , Knyazeva, D. , Morck, R. and Yeung, B. , Comovement in Investment, Simon School Working Paper, 2009.

［111］Krackhardt, D. , QAP Partialling as a Test of Spuriousness. *Social Networks*, 1987, (9), pp. 171 – 186.

［112］Larcker, D. F. , Richardson, S. A. , Seary A. J. , Tuna I, Director Networks, Executive Compensation and Organizational Performance. Stanford University Working Paper. 2005.

［113］Larcker, D. F. , So, E. C. and Wang, C. C. , Boardroom Centrality and Firm Performance. *Journal of Accounting and Economics*, 2013, 55 (2), pp. 225 – 250.

［114］Lin, N. , *Social Capital: A Theory of Social Structure and Action.* Cambridge University Press, 2002.

［115］Lins, K. V. , Servaes, H. and P. Tufano. , What Drives Corporate Liquidity? An International Survey of Cash Holdings and Lines of Credit. *Journal of Financial Economics*, 2010, 98 (1), pp. 160 – 176.

［116］Mande, V. , U. Nebraska, R. G. File, U. Nebraska, W. Kwak, and U. Nebraska, Income Smoothing and Discretionary R&D Expendures of Japanese firms. *Contemporary Accounting Research*, 2000, 17 (2), pp. 263 – 302.

［117］Masulis R. W. , Mobbs S. , Are all Inside Directors the Same? Evidence from the External Directorship Market. *Journal of Finance*, 2011, 66 (3), pp. 823 – 872.

［118］Mitchell, L. E. , Structural Holes, CEOs, and the Informational Monopolies: The Missing Link in Corporate Governance. *Public Law and Legal Theory Working Paper*, No. 77, 2005.

［119］Mizruchi, M. S. , Cohesion, Structural Equivalence, and Similarity of Behavior: An Approach to the Study of Corporate Political Power. *Social Networks*, 1990, 15 (3), pp. 275 – 307.

［120］Mizruchi, M. S, What Do Interlocks Do? An analysis, pp. Critique and Assessment of Research on Interlocking Directorates. *Annual review of sociology*, 1996, 22, pp. 271 – 298.

［121］ Mol, M. J. , Creating Wealth through Working with Others: Inter-organizational Relationships. *The Academy of Management Executive*, 2001, 15 (1), pp. 150 – 152.

［122］ Morck, R. , Yeung, B. and Yu, W. , The Information Content of Stock Markets: Why do Emerging Markets Have Synchronous Stock Price Movements? . *Journal of Financial Economics*, 2000, 58 (1), pp. 215 – 260.

［123］ Nguyen, B. D. , Does the Rolodex Matter? Corporate Elite's Small World and the Effectiveness of Board of Directors. *Management Science*, 2010, 58 (2), pp. 236 – 252.

［124］ Palmer D. , Jenning P. D. and Zhou, X. , Late Adoption of the Multidivisional Form by Large U. S. Corporation: Instutional, Polical and Economic Accounts. *Administrative Science Quarterly*, 1993, 38, pp. 100 – 131.

［125］ Peterson, M. A. and Rajan, R. G. Trade Credit: Theories and Evidence. *the Review of Financial Studies*, 1997, 10 (3), pp. 661 – 691.

［126］ Piotroski, J. and Wong, T. J. , *Institutions and the Information Environment of Chinese Listed Firms, Capitalizing China. Joseph Fan and Randall Morck, eds.* University of Chicago Press. 2012.

［127］ Podolny, J. M. and Baron, J. N. , Resources and Relationships: Social Networks and Mobility in the Workplace. *American Sociological Review*, 1997, 62 (5), pp. 673 – 693.

［128］ Prencipe, A. , G. Markarian, and L. Pozza, Earnings Management in Family Firms: Evidence from R&D Cost Capalization in aly. *Family Business Review*, 2008, 21 (1), pp. 71 – 88.

［129］ Reagans R. , McEvily B. , Network Structure and Knowledge Transfer: the Effects of Cohesion and Range. *Administrative Science Quarterly* , 2003, 48 (2), pp. 240 – 267.

［130］ Richardson, S. , Over-investment of Free Cash Flow. *Review of Accounting Studies*, 2006, 11, pp. 159 – 189.

［131］ Rodan, S. , Structural Holes and Managerial Performance: Identifying the Underlying Mechanisms. *Social Networks*, 2010, 32 (3), pp. 168 – 179.

［132］ Rogers, E. M. , *Diffusion of Innovations (5th edition), Simon and Schuster*, Free Press, 2003.

[133] Santos, R. L., Silveira, A. D., Barros, L. A, Board Interlocking in Brazil: Directors' Participation in Multiple Companies and Its Effect on Firm Value. *Latin American Business Review*, 2012, 13 (1), pp. 1 – 28.

[134] Schonlau, R., Singh, P. V, Board Networks and Merger Performance. University of Washington Working Paper, 2009.

[135] Shaw, J. D., Johnson, J. L. and Lockhart, D. E., Turnover, Social Capital Losses, and Performance. *Academy of Management Journal*, 2005, 28 (4), pp. 594 – 606.

[136] Shipilov A. V., Rowley T. J., Aharonson B., When Do Networks Matter? A Study of Tie Formation and Decay. *Advances in Strategic Management*, 2006, 23 (S), pp. 481 – 519.

[137] Stuart T. E., Yim S., Board Interlocks and the Propensy to Be Targeted in Private Equy Transactions. *Journal of Financial Economics*, 2010, 97 (1), pp. 174 – 189.

[138] Subrahmanyam, A, Social Networks and Corporate Governance. *European Financial Management*, 2008, 14 (4), pp. 633 – 662.

[139] Uzzi, B., and Gillespie, J. J, Knowledge Spillover in Corporate Financing Networks Embeddedness and the Firm's Debt Performance. *Strategic Management Journal*, 2002, 23, pp. 595 – 618.

[140] Walker G., Kogut B., Shan W., Social Capital, Structural Holes and the Formation of an Industry Network. *Organization Science*, 1997, 8 (2), pp. 109 – 125.

[141] Walsh, J. P., Managerial and Organizational Cognition: Notes From a Trip Down Memory Lane. *Organization Science*, 1995, 6 (3), pp. 280 – 321.

[142] Wasserman, S. and Faust, K., *Social Network Analysis: Methods and Applications*. NY: Cambridge University Press, 1994.

[143] Wesley, M. S., Vidal, P. G, Small World of Board Members in Brazilian Capital Market. University of São Paulo Working Paper, 2010.

[144] Westphal, J. D., Seidel, M. L. and Stewart, K. J., Second – Order Imitation: Uncovering Latent Effects of Board Network Ties. *Administrative Science Quarterly*, 2001, 46 (4), pp. 717 – 747.

[145] Williamson, O. E., *The Economic Institutions of Capitalism*. Free

Press, 1998.

[146] Wu, W. F., Wu, C. F. and Rui, O., Trade Credit, Cash Holdings, and Financial Deepening. *Journal of Banking and Finance*, 2012, 36 (11), pp. 2868 – 2883.

[147] Yang, K. M., Institutional Holes and Entrepreneurship in China. *the Sociological Review* 2004, 52 (3), pp. 371 – 389.

[148] Zaheer A., Bell G. G, Benefiting from Network Position: Firm Capabilities, Structural Holes, and Performance. *Strategic Management Journal*, 2005, 26 (9), pp. 809 – 825.

后　记

2011 年，我的博士论文《董事网络与独立董事治理》完成，并于 2013 年顺利出版；基于博士论文研究方向的拓展，2012 年成功申请了国家自然科学基金"董事网络与公司信息传递：需求、渠道与后果"，并于 2015 年底顺利结题。而今，静下心来细心整理书稿，作为自己一段时间研究成果的总结，也算是上一部专著的姊妹篇。同时也是国家自然科学基金（71572209；71202126）和北京市社会科学基金青年项目（16GLC077）的研究成果。

我应该是国内较早开始在"社会网络与公司财务"交叉领域进行研究的学者。从 2010 年开始至今已有八年，在该领域发表了近二十篇论文，但关于书稿的具体内容不再赘述。从某种意义上说，学术界做着跟算命先生类似的活，通过细枝末节的点滴证据来推断前因后果（即因果推断）。从实证研究的范式来看，经验研究者只能像"盲人摸象"一样，通过越来越先进的研究设计和越来越独特的计量方法感受大象的不同部位，然后写一篇"大象长啥样"的论文，所以难免有些抽象和不接地气。但退一步讲，学术本来就是在做盲人摸象或者是算命先生的事情，尽管依然有很多问题没有解决，毕竟严谨的方法、实证证据和反复纠错的检验能让"大象"的样子趋向逼真。

在近年来撰写本书的过程中，我遇到很多跨界研究的烦恼，其中一个例子便是社会网络领域结构洞的衡量比较复杂，不直观，我自己一直没有弄清楚，翻阅了很多社会学的学术书籍，也并未详细探讨具体的计量过程。迫于审稿人的压力，咨询了很多社会学界的学者，发现一些学者对于结构洞理论都耳熟能详，但对其具体衡量却也并不十分清楚，最后通过中央财大社会发展学院尉建文教授引荐，我有幸结识和咨询了哈尔滨工程大学社会学系刘军教授（社会网络分析方法的专家），最终把结构洞的衡量方法搞清楚了。当时刘军教授的一句话令我至今印象深刻："不要说会计学界，就是在社会学界，知道结构洞具体衡量的人都没几个"，要知道社

205

会学家波特从 1992 年提出结构洞的概念，至今已 20 年有余！随着互联网和移动互联网的发展，社会网络的各种理论不断被其他学科借鉴，但对于一些网络关系和网络结构的定义和计量，还包括各种网络理论的外延、限定条件、运用范围、内涵等，以及各种有诸多运用条件的非普适性的理论，可能都是我们学者首先应该研究透的。

在进入学术界之初，觉得只要自己足够勤奋、足够努力，就能得到回报。但几年过去了，越来越多现实不断地挑战着这种想法。按照著名文学家钱理群的定义，真正的精英应该有独立自由创造的精神，同时要有自我、对自己职业的承担以及对国家和社会的承担。在充满诱惑的"学术升级打怪之路"，更需要不断地自我提醒，不要忘了当年追求学术的初心。我的博士生导师曾透露心声，说他希望成为的知识分子应该是西方类型的在野知识分子，追求自由和独立，而非所谓的主流和尊崇，我深以为然。知识工作者，其工作的状态需有点人格分裂，知识的创造过程需要某种程度的心无旁骛、极度专注和不食人间烟火，但每次从工作状态中出来，却还不得不处理和经历生活的琐事及人情冷暖。2015 年 3 月来到圣路易斯华盛顿大学进行一年的学术访问，但期间更多的是焦虑和反思。首先，在日子过得很乱的时候，有个声音告诉自己，如果有一段不受打扰的时间和一个安静的环境，就会重新回到正常的学术轨道中。但这一年的经历让我知道了这只是自我安慰而已，在遇到挫折时首先需要调整的是当时的心境而不是对环境的埋怨；在而立之年，需要对学术道路做些调整。导师曾告诫过我"有舍才有得"，之前任性的我觉得自己有足够的时间精力来保证"舍弃最少、取得最多"。但现在面临的现实便是不能再像以前一样，随意透支自己的时间和身体，而是需要更多地对有限的时间进行合理规划、同时平衡生活和工作的关系，并更多地放弃以往认为很多重要的东西。

这本著作我邀请了兼具学生、师弟和同事三重身份的郑登津博士的加入，他是我在中央财经大学教的第一批本科生，后保送至清华经管硕博连读，并于 2017 年 7 月回到中央财经大学任职。他是很好的学术合作者，作为课题几个部分的共同撰写人，深度参与了多个子课题，同时对初稿多个章节的撰写也倾注诸多心血，他的认真严谨也保证了书稿的质量。

在书稿完成之际，需要感谢导师谢德仁老师，尽管博士毕业已 6 年有余，但每次聚会和学术讨论，先生充满智慧的言语都不断影响着我，这种感激是无以言表的。每次畅聊都让我感到自身智商的匮乏，以及对导师的始终仰视；感谢本书稿涉及的论文合作者，如清华大学陆瑶教授和首都经济贸易大学刘永涛博士；同时也要感谢中国会计学会副秘书长田志心女士、中央财经大学会计学院院长袁淳教授、圣路易斯华盛顿大学会计系主任 Xiumin Martin 教授等人士的支持和鼓励；同时也要感谢博士生袁薇同学对书稿进行了校对，感谢经济科学出版社王娟老师的辛勤付出；当然家庭的支持必不可少，感谢父母、岳父母和哥嫂的支持，感谢妻子为家庭而做出的各种牺牲，吾儿嘉言生于 2015 年岁初，现已 3 岁有余，看到活泼可爱的他的成长，时常感叹，时间都去哪儿了。

　　整理书稿期间，一度心情比较低落，初稿落笔之时电脑一直循环播放许巍的歌曲，数句歌词直入心扉："穿过幽暗的岁月，也曾感到彷徨，当你低头的瞬间，才发觉脚下的路""在我温柔的笑容背后，有多少泪水哀愁""我想超越这平凡的生活，注定现在暂时漂泊，无法停止我内心的狂热，对未来的执着""你走在这繁华的街上，在寻找你该去的方向，你走在这繁华的街上，再寻找你曾拥有的力量"。对学术的坚持，需要执着，需要有勇气，尽管偶有彷徨，尽管不时慌张，但希望内心持续狂热如火，督促自己砥砺前行。

　　是以为记。

陈运森

初稿　2016 年 2 月 29 日圣路易斯华盛顿大学
定稿　2018 年 1 月 9 日北京明光村小区家中